U0645580

XINSHIDAI DE NI
RUHE ZHUDAO WEILAI

新时代的你，
如何主导未来？

编委会

主　　编：林文聪

副主编：陈元津　胡瑞安

撰稿人（按姓氏拼音顺序排列）：

陈元津　陈燕美　胡瑞安　林文聪

王龙香　颜辉斌

厦门大学出版社　国家一级出版社
XIAMEN UNIVERSITY PRESS　全国百佳图书出版单位

图书在版编目（CIP）数据

新时代的你，如何主导未来？/ 林文聪主编. -- 厦
门：厦门大学出版社，2021.9（2023.1 重印）
　ISBN 978-7-5615-8343-2

　Ⅰ. ①新… Ⅱ. ①林… Ⅲ. ①大学生－职业选择－高
等学校－教材 Ⅳ. ①G647.38

中国版本图书馆CIP数据核字(2021)第160235号

出 版 人	郑文礼
责任编辑	姚五民

出版发行　厦门大学出版社

社　　　址	厦门市软件园二期望海路 39 号
邮政编码	361008
总　　　机	0592-2181111　0592-2181406(传真)
营销中心	0592-2184458　0592-2181365
网　　　址	http://www.xmupress.com
邮　　　箱	xmup@xmupress.com
印　　　刷	厦门金凯龙包装科技有限公司

开本	787 mm×1 092 mm　1/16
印张	16.25
字数	376 千字
版次	2021 年 9 月第 1 版
印次	2023 年 1 月第 2 次印刷
定价	49.00 元

厦门大学出版社
微信二维码

厦门大学出版社
微博二维码

福建商学院职业生涯与就业指导课程建设丛书编委会

总顾问：徐晓丹

总主编：林文聪

编委会成员（按姓氏拼音顺序排列）：

陈小红　　陈燕美　　陈元津　　丁育诗

胡瑞安　　刘　佳　　林文聪　　王春花

王龙香　　王庆佳　　颜辉斌　　郑亚梅

前 言

"漫漫人生旅途中,职业是幸福生活的源泉。"无论你求学的路走多远,当你完成学业后,都要面临一个很现实的问题——就业。

高校毕业生能否顺利就业关系到社会稳定与否和个人能否高质量发展。就业,意味着你告别他人对你的供养,开启以自己智慧和能力养活自己的自立人生;就业,意味着你为社会和家庭创造财富,开始承担对社会和家庭的责任;就业,意味着你步入职场,开始创造属于自己的未来。

你希望找到一个理想的单位。理想的单位数量有限,你需要用你的智慧与能力,付出更多的努力,才能从千千万万竞争者中脱颖而出。

你希望找到一份喜欢的工作。心仪的岗位,更能发挥自己的聪明才智。殊不知,只要你把每一份工作都当作自己施展才华的舞台,就能在学习中进步,在进步中成长,在成长中体验成功的喜悦。

你希望拥有让人羡慕的高薪。你的薪资取决于你对单位的贡献。只要你勤勤恳恳,努力创造价值,就有机会享受与你的付出相匹配的薪酬。只有善于创造价值的人,才有机会拥有高薪。

你还希望拥有……

为提升大学生的就业能力,本教材从近年来国家的就业形势与就业政策着手,力求从大学生就业能力提升、就业方向选择、就业过程指导、就业心理调适、职业适应与发展等方面进行阐述,是专门帮助大学生进行就业辅导的应用型教材。在国家、省市的积极就业政策指导下,高校毕业生要积极转变就业观念,准确定位,就能顺利就业,开始实现自己人生目标和社会价值的人生旅程。

由于编者水平有限,书中难免会存在疏漏和不足,真诚希望广大读者能够提出宝贵的修改意见和建议,以便今后我们能更好地进行修订和完善。

目 录

第一章

就业形势与就业政策

> 就业是最大的民生。要坚持就业优先战略和积极就业政策,实现更高质量和更充分就业。大规模开展职业技能培训,注重解决结构性就业矛盾,鼓励创业带动就业。提供全方位公共就业服务,促进高校毕业生等青年群体、农民工多渠道就业创业。
>
> ——2017 年 10 月 13 日,习近平总书记在中国共产党第十九次全国代表大会上的报告

第一节　就业形势

　　2021 年高校毕业生将首次突破 900 万人,比上一年增加 35 万人,达到 909 万人,再创历史新高。2022 年毕业生将超过 1000 万人,高校毕业生就业面临着哪些机遇与挑战呢?

　　政府在制定 2021 年的宏观政策时,依然坚持就业优先的政策,继续推动"六稳",实现"六保",还是把就业放在首位。高校毕业生作为重要的就业群体,受国内外就业大环境的影响,仍将面临较大的就业压力。但是,在我国新冠肺炎疫情得到有效控制、经济实现恢复性稳步发展的情况下,高校毕业生就业创业也存在很大的机遇。

一、经济发展稳中向好

　　国家统计局 2021 年 4 月 16 日公布,一季度我国国内生产总值(gross domestic Product,即 GDP)249310 亿元,按可比价格计算,同比增长 18.3%,是近 30 年来中国单季 GDP 同比增长的最高水平。中国科学院预测科学研究中心预计,2021 年中国经济将快速回升,预计 GDP 增速为 8.5% 左右。

(一)经济发展速度将显著提高

　　经济发展对增加就业的作用最为直接和明显。受新冠肺炎疫情的影响,2020 年的

GDP 增长率仅为 2.3%，2021 年经济社会发展主要预期目标是：GDP 增长 6% 以上。对于 2021 年的 GDP 设定，市场普遍认为是非常保守的，实际增长率肯定更高。

我国加快构建以国内大循环为主体、国内国际双循环相互促进的新发展格局。相比 2020 年，2021 年我国主要行业复苏势头良好，用工需求有所提升，主要经济发展将实现恢复性增长，带动更多就业，会给高校毕业生带来相对更多的工作机会。

（二）高质量发展对高校毕业生的需求大

2021 年及"十四五"时期要以推动高质量发展为主题。高质量发展的内涵丰富，从生产要素角度来看，在土地、劳动力、资本、企业家精神、技术、信息等各种要素中，劳动力质量的改善和技术水平的提高至关重要。技术创新和技术应用都离不开高质量的劳动力。

2020 年《人口与劳动绿皮书》中谈及经济如何实现高质量发展，认为提升人力资本、提升创新能力是最重要的。之所以要格外强调劳动力质量的重要性，是因为近年来我国劳动力的"数量"出现两个"双降"：一是劳动年龄人口的绝对数量及其占总人口的比重出现下降；二是就业人员的绝对数量及其占总人口的比重出现下降。在劳动力"数量"不再带来红利的情况下，如何提升劳动力的"质量"便显得至关重要。从国际比较看，我国的劳动力质量还较低，仍没有达到世界平均水平，与美国等发达国家的差距依然很大。我国就业人员的人均 GDP 与世界平均水平的比值由 1991 年的 0.12，提高到 2019 年的 0.76。

（三）数字经济带来的就业创业机会多

2020 年 7 月，我国政府提出支持 15 种新业态新模式发展，包括在线教育、互联网医疗、线上办公、培育新个体经济、发展微经济、在线娱乐等。数字经济正成为推动我国经济社会发展的新引擎。数字经济不仅能够为行业发展带来更高的效率，还能提供大量的新岗位，甚至催生"新业态"，为求职者提供更充分和高质量的就业。数字化改变了传统行业的人才需求结构，为吸纳高学历人才发展留出更多空间，有利于高校毕业生就业。数字经济的快速发展不仅可以增加传统的单位就业机会，也为自主创业和灵活就业带来许多机遇。高校毕业生在获得数字知识和技术方面有显著的优势，是数字经济发展的重要人力资源和受益群体。

【拓展阅读】

数字化背后的新机遇

在中国数字化、智能化加速转变升级的背景下，我国产业跃迁迫切要寻找劳动力支点。而新基建进入建设期将会带动基础设施领域迎来质变，继而加速产业数字化转型，新一代产业工人亟须在能力素养上实现整体提升。

业内专家表示,当前以5G、工业互联网、人工智能、区块链等新一代信息技术演化生成的基础设施,已成为投资热点和支撑我国产业跃迁的重要基础,但技术工人群体在数量、能力上的"适配性"压力却依旧存在,技能人才结构性缺乏带来的挑战或将加剧。未来,夯实复合型技术人才壮大产业转型生力军仍需产学研进一步形成合力。

智联招聘发布的《2020年新基建产业人才发展报告》显示,随着新基建成为新一轮投资重点领域,相关领域的核心技术人才缺口长期存在,预计年底缺口将达417万人。专家认为,除去广义新基建领域高精尖人才外,部分行业将在短期内出现产业工人新需求,数字化转型将带来新就业与机遇。

(资料来源:《供需失衡 技能型人才缺口拖累产业跃迁步伐》,《经济日报》,2020年6月16日,节选。)

(四)实体经济对就业的吸纳能力强

"坚持把发展经济着力点放在实体经济上。""依靠创新推动实体经济高质量发展,培育壮大新动能。促进科技创新与实体经济深度融合,更好发挥创新驱动发展作用。"实体经济,是指一个国家生产的商品价值总量,不仅包括物质产品,也包括精神的产品和服务的生产、流通等经济活动。

《全国高校毕业生就业调查报告2019》的统计显示,2019年高校毕业生的行业分布按比例排序为:教育排第一,占12.6%;信息传输、计算机服务、软件业排第二,占12.4%;制造业排第三,占11.8%;金融业排第四,占10.6%;建筑业排第五,占9.8%。前五个行业占比合计为57.2%,除金融业以外,其他行业都属于实体经济。

二、结构性就业矛盾

人力资源和社会保障部的统计显示,2020年高校毕业生总体就业率达90%以上。2020年就业受新冠疫情的负面影响显著,就业率尚能达到如此高的水平,2021年经济发展企稳回升,预期就业率还会达到较高的目标。高校毕业生的就业难题,更多地表现在就业质量,突出地表现在结构性就业矛盾。结构性就业矛盾在短期之内不可能解决。《中华人民共和国国民经济和社会发展第十四个五年规划和2035年远景目标纲要》强调"健全有利于更充分更高质量就业的促进机制,扩大就业容量,提升就业质量,缓解结构性就业矛盾",将结构性就业矛盾与就业容量、就业质量并列,作为解决就业问题的三项任务之一。

(一)从变化看结构性就业矛盾

结构性失业是劳动经济学中的基本概念和研究内容,是指由于经济结构(包括产业结构、产品结构、地区结构等)发生了变化,现有劳动力的知识、技能、观念、区域分布等不适应这种变化,与市场需求不匹配而引发的失业。结构性失业在性质上是长期的,而且通常起源于劳动力的需求方。

我国高等教育的招生计划是根据当年的以及预期未来的市场状况制订的，在学生培养过程中我国经济结构会发生显著的变化，待学生毕业时高等教育的学历结构、类型结构、学科专业结构、地区结构、能力结构等供给结构与劳动力市场已经发生改变的需求结构可能不再吻合，就会出现结构性就业矛盾。

从劳动力的能力结构需求看，世界经济论坛发布的《2020年未来就业报告》显示，新技术的进步与应用将持续加速，不会原地等待劳动者做好准备，尤其在云计算、大数据、电子商务、人工智能等领域。94%的企业管理者认为员工迫切需要更新技能。该报告预测了2025全球就业市场最需要的10类能力，分别为：分析思维能力和创新能力，主动学习能力和学习策略，复杂问题解决能力，批判性思维和分析能力，创造力、原创性和主动性，领导力和社会影响力，技术使用、监督和控制能力，技术设计和程序设计能力，韧性、抗压性和灵活性，推理能力、解决问题的能力和思维能力。就业市场能力需求结构的变化需要高等教育在人才培养的能力供给结构方面进行相应调整。

从我国高校学生能力的增值情况看，《全国高校毕业生就业调查报告2019》的数据显示，我国高校在经济全球化、数字化、创新化等市场需求增大的指标上供给增值不足。在34项能力指标中，得分最低的10项依次为：财经素养能力、外语能力、对复杂的社会组织和技术系统的了解、计算机能力、国际视野、创新能力、谈判与决策能力、统计与数据处理能力、领导力、批判性思维能力。

(二)从差异看结构性就业矛盾

近年来，高校毕业生的就业过程中存在"无业可就"与"有业不就"并存的结构性矛盾。这种现象是由我国劳动力市场结构中的各种差异造成的。市场分割理论认为劳动力市场存在主要和次要的劳动力市场。主要劳动力市场的工资高、福利待遇好、在职培训和晋升机会多、工作稳定性高，而次要劳动力市场则恰恰相反。由于我国经济发展存在着显著的地区差异、城乡差异、行业差异、单位差异、岗位差异、能力差异等，加之劳动力市场规模庞大，因此我国劳动力市场的分割不仅仅是主要和次要的二元分割，而是呈现出"阶梯形"的多元劳动力市场分割。

第一，我国经济发展的地区差异大。2019年，北京的人均GDP最高，甘肃最低，极值比（最高值与最低值之比）为5.0。人均GDP排名前七位的省区市都属于东部地区，分别是北京、上海、江苏、浙江、福建、广东、天津。

第二，我国经济发展的城市差异大。2020年人均收入十强城市全部为东部城市，分别是：上海72232元、北京69434元、深圳64878元、广州63289元、苏州62582元、杭州61879元、南京60606元、宁波59952元、厦门58140元和无锡57589元。

第三，我国经济发展的行业差异大。2020年《中国统计年鉴》的数据显示，2016年之后，互联网技术（IT）成为平均工资最高的行业，2019年行业平均工资的极值比为4.1。

第四，我国经济发展的单位差异大。高校毕业生求职的期望单位是国有单位，但国有单位的就业吸纳能力低。2020年，我国总人口为141178万，劳动力为81000万以上，国有单位就业人员为 5400 多万。国有单位就业人员占我国总人口的比重约为 4％。

（三）从匹配看结构性就业矛盾

除了经济结构和产业结构动态变化及差异显著外，高等教育供给与劳动力市场需求之间的匹配程度不高也是造成高校毕业生就业结构性矛盾的原因之一。就业信息不充分、不对称、不清晰容易造成用人单位与求职者匹配程度不高，单位招聘不到合适的人才，同时毕业生找不到满意的工作，这也是一种结构性就业矛盾。

我国拥有全球最大的劳动力市场，2019 年有 2528 万家法人单位，2021 年上半年将突破 3000 万，2021 年有 909 万高校毕业生，每年都有规模庞大的招聘单位与数量众多的求职者，要想实现最佳匹配状态是不可能的。双方在收集求职和就业信息的过程中都要付出时间成本和货币成本。由于存在信息不对称的情况，有时就会作出错误的选择。

《全国高校毕业生就业调查报告 2019》的统计显示，2019 年在就业毕业生群体中，适度教育的比例为 73.1％，过度教育的比例为 14.9％，教育不足的比例为 12.0％，学历匹配状况尚可。专业非常对口的比例为 30.1％，专业基本对口的比例为 40.3％，专业不对口的比例为 29.6％，专业匹配状况也尚可。但是，无论看学历匹配还是专业匹配，都有较大的提升空间。

除了专业匹配、学历匹配问题，还存在能力匹配、兴趣匹配等其他供求匹配问题。

三、缓解结构性就业矛盾措施

对我国而言，影响就业的因素既有经济下行的周期性因素，又有产业结构升级的结构性因素。结构性就业矛盾难以根除，但是可以从几个方面采取措施，缓解就业矛盾。

第一，充分发挥市场的有效配置作用，减少劳动力市场的流动障碍，为毕业生的自由流动创造宽松的外部环境，尽量满足高校毕业生的求职意愿。"健全统一规范的人力资源市场体系，破除劳动力和人才在城乡、区域和不同所有制单位间的流动障碍，减少人事档案管理中的不合理限制。"

第二，积极发挥政府的政策引导作用，为去中西部地区、边远地区、基层就业、艰苦行业的高校毕业生增设"人力资本保值收入"。在经济全球化和信息化的背景下，人才和产业的聚集效应增强。受过高等教育的人才聚集在一起，在交流过程中会发生知识外溢，可以实现人力资本保值和增值。而那些去中西部地区、边远地区、基层就业的毕业生，由于工作环境中高学历人才少，人口密度小，其人力资本很容易贬值。因此，应该给予他们"人力资本保值收入"作为一种补偿。在形式上，可以采取减免学费、助学贷款、就业奖金等，由国家财政提供资助。

第三，加强生涯教育和就业指导，改善毕业生就业观念。从自我认知来说，高等教育已经进入普及化发展阶段，毕业生仅仅是高素质的劳动力；从就业认知来说，应改变"固定工"观念，接受非标准就业成为大趋势的现实；从目标认知来说，应实现效用最大化，而不是收入最大化。《你要如何衡量你的人生》的作者认为，唯一让人有工作满足感的方式就是从事你认为伟大的工作,而通向伟大工作的唯一方法就是爱上所从事的工作。要积极引导和发挥就业的内在动力,包括有挑战性的工作、责任感、成就感、对社会有所贡献、能够帮助他人等。

第四,健全和完善就业信息平台,提供更加充分的就业信息,有利于提高供需匹配效率。

四、我国高等教育的改革与发展

要想有效提高就业质量,缓解结构性就业矛盾,为高质量发展提供高质量的人力资源,需要不断加强我国高等教育的改革和发展。

(一)劳动力质量上要继续保持稳步提高

我国 25 岁以上人口平均受教育年限较低,低于世界平均水平,与主要发达国家相差甚远。2018 年,我国 25 岁以上人口平均受教育年限为 7.9 年,世界平均水平为 8.4 年,德国为 14.1 年,美国为 13.4 年,英国为 13.0 年,日本为 12.8 年。劳动力质量在"十四五"的发展目标是,劳动年龄人口平均受教育年限提高到 11.3 年,在 2019 年的 10.7 年基础上提高 0.6 年。

(二)学历结构应调整,在高等教育内部提高研究生占比

从中美两国的对比看,美国有 67.8% 的劳动者具有高等教育学历,我国仅为 20.2%;2017 年,美国高等教育中硕士生和博士生的比例分别为 20.4% 和 4.6%,而我国分别仅为 6.6% 和 0.7%。

(三)学科结构有待调整,遏止理工科占比下降趋势

自 1999 年高校扩招以来,我国普通本科中理工农医类招生的占比呈下降趋势,其中,理学占比由 1999 年的 10.7% 下降至 2018 年的 7.0%;工学占比由 1999 年的 41.3% 下降至 2018 年的 34.6%。

(四)加强对中西部地区高等教育发展的扶持力度

我国各省高质量人力资源的比例差异显著。2018 年拥有高等学历就业人员比例最高的五个省区市均位于东部,分别是北京(58.9%)、上海(49.6%)、天津(39.2%)、浙江(28.6%)和江苏(27.2%)。比例最低的五个省区市均位于西部,包括云南(10.0%)、贵州(11.1%)、西藏(13.2%)、广西(13.4%)和四川(13.7%)。

近年来,我国经济发展形势稳中向好,就业政策更加完善齐全,高等教育质量不断提高。在各地、各相关部门、各高校的积极努力下,只要各项政策落实到位,继续鼓励和支持企业扩大招聘规模,支持基层吸纳更多毕业生就业,支持毕业生自主创业、灵活就业、市场化就业,继续扩大升学深造规模,我国高校毕业生的总体就业率仍会达到较高水平。

第二节　就业政策

推动稳就业政策向高校毕业生重点倾斜,落实好党政机关、事业单位、国有企业等今明两年空缺岗位主要招聘应届高校毕业生等政策。

一、国家性稳就业政策

《国务院办公厅关于应对新冠肺炎疫情影响强化稳就业举措的实施意见》(国办发〔2020〕6 号),对中小微企业招用毕业年度高校毕业生并签订 1 年以上劳动合同的,给予一次性吸纳就业补贴。各级事业单位空缺岗位今明两年提高专项招聘高校毕业生的比例。开发城乡社区等基层公共管理和社会服务岗位。扩大"三支一扶"计划等基层服务项目招募规模。出台改革措施,允许部分专业高校毕业生免试取得相关职业资格证书。扩大 2020 年硕士研究生招生和普通高校专升本招生规模。扩大大学生应征入伍规模,健全参军入伍激励政策,大力提高应届毕业生征集比例。

《国务院办公厅关于支持多渠道灵活就业的意见》(国办发〔2020〕27 号),把支持灵活就业作为稳就业和保居民就业的重要举措,坚持市场引领和政府引导并重、放开搞活和规范有序并举,顺势而为、补齐短板,因地制宜、因城施策,清理取消对灵活就业的不合理限制,强化政策服务供给,创造更多灵活就业机会,激发劳动者创业活力和创新潜能,鼓励自谋职业、自主创业,全力以赴稳定就业大局。

提供低成本场地支持。落实阶段性减免国有房产租金政策,鼓励各类业主减免或缓收房租,帮助个体经营者等灵活就业人员减轻房租负担。有条件的地方可将社区综合服务设施闲置空间、非必要办公空间改造为免费经营场地,优先向下岗失业人员、高校毕业生、农民工、就业困难人员提供。

《国务院关于进一步做好稳就业工作的意见》(国发〔2019〕28 号),继续组织实施农村教师特岗计划、"三支一扶"计划等基层服务项目。公开招聘一批乡村教师、医生、社会工作者充实基层服务力量。扩大征集应届高校毕业生入伍规模。扩大就业见习规模,适当提高补贴标准,支持企业开发更多见习岗位。

二、地方性政策性岗位招录

现将福建省内相关岗位招录公告及政策摘录如下。

福建省 2021 年"三支一扶"计划招募公告

根据《福建省 2021 年高校毕业生"三支一扶"计划实施方案》,现将福建省 2021 年"三支一扶"计划招募有关事项公告如下:

一、招募岗位

2021 年福建省省级"三支一扶"计划招募岗位 674 个(详见附件 1)。具体岗位信息请登录福建省毕业生就业创业公共服务网(以下简称公共服务网,网址:http://220.160.52.58/),进入"服务平台"查询。岗位专业参照教育部门学科分类执行(详见附件 2),专业代码全不匹配的,不可报该岗位。

福州市、泉州市、龙岩市、三明市市级"三支一扶"计划同步报名(具体详见各有关设区市"三支一扶"计划实施方案或招募公告),报名人员可通过"岗位类别"查询省级或市级岗位。省级和市级岗位不能同时报名,只能选择其中一个岗位报名。

二、招募对象和条件

招募对象为省内全日制普通高校毕业生、省外全日制普通高校福建生源毕业生(不含成人教育培养类别等非本专科全日制高校毕业生),并具备以下条件:

(一)思想政治素质好,组织纪律观念强,有理想、有本领、有担当;服从分配,志愿到农村基层从事"三支一扶"工作;遵纪守法,敬业奉献,作风正派;在校期间无违法违纪违规行为。

(二)学习成绩良好,具备服务岗位相应的专业知识。

(三)往届高校毕业生年龄不超过 25 周岁(即在 1996 年 7 月 31 日后出生),研究生学历放宽至 28 周岁(即在 1993 年 7 月 31 日后出生),2021 年应届高校毕业生无此要求。

(四)具有正常履行职责的身体条件,保证两年服务期内能正常履职。如不能保证两年服务期的完整性,期满考核将评定为不合格,不享受期满考核合格人员的优惠政策。

(五)报名人员须在 2021 年 8 月 31 日前取得毕业证书(研究生放宽至 12 月 31 日)和岗位要求的其他专业证书(支教岗位应具有相应教师资格证书)。若未获得毕业资格和相应证书,将取消"三支一扶"计划派遣资格。

(六)符合招募岗位需求的其他条件。已参加过"三支一扶"计划、大学生志愿服务欠发达地区计划、高校毕业生服务社区计划等基层服务项目的高校毕业生不再列入招募对象范围,在同等条件下,优先招募派遣服务单位所在地生源毕业生、退役大学生士兵、残疾毕业生、少数民族毕业生。

三、报名办法

(一)报名时间:2021 年 5 月 10 日 8:00 至 5 月 17 日 17:00,逾期将不再接受报名。

(二)报名方式:2021 年福建省"三支一扶"计划报名工作采取网络报名方式。符合招募条件的高校毕业生,在规定的报名时间内登录公共服务网,进入"服务平台",通过"个人注册"生成的账号、密码登录报名(请通过电脑登录报名,暂不支持手机报名,填报毕业学校和所学专业等信息时,请选择下拉框中选项,确保个人报名信息正确提交至毕业院校。

招募流程和常见问题汇总详见附件3、4）。

（三）报名材料：报名人员按照招募岗位的资格条件和专业要求，选择一个岗位报名，翔实准确地填写报名信息并上传相关材料，同时须选择是否服从调剂到其他岗位。上传资料具体如下（上传 PDF 格式材料每项不超过 1M，其他文件不超过 200k）：

1. 个人照片。个人近期一寸免冠照片。

2. 资格证书。"支教"岗位报名人员须上传本人教师资格证书，2021年应届毕业生可先提供相关部门出具的成绩单及是否通过考试的结论材料，证书放宽至体检前现场提交。

3. 困难状况佐证材料。原建档立卡贫困家庭高校毕业生、城乡低保家庭高校毕业生、特困人员高校毕业生由公共服务网通过大数据比对自动审核，系统显现"校验通过"的报名人员不需要上传材料，"校验不通过"但认为自己属于上述困难状况的报名人员，由院校资助中心出具比对结果或自行上传佐证材料，由报考岗位所在设区市和平潭综合实验区"三支一扶"办人工复核。未按要求在报名及审查时间内上传相关佐证材料的或上传材料不符合要求的，视为不属于困难状况。人工审核须提供相关材料有：

（1）原建档立卡贫困家庭高校毕业生。须提供加盖所在县（市、区）原扶贫部门公章的本人家庭《扶贫手册》或其他同等效力材料。

（2）城乡低保家庭高校毕业生。须提供经年审或认证的本人家庭《城乡居民最低生活保障证》（若本人不在《城乡居民最低生活保障证》内，还需提供所在家庭户口簿）或所在县（市、区）民政部门出具的同等效力材料。

（3）特困人员高校毕业生。须提供本人《特困人员救助供养证》或所在县（市、区）民政部门出具的同等效力材料。

4. 获得荣誉（奖学金）证书。提供本人报名学历在校期间获得校级及以上荣誉（奖学金）证书，作为在校表现情况评分依据。

5. 优先派遣佐证材料。退役大学生士兵、残疾高校毕业生报名人员，请上传《退役大学生士兵证》《残疾人证》作为同等条件下优先派遣依据。

四、审查考核（5 月 18 日至 6 月 17 日）

（一）省内全日制普通高校毕业生。省内全日制普通高校毕业生资格审查和考核评分工作，委托报名毕业生所在高校按照《福建省"三支一扶"计划省内高校毕业生审核办法》（同步公告，下同）开展。

（二）省外全日制普通高校福建生源毕业生。省外全日制普通高校福建生源毕业生资格审查工作，由报名岗位所在设区市"三支一扶"办和报名人员毕业院校共同负责。考核评分工作，由毕业生本人协助毕业学校的院（系）开展，具体详见《福建省"三支一扶"计划省外高校福建生源毕业生审核办法》。

五、确定派遣人选（6 月 18 日至 7 月 20 日）

各有关设区市和平潭综合实验区"三支一扶"办根据资格初审、院校考核结果，按照量化评分和招募派遣人选产生办法进行复核并确定初步体检人选。体检人选的名单、时间和地点，通过公共服务网和各设区市人事人才网公开发布。经体检合格后确定的人选名单报省"三支一扶"办备案，经备案无异议后，确定为拟招募人选。拟招募人选名单在公共服务网和各设区市人事人才网公示 3 个工作日，公示无异议的，确定为正式招募人员。

六、岗前培训和出征派遣（8 月 10 日前）

各有关设区市"三支一扶"办组织派遣对象进行岗前培训，培训结束后派遣"三支一扶"高校毕业生到服务地报到。"三支一扶"高校毕业生到岗服务后，原则上不得调整服务单位。

七、相关要求

报名人员须认真阅读本公告和省内外高校毕业生报名审核办法，严格按照招募岗位资格条件和专业要求进行报名。报名人员对本人所提交信息的真实性负责，所填信息与岗位要求不符或填报虚假信息的，一经查实，将取消报名和派遣资格。报名人员应及时关注公共服务网反馈的审查信息，在规定时间内修改完善后重新提交。

福州市 2021 年高校毕业生"三支一扶"计划实施方案

为促进乡村振兴发展，引导鼓励高校毕业生面向基层就业，做好 2021 年支教、支农、支医和扶贫工作，制定本实施方案。

一、指导思想

以习近平新时代中国特色社会主义思想为指导，全面贯彻落实党中央、国务院决策部署和省委、省政府工作要求，紧紧围绕巩固拓展脱贫攻坚成果同乡村振兴有效衔接，加强基层人才队伍建设，促进基层教育、农业、卫生、扶贫等社会事业发展，为奋力谱写全面建设社会主义现代化国家的福建篇章贡献力量。

二、工作任务

本期"三支一扶"计划拟招募约 80 名高校毕业生，安排到晋安、长乐、福清、闽侯、连江、闽清、罗源、永泰等八个县（市、区）乡（镇）从事支教、支农、支医和扶贫工作，服务期限为 2 年。参加市级"三支一扶"计划的高校毕业生，服务期满考核合格的，享受省级"三支一扶"计划相关政策待遇。

三、宣传动员

各县（市、区）人社局、各有关部门要广泛开展"三支一扶"计划宣传，充分利用广播、电视、网站、微信公众号等渠道及时发布岗位信息、招募政策，并做好组织动员等工作。各高等院校要充分利用校内广播台、校园网、公告栏、海报等，广泛宣传"三支一扶"计划招募信息和相关政策。

四、招募对象和条件

省级岗位招募对象为省内全日制普通高校、省外全日制普通高校福建生源毕业生（不含成人教育培养类别等非本专科全日制高校毕业生，下同）；市级岗位招募对象为全日制普通高校福州生源高校毕业生，并具备以下条件：

（一）思想政治素质好，组织纪律观念强，有理想、有本领、有担当；服从分配，志愿到农村基层从事"三支一扶"工作；遵纪守法，敬业奉献，作风正派；在校期间无违法违纪违规行为。

（二）学习成绩良好，具备服务岗位相应的专业知识。

（三）往届高校毕业生年龄一般不超过25周岁（即在1996年7月31日后出生），研究生学历放宽至28周岁（即在1993年7月31日后出生），应届高校毕业生无此要求。

（四）具有正常履行职责的身体条件，保证两年服务期内能正常履职。如不能保证两年服务期的完整性，期满考核将评定为不合格，不享受期满考核合格人员的优惠政策。

（五）报名人员须在8月31日前取得毕业证书（研究生放宽至12月31日），支教岗位应具有教师资格证书。若未获得毕业资格和相应证书，将取消"三支一扶"计划派遣资格。

（六）符合招募岗位需求的其他条件。

已参加过"三支一扶"等基层服务项目的高校毕业生不再列入招募对象范围。在同等条件下，优先招募派遣服务单位所在地生源的毕业生和退役大学生士兵、残疾毕业生、少数民族毕业生。

五、组织招募程序

（一）组织报名（5月10日至5月17日）

1. 报名时间：5月10日8:00至5月17日17:00。

2. 报名方式：符合招募对象条件的高校毕业生，在报名时间内登录公共服务网查询招募岗位信息，选择合适的岗位报名，逾期无法报名。报名具体事项以报名公告为准，报名公告将于5月初在公共服务网发布。每人限报1个岗位，选择岗位时，请注意区分省级岗位与市级岗位。

（二）审查考核（5月18日至6月17日）

1. 省内院校高校毕业生。由报名人员所在院校毕业生就业工作部门按照《福建省"三支一扶"计划省内高校毕业生审核办法》（与报名公告同步发布，下同）对报名人员进行资格初审，初审通过后进行考核评分，并通过公共服务网提交至福州市人社局复核，纸质材料签章后一并报送。

2. 省外院校高校毕业生。由福州市人社局按照《福建省"三支一扶"计划省外高校福建生源毕业生审核办法》（以下简称《省外高校审核办法》）对报名人员进行资格初审。由报名人员联系所在学校院（系）按照《省外高校审核办法》进行考核评分，审核结果于6月17日前寄送或传真至报名岗位福州市人社局。福州市人社局根据院校提交材料进行资格复审和考核评分。

（三）确定派遣人选（6月18日至7月20日）

1. 量化评分。市人社局根据资格初审、院校考核结果，按照量化评分和招募派遣人选产生办法（另行通知），通过公共服务网对报名人员进行量化评分，在满足招聘岗位要求的前提下，依据评分结果确定初步体检人选。

2. 组织体检。市人社局负责确定本市"三支一扶"计划体检医院，参照公务员录用体检标准，组织体检。体检人选的名单、时间和地点，通过公共服务网和福州市人事人才网公开发布。

3. 人选备案。市人社局将经体检合格后确定的人选名单报省"三支一扶"办备案，经备案同意后，确定为拟招募人选。不符合招募对象和条件的，将取消招募派遣资格。

4. 人选公示。经省"三支一扶"办备案同意的人选名单,在公共服务网和福州人事人才网公示 3 个工作日,公示无异议的,确定为正式招募人员。

(四)岗前培训和出征派遣(8 月 10 日前)

市人社局组织派遣对象进行岗前培训,培训结束后举行出征仪式,派遣"三支一扶"高校毕业生到服务地报到。"三支一扶"高校毕业生到岗服务后,原则上不得调整服务单位。

上述组织招募的日程安排如有调整,将及时在公共服务网公布。

六、政策保障

(一)在岗待遇

1. 服务期间,按月给"三支一扶"高校毕业生发放生活补贴(2021 年生活补贴标准为每人每月 4042 元);统一办理基本养老保险、基本医疗保险、失业保险、工伤保险和生育保险及人身意外伤害保险;服务单位比照本单位相同岗位在编工作人员落实"三支一扶"高校毕业生同等福利待遇。

2. 新招募且在岗服务满 6 个月以上的"三支一扶"高校毕业生,按照每人 3000 元标准发放一次性安家费补贴。

3. 到纳入县级基本财力保障范围县(市、区)乡(镇)服务的高校毕业生,其在校期间的国家助学贷款本息,由服务县(市、区)财政按每年 2000 元代为偿还。

4. 服务期间,由各级政府人社部门所属人才服务机构提供人事档案保管服务。服务满 1 年且考核合格后,可按规定参加职称评定。服务期间按规定解除协议的,实际服务并缴纳养老保险的年限可计算为连续工龄。

5. 符合《中华人民共和国执业医师法》及卫生计生委医师资格考试报名有关规定的支医人员,由服务地相应医疗机构出具试用期考核合格证明,当地县级卫生行政部门负责帮助办理参加执业医师资格考试的有关手续,确保他们能顺利参加考试。

(二)期满政策

"三支一扶"高校毕业生服务期满后自主择业。服务期满考核合格的,享受以下政策待遇:

1. 参加"三支一扶"计划前无工作经历的高校毕业生服务期满且考核合格的,在 2 年内参加机关事业单位考录(招聘)、各类企业吸纳就业、自主创业、落户、升学等方面可同等享受应届高校毕业生的相关政策。

2. 在全省公务员录用考试中,安排当年招录计划数 10% 的职位,定向招录当年服务行将期满考核合格和服务期满考核合格的"三支一扶"等服务基层项目高校毕业生和大学生退役士兵。

3. 当年服务行将期满考核合格和服务期满考核合格的"三支一扶"高校毕业生,报考省、设区市事业单位的,笔试总分加 3 分;报考县(市、区)、乡(镇)事业单位的,笔试总分加 5 分。承担"三支一扶"计划招募任务的县(市、区),在开展事业单位招聘时应根据当年期满人员数量拿出一定比例的岗位,采取"专门岗位"或"专项招聘"方式,面向"三支一扶"高校毕业生招聘。对于服务期满考核合格的,在我省乡(镇)事业单位编制内新增工作人员时可以直接聘用,由接收单位报县(市、区)人社部门核准,在原服务单位直接聘用的不再约定试用期。

4. 服务期满考核合格，符合报考条件，在服务期满后三年内报考省内普通高校硕士研究生，初试总分加 10 分，在同等条件下招生单位优先录取。对于已被录取为研究生的应届高校毕业生参加"三支一扶"的，学校应为其保留学籍至服务期满。

5. 当年服务行将期满考核合格和服务期满考核合格的"三支一扶"高校毕业生，有就业意愿的，由服务地县（市、区）人社部门所属人才服务机构有针对性地提供就业指导和推荐服务。有创业意愿的，及时纳入当地"大学生创业引领计划"等，有针对性地提供创业公共服务，按规定享受相关扶持政策。

6. 服务期满考核合格，被机关事业单位录（聘）用或进入国有企业就业的，其服务期间计算工龄，支教服务期间计算教龄，其参加工作时间按其到基层报到之日起算。

7. 服务期满被录用为公务员的，试用期工资可高于直接从各类学校毕业生中录用公务员的试用期工资，按相同学历新录用公务员转正定级工资标准低 1 个级别工资档次的数额确定；被事业单位聘用的，岗位工资按所聘岗位确定，薪级工资比照本单位相同学历新聘用人员定级工资标准确定。

凡通过享受政策待遇，被录（聘）为公务员和事业单位工作人员的服务基层项目高校毕业生，不再重复享受报考公务员和事业单位专门职（岗）位、报考事业单位加分和乡镇事业单位考核聘用等就业优惠政策。

七、管理服务

（一）落实《福建省省级"三支一扶"计划管理暂行办法》，坚持"谁用人、谁受益、谁负责"和分级管理的原则，坚持培养和使用相结合、管理和服务相结合，加强安全健康管理，做好毕业生户口、档案、组织关系接转、日常管理、年度考核、服务期满考核及期满"三支一扶"高校毕业生就业跟踪服务等工作。

（二）对管理服务不到位、优惠政策不落实的县，市人社局将调减其今后的招募计划，直至停止招募。

八、经费保障

（一）省级"三支一扶"高校毕业生生活补贴和人身意外伤害保险、体检、社会保险、培训所需费用以及省"三支一扶"工作经费由省财政安排专项经费支付，并按照《福建省省级"三支一扶"计划专项资金管理办法》执行；市级"三支一扶"计划高校毕业生的生活补贴、社会保险、人身意外伤害保险、慰问等费用由各有关县（市、区）财政安排专项经费支付，体检、培训等经费由市财政安排专项经费支付。

（二）各有关县（市、区）财政要安排一定经费作为本级"三支一扶"办专项工作经费，并对为服务期满考核合格的"三支一扶"高校毕业生提供免费就业服务的人才服务机构和职业介绍机构，给予适当经费补助。

福建省民政厅等五部门关于组织实施 2021 年高校毕业生
服务社区计划的通知

　　根据省政府关于做好高校毕业生就业工作的要求，现就组织实施 2021 年高校毕业生服务社区计划有关事项通知如下：

　　一、工作任务

　　2021 年，全省统一招募 300 名高校毕业生，安排到纳入县级基本财力保障范围的县（市、区）的城市社区从事社区工作，服务期限为 2 年。各有关市、县（区）根据下达的招募计划，具体组织实施。

　　二、组织招募

　　（一）招募对象和条件。招募对象为省内全日制普通高校、省外全日制普通高校福建生源毕业生（不含成人教育培养类别等非本专科全日制高校毕业生），并具备以下条件：

　　1. 思想政治素质好，组织纪律观念强，有理想、有本领、有担当；服从分配，志愿到社区从事工作；遵纪守法，敬业奉献，作风正派；在校期间无违法违纪违规行为。

　　2. 学习成绩良好，具有相应的专业知识，善于沟通，有较强的口头表达和文字表达能力。

　　3. 往届高校毕业生年龄一般不超过 25 周岁（即在 1996 年 7 月 31 日后出生），研究生学历放宽至 28 周岁（即在 1993 年 7 月 31 日后出生），应届高校毕业生无此要求。

　　4. 具有正常履行职责的身体条件，保证两年服务期内能正常履职。如不能保证两年服务期的完整性，期满不予以考核，不享受期满考核合格人员的优惠政策。

　　5. 报名人员须在 7 月 31 日前取得毕业证书（研究生放宽至 12 月 31 日）；未获得毕业证书的，将取消派遣资格。

　　同等条件下，优先招募派遣低保、低收入家庭、就业困难的高校毕业生、岗位所在地县（市、区）、乡镇（街道）生源的毕业生、退役大学生士兵、残疾毕业生、少数民族毕业生。

　　（二）组织招募程序。招募工作坚持"公开、平等、竞争、择优"的原则，由各级民政部门牵头，组织、人社、财政、教育部门配合实施。

　　1. 名额分配。福州市 15 名，漳州市 40 名，泉州市 30 名，三明市 50 名，莆田市 10 名，南平市 45 名，龙岩市 45 名，宁德市 55 名，平潭综合实验区 10 名。

　　2. 组织报名（4 月 10 日—5 月 10 日）。设区市（含平潭，下同）民政、人社部门共同研究制定招募方案，报省民政厅审定后，统一在"福建民政"门户网站、福建省人力资源和社会保障厅网站、福建省毕业生就业创业公共服务网和当地相关网站向社会发布，组织报名。各高等学校要充分利用校内广播台、校园网、公告栏、海报等媒体，广泛宣传服务社区计划招募信息和相关政策。

　　符合招募条件的高校毕业生，在规定期限内选择合适的岗位报名。报名人员对本人所提交信息的真实性负责，所填信息与岗位要求不符或填报虚假信息的，一经查实，立即取消报名和派遣资格。

3. 审查考核(5月11日—5月31日)。设区市民政局对报名人员进行审查考核,确定参加体检的高校毕业生名单。具体审查考核办法由各设区市根据工作实际制定。

4. 组织体检(6月1日—6月10日)。设区市民政局统一指定时间和医院,参照公务员录用体检标准,组织入选的高校毕业生进行体检。

5. 确定人选(6月11日—6月25日)。设区市民政局根据体检情况,确定拟招募人选,面向社会公示3个工作日。经公示无异议的,确定为正式招募人员。

6. 签订协议(6月26日—7月4日)。设区市民政局组织入选的毕业生签订《福建省高校毕业生服务社区计划协议书》,并将名单报省民政厅备案。

7. 岗前培训(7月5日—7月10日)。省民政厅统一组织服务社区高校毕业生进行岗前集中培训。

8. 派遣报到(7月15日前)。设区市民政局派遣服务社区高校毕业生到服务社区所在的县(市、区)民政局报到。接收单位应做好服务社区高校毕业生的接收工作,并办理相关手续。

三、待遇保障

(一)服务期间待遇

1. 服务社区高校毕业生服务期间生活补贴标准根据省政府《关于做好2016年普通高等学校毕业生就业创业工作的通知》(闽政〔2016〕25号)规定确定。同时,由服务所在县(市、区)民政局依托当地人社部门所属人才服务机构,以缴费时上一年度全省在岗职工平均工资的60%为缴费基数标准,统一办理社会保险(基本养老、基本医疗、失业、生育、工伤)和人身意外伤害保险。

2. 实行贫困生助学贷款国家代偿政策。服务社区高校毕业生在校期间的国家助学贷款本息,由省级财政按每人每年2000元代为偿还。

3. 服务期间,由各级人社部门所属人才服务机构提供人事档案保管服务。服务满1年且考核合格后,可按规定参加职称评定。服务期间按规定解除协议的,实际服务并缴纳养老保险的年限可计算为连续工龄。

各地、各高校可根据实际,制定出台鼓励引导高校毕业生参加服务社区计划的政策措施,进一步提高保障水平。

(二)期满政策

服务社区高校毕业生服务期满后自主择业。服务期满考核合格的,享受以下政策待遇:

1. 参加服务社区计划前无工作经历的高校毕业生,服务期满且考核合格的,在2年内可同等享受应届高校毕业生参加机关事业单位考录(招聘)、企业吸纳就业、自主创业、落户、升学等方面的相关政策。

2. 当年服务行将期满考核合格和服务期满考核合格的服务社区计划高校毕业生,可报考全省招录公务员"四级联考"中面向服务基层项目高校毕业生的专门职位。

3. 当年服务行将期满考核合格和服务期满考核合格的服务社区计划高校毕业生,报考省、设区市事业单位的,笔试总分加3分;报考县(市、区)、乡(镇)事业单位的,笔试总分加5分。承担服务社区计划招募任务的县(市、区),在开展事业单位招聘时,应根据当年期满人员数量,安排一定比例的岗位,采取"专门岗位"或"专项招聘"方式,面向服务社区计划高校毕业生招聘。对于服务期满考核合格的,在我省乡(镇)事业单位编制内新增工作人员时可以直接聘用,由接收单位报县(市、区)人社部门办理事业单位人员聘用相关手续,在原服务单位直接聘用的不再约定试用期。

4. 服务期满考核合格、符合报考条件的,在服务期满后三年内报考省内普通高校硕士研究生,初试总分加 10 分,在同等条件下招生单位优先录取。对于已被录取为研究生的应届高校毕业生参加服务社区计划的,学校应为其保留学籍至服务期满。

5. 当年服务行将期满考核合格和服务期满考核合格的服务社区高校毕业生,有就业意愿的,由服务地县(市、区)人社部门所属人才服务机构有针对性地提供就业指导和推荐服务。有创业意愿的,及时纳入当地"大学生创业引领计划"等,有针对性地提供创业公共服务,按规定享受相关扶持政策。

6. 服务期满考核合格,被机关事业单位录(聘)用或进入国有企业就业的,其服务期间计算工龄,参加工作时间从到基层报到之日起算。

7. 服务期满考核合格、被录用为公务员的,试用期工资可高于直接从各类学校毕业生中录用公务员的试用期工资,按相同学历新录用公务员转正定级工资标准低 1 个级别工资档次的数额确定;被事业单位聘用的,岗位工资按所聘岗位确定,薪级工资比照本单位相同学历新聘用人员定级工资标准确定。

凡通过享受政策待遇、被录(聘)为公务员和事业单位工作人员的服务基层项目高校毕业生,不再重复享受报考公务员和事业单位专门职(岗)位、报考事业单位加分和乡镇事业单位考核聘用等就业优惠政策。

四、服务管理

(一)户口、档案、组织关系管理。服务期间,户籍关系由毕业生自行迁往家庭户籍所在地。毕业生档案统一转至服务县(市、区)人社部门所属人才服务机构管理。党团组织关系由毕业生凭党团组织关系介绍信转至服务社区。服务期间申请入党的,由服务社区党组织按规定程序办理。

(二)经费保障

1. 服务社区高校毕业生服务期内的生活补贴、社会保险、体检、培训经费以及国家助学贷款本息补助从省级就业专项资金中安排。

2. 各有关市、县(区)民政局要按照政策规定,及时、足额落实高校毕业生的生活补贴、社会保险和国家助学贷款补助等资金。服务期间解除协议的,应于次月起停发生活补贴。每年年底前,将高校毕业生资金使用情况报省民政厅。

(三)日常管理。各市、县(区)民政部门要按照"谁用人、谁负责"、培养使用并重和分级管理的原则,加强对高校毕业生的教育管理工作。

1. 服务社区高校毕业生所在的县(市、区)民政局、所在街道(镇)和社区党组织要担负起高校毕业生服务社区计划组织实施的领导责任,经常性检查指导、督促落实高校毕业生日常管理工作,注重将其纳入党群工作者队伍统筹管理使用,及时了解其在社区服务情况,提供工作和生活条件保障,组织教育培训和安全健康等日常管理工作。

2.服务社区高校毕业生原则上一个社区安排 1 名,最多不超过 2 名。服务期间,上级机关不得随意借调或调整服务岗位。高校毕业生应按照协议规定期限完成服务工作,由于身体状况等特殊原因不能继续服务的,应提出解除协议申请,并履行有关手续,方可离开。

2021 年福建省大学生志愿服务欠发达地区计划实施方案

为做好 2021 年福建省大学生志愿服务欠发达地区计划实施工作,特制定《2021 年福建省大学生志愿服务欠发达地区计划实施方案》(以下简称"欠发达地区计划"),请全省各地市、各高校项目办认真落实方案要求,并在工作中认真总结经验,健全工作机制,强化管理服务,引导广大青年在振兴乡村、发展农村经济中奉献青春力量。

一、招募对象和条件

按照公开招募、自愿报名、组织选拔、集中派遣的方式,从省内全日制普通高校、省外全日制普通高校福建生源应届高校毕业生和近年来未就业高校毕业生中招募 300 名大学生志愿者,志愿者应具备以下条件:

1.热爱祖国,热爱社会主义,拥护党的基本路线和方针政策。

2.具备奉献精神,能切实履行志愿者光荣的职责。

3.具备服务岗位所需的相应的专业知识。

4.符合体检标准,年龄不超过 25 周岁(即在 1996 年 7 月 31 日后出生),研究生学历放宽至 28 周岁(即在 1993 年 7 月 31 日后出生)。

二、主题口号

到农村去,到基层去,到祖国和人民最需要的地方去

建设新福建,引领时代风,实现中国梦,奉献我青春

三、服务内容

招募 300 名大学生志愿者到我省三明、南平、龙岩、宁德欠发达地区纳入县级基本财力保障范围的县(市、区)的乡镇开展为期两年的农业科技、医疗卫生、基础教育、基层青年工作等方面的志愿服务。

四、实施步骤

(一)岗位发布(5 月 10 日)

省项目将通过福建省毕业生就业创业公共服务网(福建省大学生志愿服务欠发达地区计划专题网站:http://220.160.52.58/)公布岗位,启动招募工作。

(二)组织报名(5 月 10 日—6 月 1 日)

1.报名时间:5 月 10 日 00:00 至 6 月 1 日 23:59。

2.报名方式:依托专题网站,实行网上报名。符合招募条件的高校毕业生,在报名时间内登录专题网站查询招募岗位信息,选择合适的岗位报名。

3.报名要求:报名人员认真阅读报名公告后,严格按照招募岗位的资格条件和专业要求,详实准确地填写报名信息,报名人员对本人所提交信息的真实性负责,不得弄虚

作假。

(三)审查考核(6月2日—6月20日)

1. 省内院校高校毕业生。报名同期,由报名人员所在院校项目办(校团委)按照《福建省大学生志愿服务欠发达地区计划审核办法》(登录专题网站查询),对报名人员进行资格初审。报名结束后,对通过初审人员统一进行考核。于6月20日前完成考核并通过专题系统提交至报名岗位所在设区市项目办复核。

2. 省外院校福建生源高校毕业生。报名同期,由报名人员下载打印本人《报名表》,连同《福建省大学生志愿服务欠发达地区计划省外高校福建生源审核办法》(以下简称《省外高校审核办法》)一起提交所在学校院(系)审核,审核结果于6月20日前寄送或传真至报名岗位所在设区市项目办,由报名岗位所在设区市项目办按照《省外高校审核办法》对报名人员进行资格初审。报名结束后,各设区市项目办根据院校提交材料进行资格复审和考核评分。

(四)确定派遣人员(6月23日—7月11日)

1. 初选。各设区市项目办,按照量化评分和招募派遣人选产生办法(另行通知),通过系统对报名人员进行量化评分,在满足招聘岗位要求的前提下,依据评分结果确定初步体检人选。

2. 体检。各级项目办要根据要求,按照就近就便原则,通知并组织初步入选志愿者在三级乙等(含三级乙等)以上的医院,参照公务员录用体检标准,进行集中体检。

3. 上报。各设区市项目办将经体检合格后确定的人选名单报省项目办备案,经省项目办同意后,确定为拟招募人选。体检不合格的人员,将取消招募派遣资格,并按量化评分名次顺序依次递补。

4. 公示。经省项目办同意的人选名单,在专题网站和各设区市项目办官网公示3个工作日,公示无异议的,确定为正式招募人员。

(五)集中培训(7月中旬)

省项目办将组织大学生志愿服务西部计划、福建省大学生志愿服务欠发达地区计划大学生志愿者参加培训(具体事项另行通知)。大学生志愿者参加培训的情况将纳入年度考核及期满考核的指标中。

五、日常管理和服务

(一)户口、档案、组织关系管理。服务期间,毕业生户口可根据本人意愿迁往服务单位所在地或家庭户籍所在地或服务单位所在市、县(区)人才服务机构,迁入地公安机关凭毕业生报到证、毕业证书和户口迁移证为其办理落户手续。毕业生人事档案可转至中国海峡人才市场、福建青年人才开发中心。本省高校招募的志愿者户口、档案也可保留在条件允许的高校。服务期间,党团组织关系由毕业生凭党团组织关系介绍信转至服务单位。服务期间申请入党的,由乡(镇)一级党组织按规定程序办理。服务期满后,户口、档案和组织关系按照有关规定转迁。

(二)根据“谁用人、谁受益、谁负责”的原则,省项目办颁发《福建省大学生志愿服务欠发达地区计划志愿者管理办法》作为日常管理的依据。志愿者日常管理和服务工作由服务县项目办具体指导,由服务单位具体承担。服务县项目办具体负责协调服务单位落实志愿者服务岗位、免费住宿以及安全、健康、卫生等后勤保障,帮助解决志愿者遇到的困难和问题,对志愿者的服务工作进行考核评估。服务单位按照本单位有关规定把志愿者作为本单位工作人员进行管理,加强安全教育,给予相应的待遇,负责提出考核初步意见。服务地设区市项目办对服务县项目办的工作进行督促、检查和评估。志愿者所在高校项目办要及时跟踪了解志愿者工作、生活等情况,并积极给予帮助支持。各级项目办要协调一致对志愿者和项目实施进行全程管理。

(三)有关服务证书。"欠发达地区计划"服务期满考核合格的志愿者,统一颁发《福建省高校毕业生服务基层项目证书》,作为服务期满后享受相关优惠政策的依据。

(四)加强就业服务。各级项目办要积极争取当地党委、政府的支持,做好有关部门协调工作,千方百计为期满大学生志愿者就业创造条件,确保各项就业优惠政策得到落实。同时,要通过建立志愿者人才库,在充分掌握志愿者就业需求的基础上,整合社会资源,包括青联、青企协等各个方面的资源,引导社会各界关注志愿者、了解志愿者,通过现场招聘会、网上招聘会等形式,将就业信息及时传递给志愿者,为志愿者提供适合的就业岗位。

(五)志愿者服务期满后,根据评估考核的结果对优秀志愿者进行表彰,并推荐参评各类评选表彰活动。同时,省项目办将根据各市、县项目办工作情况,评选"福建省大学生志愿服务欠发达地区计划优秀组织"。

人力资源社会保障部关于做好 2021 年全国高校毕业生就业创业工作的通知

高校毕业生就业关系民生福祉、社会稳定和高质量发展。2021 届高校毕业生规模达909 万人,在国内外环境和疫情变化存在不确定性的情况下,促进就业任务更为艰巨。各地要全面贯彻党的十九届五中全会精神和党中央、国务院决策部署,将高校毕业生就业作为就业工作重中之重,以实施高校毕业生就业创业促进计划为统领,以品质就业服务为支撑,精准施策,多方发力,确保高校毕业生就业局势总体稳定。现就有关工作通知如下:

一、落实政策拓宽渠道。各地要切实抓好就业政策落实,充分释放政策效力促进毕业生市场化社会化就业。拓展企业就业主渠道,落实社保补贴、培训补贴政策,加大以工代训实施力度,激励中小微企业更多吸纳毕业生就业。会同有关部门督促国有企业落实扩大招聘毕业生规模和公开招聘要求,加快扩招任务落地。开拓重大战略就业岗位,对接海南自由贸易港、粤港澳大湾区、雄安新区等建设需要,及时发布人才需求目录,搭建供求信息对接平台,引导毕业生到重点领域就业。鼓励支持基层就业,落实就业补贴、高定工资档次、购买服务等政策,围绕社区服务、教育医疗、农业技术等人才紧缺领域开发岗位,稳定"三支一扶"计划招募规模。稳定事业单位招聘规模,落实艰苦边远地区基层事业单位公开招聘倾斜政策,做好公开招聘工作。

二、引导扶持创业创新。各地要结合创新驱动、新兴产业发展,积极支持有意愿、有潜能的毕业生投身创业创新。将创业培训向校园延伸,针对毕业生特点提供创业意识教育、创业项目指导、网络创业等培训。加大资金保障力度，落实创业担保贷款提高额度、降低利率政策和免除反担保要求，允许毕业生在创业地申请创业担保贷款。倾斜创业服务资源，为毕业生推荐适合的创业项目，提供咨询辅导、成果转化、跟踪扶持等一站式服务，政府投资开发的各类创业载体安排一定比例场地，免费向毕业生提供。支持留学回国人员创业创新，加强留学人员创业园建设，提供创业项目支持，鼓励开展创业研修班、创业导师进园区等活动，深入实施留学人员回国创业启动支持计划。积极挖掘数字经济、平台经济从业机会，瞄准线上教育、文化创意、新媒体运营等领域，加大税收优惠、社保补贴等政策落实力度，完善保障举措，支持毕业生从事个体经营、非全日制就业和平台就业。

三、强化精准招聘服务。各地要针对毕业生特点，搭建便捷高效的求职招聘通道，提升人岗匹配效率。常态化开展线上招聘，对标部级高校毕业生就业服务平台加快完善本地服务专区，丰富栏目内容和服务资源，有条件的增设简历投递、视频面试等功能，广泛归集发布招聘信息，推广应用高校毕业生精准招聘平台。开展高校毕业生就业云服务活动，围绕热门行业、重点企业、地方特色，联合社会力量推出"直播带岗""直播政策""新职业体验"等，提升服务吸引力。增强线下服务品质，根据当地疫情防控要求，结合毕业生求职特点，灵活举办分行业、分专业、小型化招聘活动，拓展本地化服务项目，创新跨区域招聘组织模式，积极促进供需对接。将海外留学回国毕业生全面纳入公共就业人才服务体系，有针对性地挖掘提供就业岗位，举办专场招聘或开设网上招聘专区，对符合条件的落实就业创业支持政策。

四、加大职业技能培训。各地要深入实施"百万青年技能培训行动"，对接产业发展与毕业生就业急需，推进高质量职业培训，提升毕业生职业发展能力。扩大职业培训规模，开展青年企业新型学徒制培训、技能研修培训、以工代训，增加新兴产业、智能制造、现代服务业等岗位培训，支持毕业生参加线上技能培训，对有培训需求的应培尽培，符合条件的毕业生按规定享受职业培训补贴。着力拓展新职业培训，开发一批云计算、大数据、物联网等领域培训项目。调动企业、培训机构优质培训资源，提供一批适合毕业生的高质量培训项目。拓展精细化职业指导，组建专业化高素质职业指导师队伍，开展职业指导师进校园进社区活动，每人联系服务一定数量的本地高校和社区，为毕业生提供求职指导、职业规划等服务，有条件的地方可开发面向毕业生的职业指导教材，推出一批精品指导课。

五、加快跟进实名服务。各地要将离校未就业毕业生全面纳入实名服务，确保登记到位、联系到位、帮扶到位。主动对接教育部门，在毕业生离校时启动信息衔接，7月底前全部完成，对移交信息有缺项漏项的，及时反馈补充。同时畅通求助渠道，通过公开信指引、求职登记小程序、线上线下失业登记及基层摸排等渠道，对本地户籍和外地前来求职的毕业生应登尽登。建立未就业毕业生实名信息数据库，与毕业生逐一进行联系，了解就业需求，发放一份政策清单、服务项目清单、招聘活动清单，根据需求提供职业介绍、职业指导、培训见习等服务。加密招聘活动组织频次，集中开展就业帮扶，综合运用线上线下渠道，确保就业服务不断线。

六、积极拓展就业见习。各地要按照扩大见习规模的要求，明确本地年度目标任务，细化措施安排，抓好见习组织实施。多渠道募集见习岗位，动员企事业单位履行社会责任,提供更多能够发挥毕业生专长的管理、技术、科研类岗位。制定见习单位目录和岗位清单,广泛发布并向毕业生及时推送,举办见习宣传推介、专场招募、双向洽谈活动,将有见习需求的毕业生及时组织到见习活动中。推进见习规范管理,指导做好见习协议签订、带教制度落实、见习待遇保障相关工作。开展高校毕业生就业见习示范单位创建活动,选树一批岗位质量高、见习成效好、行业代表性强的单位,带动提升见习吸引力和见习工作质量。

七、扎实做好困难帮扶。各地要将困难毕业生作为重点对象,实施专项帮扶、优先援助。依托求职创业补贴政策数据库,建立低收入家庭、零就业家庭、残疾毕业生及就业困难的少数民族毕业生帮扶清单,指定专人负责,开展"一对一"帮扶。根据毕业生需求量身定制求职计划,优先提供岗位、优先推荐录用,对通过市场化方式确实难以实现就业的,按规定利用公益性岗位托底安置。及时关注因疫情影响求职受阻、面临特殊困难的高校毕业生、海外留学回国毕业生,通过多种渠道告知服务信息,提供针对性就业帮扶和求职便利。完善长期失业青年就业帮扶机制,拓展实践指导、能力提升、困难援助等服务,促进融入就业市场。

八、加大就业权益保护。各地要进一步加强高校毕业生就业管理服务,切实保护毕业生就业权益,营造良好就业环境。开展就业失业、社会保险、毕业生信息数据比对,精准识别符合政策条件的毕业生和用人单位,推动"政策找人",推进打包快办,加快政策兑现。简化就业手续,对非公有制单位接收应届高校毕业生,所在地公共就业人才服务机构无须在就业协议书上签章。加强用人单位和人力资源服务机构招聘行为监管,着力规范网络招聘秩序,依法打击"黑中介"、虚假招聘、乱收费、就业歧视等违法违规行为。及时梳理发布毕业生实习实践、就业创业中的典型侵权案例,开展权益保护专题宣传,增强毕业生风险防范意识。

九、加强领导落实责任。各地要把促进高校毕业生就业作为重要政治任务,健全目标落实、部署推进、定期调度、督促检查机制,层层压实就业促进、失业管理主体责任。完善部门间信息共享、资源对接、服务协同工作机制,加强毕业生就业形势研判和政策储备,及时协调解决工作推进中的问题。落实政府购买服务机制,开展人力资源服务行业促就业行动,动员人力资源服务机构、行业协会等社会力量为毕业生提供多元专业就业服务。大力宣传促进毕业生就业创业政策措施,讲好毕业生到城乡基层、生产一线就业创业典型故事,开展"最美基层高校毕业生"学习宣传活动,引导毕业生转变择业就业观念,到祖国最需要的地方建功立业。

福建省高校毕业生就业创业扶持政策(摘录)

1. 创业培训补贴

政策内容:参加有资质的教育培训机构组织的创业培训并取得培训合格证书的,补贴标准不超过1200元/人。每位符合条件的人员只能享受一次补贴,不得重复申请。

办理渠道:各级人力资源社会保障部门

2. 网络创业扶持

政策内容：经工商登记注册的网络创业高校毕业生，同等享受各项创业扶持政策；未经工商登记注册的，可认定为灵活就业人员，享受相应扶持政策。

办理渠道：各级人力资源社会保障部门

3. 一次性创业补贴

政策内容：对首次创办小微企业或从事个体经营并正常经营6个月以上的毕业5年内大中专院校（含技校）毕业生，可给予最高不超过10000元的一次性创业补贴。

办理渠道：各级人力资源社会保障部门

4. 社会保险补贴

政策内容：毕业5年内高校毕业生在闽自主创业，本人及其招收的应届高校毕业生（包括毕业学年高校毕业生及按发证时间计算，获得毕业证书起12个月以内的高校毕业生）可同等享受用人单位招收就业困难人员社会保险补贴政策。

办理渠道：各级人力资源社会保障部门

5. 支持到贫困村创业

政策内容：到贫困村创业并带领建档立卡贫困人口脱贫致富的高校毕业生，可按规定申报扶贫项目支持、享受扶贫贴息贷款等扶贫开发政策。到农业生产经营主体就业的高校毕业生，可按规定享受就业培训、继续教育、项目申报、成果审定等政策，符合条件的可优先评聘相应专业技术资格。

办理渠道：各级人力资源社会保障部门、农业农村部门

6. 创业省级资助项目

政策内容：项目申报人同时符合以下条件：

（1）申报人须是省内全日制普通大中专院校和省外全日制普通大中专院校（福建生源）在校生或毕业5年内在闽创业的全日制普通大中专毕业生（含香港、澳门、台湾高校毕业生及在国外接受高等教育的留学回国毕业生）。

（2）申报人已在福建省行政区域内创办独资、合资、合伙企业以及民办非企业单位、农民专业合作社、个体工商户等创业实体，并为该申报项目（企业、民办非企业单位等）法定代表人或（个体工商户等）经营者。

（3）申报人在创业企业或实体中出资总额不低于注册资本的30%。申报项目经资格审核、书面评审、实地考察和现场答辩等评审流程并入围的，给予3万～10万元创业资金扶持。

办理渠道：根据通知，在规定时间内登录"福建省毕业生就业创业公共服务网"（http://220.160.52.58/），进行网上注册及申报。

7. 初创企业经营者进修学习资助

政策内容：每年资助一批具有发展潜力和带头示范作用突出的初创企业经营者参加高层次进修学习，可按每人最高1万元标准给予补助，所需费用从就业补助资金中支出。

办理渠道：各级人力资源社会保障部门

8. 创业带动就业补贴

政策内容：初创三年内的小微企业（不含个体工商户）吸纳就业（签订1年以上期限劳

动合同并缴纳社会保险费)的,可按人数给予每人不超过 1000 元、总额不超过 3 万元的创业带动就业补贴。

办理渠道:各级人力资源社会保障部门

9. 税费减免

政策内容:毕业年度内高校毕业生从事个体经营或创办个人独资企业的,在 3 年内按每户每年 14400 元为限额依次扣减其当年实际应缴纳的增值税、城市维护建设税、教育费附加、地方教育附加和个人所得税。

办理渠道:各级税务部门

10. 支持返乡创业

政策内容:高校毕业生回乡创业项目新增的土地承包经营权流转面积连片 10 亩以上、流转年限 3 年以上的,自创业之日起三年内由创业地县级财政每年给予每亩 500 元的资金补助,三年补助总额不超过 10 万元;土地承包经营权流转满 3 年继续流转的,每年给予每亩 100 元的资金补助。

办理渠道:各级农业农村部门

11. 创业担保贷

政策内容:符合创业担保贷款申请条件的人员自主创业的,可申请最高 15 万元的创业担保贷款,大中专院校(含技校)在校生及毕业 5 年内的毕业生贷款额度最高 30 万元。小微企业当年新招用符合创业担保贷款申请条件的人员数量达到企业现有在职职工人数 25%(超过 100 人的企业达到 15%)并与其签订 1 年以上劳动合同的,可申请最高 300 万元的创业担保贷款。将符合条件的创业孵化基地运营主体纳入小微企业创业担保贷款对象范围。

办理渠道:各级人社、财政部门及对应银行

12. 支持创业孵化载体建设

政策内容:鼓励高校、科研院所、企业、创业投资机构和各类社会组织等,利用现有房屋和闲置厂房等兴办创业孵化基地、创业大本营、众创空间等各类创业孵化载体,为创业者提供低成本场地支持、指导服务和政策扶持。各地根据入驻实体数量、孵化效果和带动就业成效,对各类创业孵化载体按规定给予一定奖补。对获评省级创业孵化基地、示范基地的,给予 50 万元补助;获评国家级基地的,按照中央标准予以补助,中央没有标准的,给予 80 万元补助。

办理渠道:各级人社、教育等部门

【拓展阅读】

八大类奖助政策 助力研究生求学

在选择考研时,你是否会为了读研学费、生活费等经济压力而犹豫呢? 别担心,经济有困难，国家来帮助。

根据教育部相关政策，多类研究生奖助政策可为家庭经济困难考生读研提供帮助。

研究生奖助政策体系主要包括：国家奖学金、学业奖学金、国家助学金、"三助"岗位津贴、国家助学贷款、基层就业学费补偿和国家助学贷款代偿、应征入伍服义务兵役国家资助等。

1. 国家助学金

国家助学金用于资助高校纳入全国研究生招生计划的所有全日制研究生（有固定工资收入的除外），补助研究生基本生活支出。高校会按月将国家助学金发放到符合条件的研究生手中。博士研究生资助标准不低于每生每年10000元，硕士研究生资助标准不低于每生每年6000元。中央部门所属高校博士研究生资助标准为每生每年12000元，硕士研究生资助标准为每生每年6000元。地方所属高校研究生国家助学金资助标准由各省（自治区、直辖市、计划单列市）财政部门会同教育部门确定。中央财政按照博士研究生每生每年10000元、硕士研究生每生每年6000元的标准以及普通本专科生国家助学金分担办法，承担地方所属高校研究生国家助学金所需资金。具体标准由各级财政部门会同高等学校主管部门确定，并根据经济发展水平和物价变动情况，建立资助标准动态调整机制。研究生国家助学金所需资金根据高等学校隶属关系，由中央财政和地方财政参照普通本专科生国家助学金分担办法共同承担。

直博生和招生简章中注明不授予中间学位的本硕博、硕博连读学生，在选修硕士课程阶段，国家助学金按照硕士研究生身份发放；在选修博士课程阶段，国家助学金按照博士研究生身份发放。在职研究生不享受国家助学金。

研究生在学制期限内，由于出国、疾病等原因办理保留学籍或休学等手续的，暂停发放国家助学金，待恢复学籍后再行发放。超过规定学制年限的延期毕业生不再享受国家助学金。

2. 学业奖学金

研究生学业奖学金从2014年秋季学期设立，对象是中央高校纳入全国研究生招生计划的全日制研究生。

中央财政对中央高校研究生学业奖学金所需资金按照博士研究生每生每年10000元、硕士研究生每生每年8000元的标准以及在校生人数的一定比例给予支持。

中央高校根据研究生收费标准、学业成绩、科研成果、社会服务以及家庭经济状况等因素，确定研究生学业奖学金的覆盖面、等级、奖励标准和评定办法，报财政部、教育部备案。学业奖学金标准不超过同阶段国家奖学金标准的60%。学业奖学金名额分配向基础学科和国家亟须的学科（专业、方向）倾斜。中央高校应根据实际情况，对研究生学业奖学金覆盖面、等级和奖励标准进行动态调整。中央高校于每年11月30日前将当年研究生学业奖学金一次性发放给获奖学生，并将研究生获奖学金情况记入其学籍档案。

直博生和招生简章中注明不授予中间学位的本硕博、硕博连读学生根据当年所修课程的层次阶段确定身份参与学业奖学金的评定。

获得学业奖学金奖励的研究生可同时获得国家奖学金、国家助学金等其他国家奖助政策以及校内其他奖助政策资助。

3.国家奖学金

国家奖学金由中央财政出资设立,用于奖励高校中表现优异的全日制研究生,每年奖励4.5万名,其中博士研究生1万名,硕士研究生3.5万名。博士研究生国家奖学金奖励标准为每生每年3万元,硕士研究生为每生每年2万元。

国家奖学金每年评审一次。符合本办法规定条件的攻读硕士、博士学位的全日制研究生均有资格申请。研究生要如实填写申请审批表,向所在基层单位评审委员会提出申请。硕博连读研究生在注册为博士研究生之前,或通过攻读博士学位资格考试前,按照硕士研究生身份申请国家奖学金;注册为博士研究生后,或已经通过攻读博士学位资格考试后,按照博士研究生身份申请国家奖学金。直博生和招生简章中注明不授予中间学位的本硕博、硕博连读学生,根据当年所修课程的层次阶段确定身份参与国家奖学金的评定。在选修硕士课程阶段按照硕士研究生身份参与评定;进入选修博士研究生课程阶段按照博士研究生身份参与评定。

高校于每年11月30日前将当年研究生国家奖学金一次性发放给获奖学生。高校应将研究生获得国家奖学金情况记入学生学籍档案,并颁发国家统一印制的荣誉证书。

4.国家助学贷款

国家助学贷款是由政府主导、金融机构向高校家庭经济困难学生提供的信用助学贷款,帮助其解决在校期间的学习和生活费用。国家助学贷款利率执行中国人民银行同期公布的同档次基准利率,不上浮。贷款学生在校期间的国家助学贷款利息全部由财政支付,毕业后的利息由借款人全额支付。

国家助学贷款是信用贷款,学生不需要办理贷款担保或抵押,但需要承诺按期还款,并承担相关法律责任。按照学生申办地点及工作流程不同,国家助学贷款分为校园地国家助学贷款与生源地信用助学贷款两种模式。借款人每学年申请的贷款金额原则上不超过6000元。

申请校园地国家助学贷款的研究生要通过本校学生资助部门向经办银行申请办理。国家助学贷款实行一次申请、一次授信、分期发放的方式,即学生可以与银行一次签订多个学年的贷款合同,但银行要分年发放。一个学年内的学费、住宿费贷款,银行应一次性发放。学生根据个人毕业后的就业和收入情况,在毕业后的1到2年内选择开始偿还本金的时间,6年内还清贷款本息。

申请生源地信用助学贷款的研究生通过户籍所在县(市、区)的学生资助管理机构申请办理,有的地区直接到相关金融机构申请。学生和家长为共同借款人,共同承担还款责任。毕业后的利息由学生和家长(或其他法定监护人)共同负担。

5."三助"岗位津贴

"三助"岗位津贴指的是助研、助教、助管津贴。高校按规定统筹利用科研经费、学费收入、社会捐助等资金,设置研究生"三助"岗位,并提供"三助"津贴。原则上,助研津贴主要通过科研项目经费中的劳务费列支,助教津贴和助管津贴所需资金由高校承担。

通过"三助"岗位津贴,高校也能充分调动研究生参与科学研究和社会实践的积极性。

通常来说,高校注重基本科研业务费对研究生培养的支持力度,支持符合条件的研究生特别是博士生开展自主研究,并对人文社科、基础学科等科研经费较少的学科给予倾斜支持。

6. 基层就业学费补偿和国家助学贷款代偿

为引导和鼓励高校毕业生面向中西部地区和艰苦边远地区基层单位就业,中央部属高校应届毕业生到中西部地区和艰苦边远地区县以下基层单位就业、服务期在3年以上(含3年)的,其学费由国家补偿,在校学习期间的国家助学贷款本金及其全部偿还之前产生的利息由国家财政代为偿还。

国家对每名毕业生每学年补偿学费或代偿国家助学贷款的金额,研究生最高不超过12000元。在校学习期间每年实际缴纳的学费或获得的国家助学贷款低于12000元的,按照实际缴纳的学费或获得的国家助学贷款实行补偿代偿;高于12000元的,按照最高标准实行补偿代偿。国家对获得学费补偿或国家助学贷款代偿资格的毕业生,每年补偿学费或代偿国家助学贷款总额的三分之一,分3年补偿代偿完毕。

7. 应征入伍服义务兵役国家资助

高等学校学生应征入伍服义务兵役国家资助,是指国家对应征入伍服义务兵役的高校学生,对其在校期间缴纳的学费实行一次性补偿或获得的国家助学贷款实行代偿;应征入伍服义务兵役前正在高等学校就读的学生,服役期间按国家有关规定保留学籍或入学资格,退役后自愿复学或入学的,国家实行学费减免。

学费补偿、国家助学贷款代偿及学费减免标准,硕士研究生每人每年最高不超过8000元,博士研究生每人每年最高不超过10000元。学费补偿或国家助学贷款代偿金额,按学生实际缴纳的学费或获得的国家助学贷款(包括本金及其全部偿还之前产生的利息)两者金额较高者执行,据实补偿或者代偿。退役复学后学费减免金额按学校实际收取学费金额执行。超出标准部分不予补偿、代偿或减免。

获学费补偿学生在校期间获得国家助学贷款的,补偿资金必须首先用于偿还国家助学贷款。如补偿金额高于国家助学贷款金额,高出部分退还学生。

8. 学校应急助困体系

一些学校设置了应急助困体系,在国家奖助体系的基础上,从学校层面为家庭经济困难学生提供帮助。

清华大学为了解决部分研究生新生入学时遇到的暂时经济困难,帮助其顺利入学,特别设立了研究生新生临时贷款("绿色通道"),向学生提供不超过10000元的免息临时贷款服务,用以学费缴纳。借款的研究生要在次年偿还贷款。

清华还特别设立突发性困难补助,帮助家庭经济困难研究生顺利完成学业,解决其突发性的经济困难。突发性困难补助资金由学校筹措,对因特殊原因严重影响正常学习、生活的研究生给予无偿资助。

(资料来源:中国研究生招生信息网,网址:https://yz.chsi.com.cn/kyzx/kydt/202006/20200622/1932050332.html,2020年6月22日。)

第二章

就业能力提升

第一节　就业能力概述

中共中央政治局委员、国务院副总理孙春兰在中国农业大学考察 2021 届高校毕业生就业促进周时指出,2021 届高校毕业生有 909 万人,国家继续实施去年的减负稳岗扩就业政策。自 1999 年大学扩招以来,我国大学毕业生数量逐年增加,2021 年再创"史上最难就业季"。"史上最难就业季"这一关键词频繁出现在网络上,受到社会各界的广泛关注,而 2021 年大学毕业生迎来数量最多的一年,与 2020 年的 874 万人相比增加了 35 万人,刷新纪录。毕业生就业主要矛盾在于学校培养社会需求人才的就业能力是否符合社会需求,综合表现为应届毕业生就业能力不足,没办法及时适应用人单位招聘要求。因此,提升大学生就业能力是促进应届毕业生顺利就业的关键。

一、就业能力的定义

我国关于就业能力的研究起步较晚,直到 2002 年才由郑晓明首次提出。就业能力是指:就业者在合理地评估自我情况和劳动力市场需求后,积极寻求并成功获得与自己资格水平相匹配的理想工作,并能保持工作、胜任工作,且在必要时可以成功转换工作以及获得相应成就所需要的一系列知识、技能、能力与素质等的集合。

能力是一个人能否进入职业的先决条件,是职业适应的首要因素,同时也是掌握和运用知识技能的特征。能力有先天和后天之分,先天主要表现在个人遗传方面的天赋;后天主要表现在完成活动所具备的技能。在这里,我们主要讨论的是后天所应具备的技能。技能是指人们通过后天的学习和练习而获得的能力,通常表现为某种动作方式和动作系统。动作方式和动作系统有时表现为操作活动,有时表现为心智活动。就业能力不是某一项能力的单独体现,而是一系列能力和个人素质的综合体现。提升就业能力,能够实现自我提升,还能帮助我们找到合适的工作,帮助用人单位招聘到需要的人才。同时,就业能力不是一蹴而就的,而是不断学习和积累、实践和总结的过程,是螺旋式上升的过程。

二、就业能力的特征

(一)系统性

能力属于一个人在特定环境中,为了实现一定目的的各种特质的集合,这种集合并不是将各个能力简单相加,而是一个统一的整体。每个人都具备多种能力,这些能力不是一成不变的,是随着时间发展而发展的,是一个动态变化的过程,并且这些能力之间相互协调、相互影响,是一个复杂的系统。大学生的就业能力是与就业相关的多层次能力群,包括了一系列的知识、技能、能力、素质等,就业能力不仅可以使得大学生获得与其匹配的理想工作,还能够保持、胜任、转换工作。因此,大学生的就业能力是内部构成要素的有机结合,具有多级维度,各能力要素之间相互作用,互相协调,是一种具有综合性的能力体系,组合构成了一个完整的系统,包括了大学生参加就业活动过程中自身具备的一系列能力要素以及不同能力间相互联系,彼此配合,也就是具有系统性。

(二)差异性

大学生就业能力的本质是人格特质的总和,不同个体必然带有个体的差异性。大学生就业能力的差异性主要体现在三个方面:一是指性别、专业、社会阅历等不同条件的大学生之间表现出的不同水平;二是指同一大学生个体自身,某一方面的能力相对于其他方面能力比较突出,在质和量上存在差异,也就是存在优势能力和弱势能力;三是指不同岗位对大学生个体能力的要求有差异,不同岗位的选拔标准不同。个体性因素和社会性因素是造成大学生就业能力差异的主要原因。个体性因素指的是个人的天赋和后天努力程度,社会性因素指的是家庭资源、学校教育等。

(三)发展性

尽管大学生就业能力具有相对稳定的构成模式,但对于个体而言,就业能力不是先天具备的,是需要通过不断地培养和学习才能形成的。同时,就业能力也不是固定不变的,而是可动态发展的。因为能力的体现和活动存在一定的联系,如果没有活动,那么能力无法体现,也不会有所发展,能力具有动态发展的特性,会伴随活动过程而实时发生变化,当社会结构因素和职业选择发生改变时,能力也会随之发生变化。就业能力经过外界环境的影响及主观上的努力,能够通过实践锻炼等各种途径得到进一步发展。能力是可以不断培养和提高的,具有发展性。

能力是成功的金钥匙

　　小张大专学习机械制造与自动化专业,毕业以后就职于一家国有企业,在车间做技术员,勤奋好学的他很快表现出精湛的技术和与众不同的思想,在不断的探索学习中,小张对车间的一道工序进行了改良,被车间主管看在眼里。

　　除了努力提高自己的技术水平,小张还利用业余时间自学英语,功夫不负有心人,两年以后小张的英语已经达到六级水平,口语对答也基本上流利,小张看准机会,毅然辞谢了原公司的挽留,跳槽到一家外企做技术员。在新的工作岗位上,不但他的技术水平得到同事和上级的认可,而且优秀的管理能力也逐渐显露出来,被公司委任为车间主管。随后,小张自学了本科学历,实现了学历、能力的双丰收。

　　(资料来源:搜狐网,网址:https://www.sohu.com/a/376784656_120492652,2020年2月19日。)

　　案例中的小张从最初的一个大专生发展成一名著名外企的中层主管,很不容易。从中也看出今天的企业特别是外企,更看重的是能力。在很多博士找不到工作的同时,大专生却可以做到一个企业的市场经理,可见实际的能力在一个人职业发展生涯中有着举足轻重的作用。当然,这个案例并不是说学历不重要。学历是基础,公司招聘看的是一个人的综合素质,相关的教育背景、学历程度也占到比较重要的位置。至于能力、学历在工作中到底扮演什么角色,要看具体的职位。像研发、注册师以及一些技术类型的岗位,或者是科技含量高、复杂程度高的产品推销岗位,需要工作人员有扎实的技术背景,这时候学历是衡量应聘者综合能力的重要指标。但如果是一般的产品推销、行政管理或者客户服务等岗位,需要的是实际操作经验和悟性,那么实际的能力就比文凭重要得多。对于招聘公司来说,如果是要聘一个行政助理,博士生未必做得比大专生好,显然大专生的"性价比"更高。案例中,小张的教育背景和他所从事的工作基本匹配,但是他的学历并不高,能发展到这个程度,更多的是得益于他过人的能力。因此,我们在校学习期间,不仅要学好专业知识,还要努力培养自己的就业能力。

三、技能的分类

　　美国心理学家辛迪·梵和理查德·鲍尔斯(Sidney Fine & Richard Bolles)将技能分为三种类型:可迁移技能、专业知识技能和自我管理能力(详见图 2-1)。

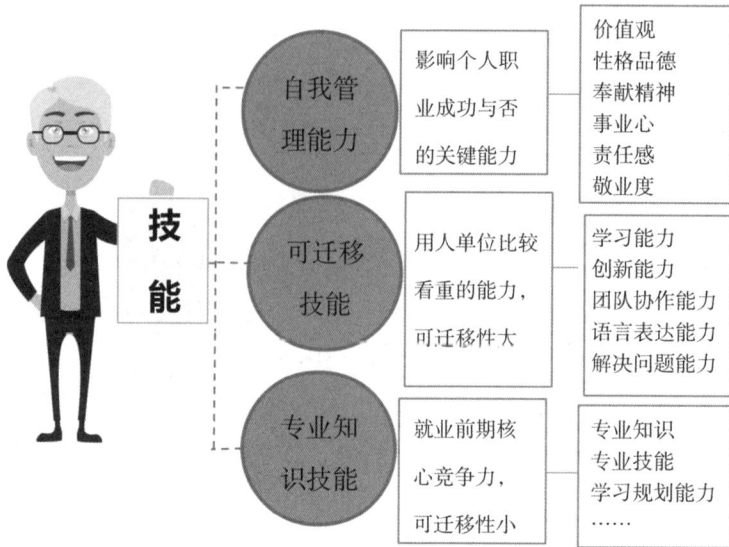

图 2-1　专业能力分类示意图

（一）专业知识技能

专业知识技能是指个体将所学的知识、技能和态度在特定的活动或情境中进行类化迁移与整合所形成的能完成一定任务的能力，是指具体的、专业化的、针对某一特定工作的基本技能，需要通过教育或培训才能获得的特别的知识或能力，一般用名词来表示。

专业知识技能可以从以下几个方面来理解：特定岗位需要具备特定专业知识才能胜任，也可以理解为职业资格，如教师需要教师资格证，医生需要医师执业资格证，职业资格是对从事某一职业所必备的学识、技术和能力的基本要求，反映劳动者为适应职业劳动需要而运用特定的知识、技术和技能的能力。与学历文凭不同，学历文凭主要反映学生学习的经历，是文化理论知识水平的证明。职业资格与职业劳动的具体要求密切结合，更直接、更准确反映特定职业的实际工作标准和操作规范，以及劳动者从事该职业所达到的实际工作能力水平。需要注意的是，专业知识能力可迁移性比较小，需要经过有意识、专门的学习和记忆，常常与我们的专业学习或工作内容直接相关，所以专业知识技能是一个人成为专业化、职业化人士的基本条件。专业知识能力主要包括专业知识、专业技能、学习规划能力。

1. 专业知识

专业知识是指从事某一职业所需要掌握的基础理论知识。例如教师职业，要掌握教育学、心理学等基础理论知识。专业知识是专业知识技能的基础，是专业学习的理论支撑，也是衡量一个人专业素养的基础指标之一。

2. 专业技能

专业技能是指具体的、专业化的、针对某一特定工作的基本技能。例如教师讲授财务管理这门课，这就需要教师具备扎实的学科理论知识。专业技能最显著的特点是它们需要经过有意识的、专门的学习培训,在通过记忆来掌握专业词汇、操作程序和学科知识的基础上才能获得。

3. 学习规划能力

学习规划能力是指在所学专业领域内,根据自身实际合理规划时间、进度,从而达到最佳学习效果的能力。学习规划能力体现在职业生涯各个生命周期中,不仅仅是在大学阶段,在进入社会步入职场后,也是提升个人业务学习能力的关键因素,常常决定了一位职业者能否持续胜任工作岗位,并在特定岗位上获得成功,促进人生价值的实现。

(二)可迁移技能

可迁移技能是指可迁移的通用技能。可迁移技能指在某一种环境中获得,并可以优先迁移到其他不同环境中去的技能,是一个人能够持续运用和最能够依靠的技能。就是个人会做的事,可以在生活和工作之间、不同工作之间迁移使用的技能,一般用动词表示。不依赖具体行业知识背景,是个人最能持续运用和最能够依靠的技能,也被称为"通用技能"。常见的有:学习能力、创新能力、团队协作能力、语言表达能力、解决问题能力等等。例如,某个企业市场营销部员工小李,首先要有学习能力研究产品功能,其次他需要具备语言表达能力向客户推荐自己的产品,最后还应具备良好的沟通能力与客户建立良好的关系等等。从中可以看出,可迁移技能主要是通过日常的学习,不断获得并改善,且在平常的实践中不断增强。

总体上看,可迁移技能具有可迁移性、普遍性和实用性的特点,因此用人单位对毕业生的可迁移技能越来越重视。实践表明,大学生有扎实的专业知识技能,可能会在专业领域取得前期的优势,即入行比较快,但随着工作实践的推移,可迁移技能的强弱会成为他们职业发展的瓶颈,这也是为什么用人单位对毕业生可迁移技能越来越重视的原因。用人单位常关注的可迁移技能主要有以下几类。

1. 学习能力

学习能力是指能根据实际工作和个人职业发展的需要,确定学习目标和方案,综合运用多种学习媒介和方法,不断自我培养、自我提升的能力。常表现为个人能否自主地学习专业知识,掌握工作相关知识的能力,能否尽快地掌握新的知识和技能,是否善于吸收前人的工作经验,提升解决工作问题的能力。简单地说,就是能否快速掌握知识的学习方法和技巧所应具备的能力。

【推荐阅读】

习近平总书记关于读书和学习的相关论述

读书可以让人保持思想活力,让人得到智慧启发,让人滋养浩然之气。

——2014 年 2 月 7 日,习近平接受俄罗斯电视台专访要真正把读书学习当成一种生活态度、一种工作责任、一种精神追求、一种境界要求。

——《之江新语》

读万卷书，行万里路。青年要成长为国家栋梁之材，既要读万卷书，又要行万里路。

——2016 年 12 月 7 日，习近平在全国高校思想政治工作会议上的讲话

学术、知识不能只是在嘴上，要联系实际，做到知行合一、格物致知、学以致用。所以，我后来看书很注意联系实际。

——2018 年 5 月 2 日，习近平在北京大学考察时与青年学生分享读书心得

要提倡多读书，建设书香社会，不断提升人民思想境界、增强人民精神力量，中华民族的精神世界就能更加厚重深邃。

——2019 年 8 月 21 日，习近平在兰州市读者出版集团有限公司考察调研时的讲话

2. 语言表达能力

通过口头或书面语言形式，以及其他适当方式，准确清晰地表达个体意图，和他人进行双向(或者多向)信息传递，以达到相互了解、沟通和影响的能力，包括倾听提问技巧、提供信息、让他人接受自己的观点、自信地表达自我观点等。在生活和工作中，人与人沟通很重要，要多倾听他人的意见，多关注对方的反应，要会肯定对方的意见，会反馈对方的建议，勇于采用他人好的意见，主动承认自己的不足，达到建立良好关系的目的。

【推荐阅读】

你听懂别人表达的意思了吗?

美国知名主持人林克莱特一天访问一名小朋友，问他:"你长大后想要当什么?"小朋友天真地回答:"我要当飞机的驾驶员!"林克莱特接着问:"如果有一天，你真的飞到太平洋上空，燃料耗尽了，所有引擎都熄火了，你会怎么办?"小朋友想了想:"我会先让坐在飞机上的人绑好安全带，然后我背上我的降落伞跳出去。"当在现场的观众笑得东倒西歪时，林克莱特继续注视着这孩子，想看他是不是自作聪明的家伙。没想到，孩子的两行热泪夺眶而出，这才使得林克莱特发觉这孩子的悲悯之情远非笔墨所能形容，于是林克莱特问他说:"为什么要这么做?"小孩的答案流露出一个孩子真挚的想法:"我要去拿燃料，我还要回来!"

你听到别人说话时，你真的听懂他说的意思了吗? 你懂吗? 如果不懂，就请听别人说完，这就是"听的艺术";第一，听话不要听一半;第二，不要把自己的意思，投射到别人所说的话里。

(资料来源:职上网，网址:https://www.51zhishang.com/shiti/tk-st-405618.html。)

3. 解决问题能力

在工作中把理想、方案、认识转化为操作或工作过程和行为，并解决实际问题，实现工作目标的能力。解决问题的能力包括分析问题、处理抽象问题，对于一个问题提出若干解决方法并挑选出最适合的一种，运用批判性的思考方式看待各种因果关系，合理设置目标、创造性思考等。

【推荐阅读】

提高解决实际问题能力是应对当前复杂形势、完成艰巨任务的迫切需要，也是年轻干部成长的必然要求。面对复杂形势和艰巨任务，我们要在危机中育先机、于变局中开新局，干部特别是年轻干部要提高政治能力、调查研究能力、科学决策能力、改革攻坚能力、应急处突能力、群众工作能力、抓落实能力，勇于直面问题，想干事、能干事、干成事，不断解决问题、破解难题。

——2020年10月10日，习近平在中央党校（国家行政学院）中青年干部培训班开班式上的讲话

4. 创新能力

创新能力主要是指个体能够借助所学到的相关理论知识与基本技能，通过自身努力，在不同的领域下创造性地获得新的方法和思想或者自我调整的能力。简单来说，创新能力实际上应当包括三个方面，分别为：①创新思维，该方面最主要的特点是积极地参与异性的追求、灵感的获取、想象力和观察力等；②创新意识，只有当人们具备了创新的意识，才能够激发更多的动力，从而实现对创新激情的释放，创新潜能的发挥；③创新技能，就当前我国大学生的实际情况来看，在创新技能方面比较落后。

【推荐阅读】

要强化创新驱动，以更大力度、更实举措加快科技自立自强，充分发挥科技对我军建设战略支撑作用。要紧跟科技强国建设进程，优化国防科技创新布局和环境条件，用好用足各方面优势力量和资源，大幅提升国防科技创新能力和水平。

——2021年3月9日习近平在出席十三届全国人大四次会议解放军和武警部队代表团全体会议时的讲话

【案例阅读】

世界纪录在他们手中诞生

走近时代楷模"连钢创新团队"

"连钢创新团队"是以张连钢为带头人，老中青搭配的知识型、技能型、复合型创新团队，核心成员8人，骨干成员25人，其中党员21人。截至目前，团队已受理和授权专利124项，取得软件著作权14项，发表论文70余篇，构建了国内首个"自动化集装箱码头标准体系"；获青岛市科技进步一等奖、中国航海学会科学技术一等奖、中国港口协会特等奖等奖项20余项；先后10余次受邀参加国际会议并做主旨发言。

张连钢：港口全能型人才

60岁的张连钢是"连钢创新团队"带头人、山东港口集团高级别专家。1983年大学毕业入港，他始终面向港口生产一线，致力于港口生产自动化、无人化和智能化研究。在众人眼里，张连钢是一个"学术派"，基本功、基础理论很扎实，既懂集装箱技术和自动化控制，又懂生产业务，堪称港口领域的全能型人才。

2008年，张连钢被查出肺癌，做了第一次开胸手术。2013年年初，身体略微好转的他回到单位上班，接受了自动化码头项目组组长的任命。在无经验、无资料、无外援的"三无"境地中，张连钢和他的团队走上了自主创新的路，建成了全球领先、亚洲首个全自动化集装箱码头，向世界贡献了低成本、短周期、全智能、高效率、零排放、更安全的"中国方案"。

殷健：绘就自动化码头蓝图

殷健现任山东港口集团青岛港自动化码头党委书记、总经理。他担任自动化码头工程、设备技术负责人，负责自动化码头装卸工艺、设备选型、设计及调试等工作。

殷健参与了青岛港最早的集装箱专用泊位的建设。他和张连钢为港口并肩奋战了30多年，他经常说自己所从事的不是一般的工作，而是港口"事业"。他和项目组成员"5加2、白加黑"攻难题、破难关，对每个方案都进行了上百次的测算优化，最后的定型方案经过3年多的实践证明近乎完美，确保了自动化设备在实际生产中智能、高效、平稳运行。

李永翠：码头上的"拼命三娘"

李永翠是初创团队里唯一的女性，现任山东港口集团青岛港自动化码头副总经理。主要负责自动化码头信息系统的设计研发，主持完成了自动化码头生产控制系统等信息化系统的设计研发。

表面看着文静瘦小的李永翠，在工作中是个极其严格的"女汉子"。2014年，因为要具体考察，这位"拼命三娘"带领团队在零下八摄氏度的天气里爬上56米高的吊桥。李永翠本身恐高，加上港口冬天的大风，吊桥被吹得有些晃动，但她努力克服了自身的恐惧。就是靠着这样的拼劲，李永翠带领团队解决了很多系统问题，完成了多项系统优化。

李波：团队里的"刺儿头"

李波现任山东港口集团青岛港自动化码头总经理助理。负责自动化码头前沿、堆场、无人闸口等平面规划设计以及自动化码头整体装卸业务流程的设计和优化,参与设计自动化码头布局、"进出分离、多站式"闸口等建设项目,带领操作部团队多次打破自动化码头桥吊单机效率的世界纪录。

他的个性被同事形容为"锋芒毕露",脾气大、容易急,工作中决不允许带问题过夜,出现意见不合时一定要"掰扯"清楚。即便这样,同事依旧形容他在工作中爱钻研并且踏实。

张卫:头脑灵活的实践派

张卫现任山东港口集团青岛港自动化码头工程技术部副经理兼桥吊室经理。负责自动化码头平面规划设计以及设备选型设计、监造、安装调试、系统优化等工作。

张卫从小就有不服输的劲头,业务方面更是精益求精,不肯有丝毫懈怠。在一期工程设计中,针对如何降低桥吊的轮压问题,张卫带领队员经过半年的分析研究,设计研制出全球第一个双小车桥吊,将桥吊重量由 600 吨减至 540 吨,大大减小了码头承载压力。

吕向东:"鹰眼"的调试者

吕向东现任山东港口集团青岛港自动化码头工程技术部副经理兼轨道吊室经理。负责自动化码头堆场平面规划设计以及设备选型设计、设备监造、安装调试、设备管理及运维等工作。

如果把自动化码头上的轨道吊比作一只鹰隼,那么分布的激光扫描仪就是锐利的鹰眼,轨道吊就是通过它们来实现精准抓取的。作为设备调试组组长,吕向东负责"鹰眼"测试,为确保角度精确,调试人员要冒着瑟瑟秋风站在 30 米高空的吊笼里进行测试调整,一次就要一个多小时,每台轨道吊要调试 5～7 个扫描仪,一台轨道吊调试结束后往往就到了凌晨两三点钟。

周兆君:50 多岁的"老青年"

周兆君现任山东港口集团青岛港自动化码头工程技术部码头设施室经理。负责自动化码头平面布局方案设计、土建工程建设方案论证分析等工作。

进项目组时,他已经是年过半百的"老青年"了,在自动化码头这块几乎是零经验,他像小学生一样勤奋好学。作为码头基建负责人,为使工程建设方案设计更具功能性、科学性,周兆君经常去天津设计院、上海振华重工出差,现场交流设计参数。为抢出时间,多干点活,他和同事们从来都是当天去、当天回。

修方强:"三件套"不离手

修方强现任山东港口集团青岛港自动化码头工程技术部党支部副书记、轨道吊室副经理。负责自动化码头堆场平面规划设计以及设备选型设计、监造、安装调试等工作。

在自动化码头建设中,修方强负责的自动化设备同时在 4 个基地开工建造,工期只有 8 个月,当时设备组只有 12 个人,修方强和同事兵分四路进驻基地,一支手电筒、一把游标卡尺、一把直角尺成了团队成员标配的"三件套"。到了测试阶段,设备需要 48 小时不停运转,方便面、榨菜、老干妈又成了大家伙标配的"三件套",累了困了就在桌子上眯一会儿。因为人手有限,点多面广,修方强和同事在基地一待就是半年。

(资料来源:《青岛日报》,2021 年 1 月 6 日。)

5. 团队协作能力

实际工作中,在充分理解团队目标、组织结构、个人职责的基础上,与他人互相协调配合、互相帮助的能力,包括正确认识自我,能尊重与关心他人,能听取他人意见、观点、做法并采取正确的处理方式。

【推荐阅读】

团结是铁,团结是钢,团结就是力量。团结是中国人民和中华民族战胜前进道路上一切风险挑战、不断从胜利走向新的胜利的重要保证。

——2019 年 9 月 30 日,习近平总书记在出席庆祝中华人民共和国成立 70 周年系列活动时的讲话

这次疫情告诫我们,各国是休戚与共的命运共同体,重大危机面前没有谁能够独善其身,团结合作是应对挑战的必然选择。我们要坚持合作共赢理念,信任而不是猜忌,携手而不是挥拳,协商而不是谩骂,以各国共同利益为重,推动经济全球化朝着更加开放、包容、普惠、平衡、共赢的方向发展。

——2020 年 11 月 4 日,习近平在第三届中国国际进口博览会开幕式上的主旨演讲

(三)自我管理能力

自我管理能力,就是指个体所具有的特征和品质。自我管理能力可以帮助个人更快地适应就业环境,被认为是成功所需要的品质,对个人来说是最有价值的“资产”,也是影响个人职业成功的关键能力。常见的自我管理能力主要由以下几个方面组成。

1. 价值观

价值观是人们用来区分好坏标准并指导行为的心理倾向系统,是人们在生活和工作中所看重的原则、标准或品质。价值观指向我们内心最重要的东西,它是我们强大的内在驱动力,能引导行为的方向,是自我激励的机制。党的十八大提出,倡导富强、民主、文明、和谐、自由、平等、公正、法治、爱国、敬业、诚信、友善的社会主义核心价值观,党的十九大指出要积极培育和践行社会主义核心价值观。

【推荐阅读】

价值观是人类在认识、改造自然和社会的过程中产生与发挥作用的。不同民族、不同国家由于其自然条件和发展历程不同,产生和形成的核心价值观也各有特点。一个民族、一个国家的核心价值观必须同这个民族、这个国家的历史文化相契合,同这个民族、这个国家的人民正在进行的奋斗相结合,同这个民族、这个国家需要解决的时代问题相适应。世界上没有两片完全相同的树叶。一个民族、一个国家,必须知道自己是谁,是从哪里来

的,要到哪里去,想明白了、想对了,就要坚定不移朝着目标前进。

——2014 年 5 月 4 日,习近平在北京大学师生座谈会上的讲话

社会主义核心价值观是当代中国精神的集中体现,凝结着全体人民共同的价值追求。要以培养担当民族复兴大任的时代新人为着眼点,强化教育引导、实践养成、制度保障,发挥社会主义核心价值观对国民教育、精神文明创建、精神文化产品创作生产传播的引领作用,把社会主义核心价值观融入社会发展各方面,转化为人们的情感认同和行为习惯。坚持全民行动、干部带头,从家庭做起,从娃娃抓起。深入挖掘中华优秀传统文化蕴含的思想观念、人文精神、道德规范,结合时代要求继承创新,让中华文化展现出永久魅力和时代风采。

——2017 年 10 月 18 日,习近平在中国共产党第十九次全国代表大会上的报告

职场中为什么价值观被用人单位看重?

职场中体现出的价值观就是职业价值观。职业价值观是指无论你从事什么工作,都会努力在工作中追寻的东西,换一个角度来说,职业价值观就是你最期待从工作中获得的东西。一方面可以理解为特定社会对不同职业所赋予的价值观念,另一方面也可以理解为个人对自己所从事职业的价值观念。职业价值观,也指对个人而言,最重要和最想要的东西在职业上的体现。在进行职业选择或决策时,一个人越清楚自己的价值观,越了解自己在工作和生活中想要寻求什么、什么对自己来说是最重要的,他的生涯发展目标也就越清晰。职业价值观的来源,主要有以下几个方面:

1. 家庭和父母的职业价值观念。
2. 自己崇拜的人的职业价值观。
3. 影视、图书等媒体所体现的价值观。
4. 自我所认同选择的价值观。

【课堂练习】

第一题:常见的职业价值观有以下 15 种,分为内在价值观、外在价值观和外在报酬三类:

内在价值观	外在价值观	外在报酬
利他主义	同事关系	经济报酬
智力激发	管理权力	生活方式
多样变化	领导关系	安全稳定
独立性	工作环境	身份地位
美感		
成就满足		

首先,根据 15 个价值尺度,请选择 5 个你所认为重要的职业价值观。

其次,5 个必须舍弃一个,你选择哪一个,说明原因。

再次，4个必须再舍弃一个，你选择哪一个，说明原因。

最后，余下的3个作为自己的价值决定，它们稳定吗？

第二题：

探索自己的价值观（价值观想象）

1. 如果我有500万元，我将要做什么？

2. 在一生中最想要的是什么？

3. 如果我的生命只剩下24小时，那我将做什么？

4. 我最想讲给我的孩子的忠告是什么？

5. 假如我能改变自己一样东西，那么它将会是什么？

第三题：

80岁生日宴会

假如今天是你80岁生日，在座的各位都是从世界各地赶来为你庆祝生日的亲朋好友，当人们谈到你的时候，都非常羡慕你的人生，你最希望得到人们关于哪些方面的称赞？或者在他们看来，伴随你人生的关键词有哪些？如果在宴会上你要对自己的前80年做个总结，你会说什么？……

2. 个人品格

个人品格是指对自我具有理性认知，能够清楚识别内在情绪、情感，并且实现自我情绪、情感以及压力管理的能力。个人品格可以通过后天锻炼得到提升，如在大学期间参加课外活动、参加社会实践积累经验等。优秀的个人品格有很多，比如自信、自尊、自立、乐观、坚韧、勇敢、进取、勤奋、珍惜时间、注重行动、认真、诚实、正直、忠诚等，个人品格在一定程度上决定了一个人事业能否成功。

【推荐阅读】

面熟的"同事"

一个年轻人来到一家大公司应聘。笔试的当天，他发现众多应聘者中他的学历是最低的，而其他人学历最低也是硕士研究生。这个年轻人虽无把握，但还是认真做下去。考到一半，主考官手机突然响起，于是离开考场到屋外接电话。屋内没有主考官，应聘者开始不安分起来，纷纷作弊。而这位年轻人没有任何动作，仍然安静地答题。这时坐在他旁边的一个应聘者侧身对他说："哥们，别那么认真，赶紧抄点吧。"这位年轻人冲他一笑，没有回答，仍然自顾自地埋头答题。考试结束，这位年轻人已不抱任何希望，因为题目太难，他考得一塌糊涂！谁知第二天他却接到了录取通知，让他准备上班。隔天他又高兴又惊愕地到了公司，一进办公室看到上司，觉得很面熟，好像似曾相识，却不知在哪见过。这时他的主管上司微笑着对他说："你不认识我了吗？我就是那天坐在你旁边，提醒你抄一下的应聘者啊。"

这场考试考的是什么？是知识吗？不是！考的是诚信！考的是品德！而品德就是你最好的通行证！

（资料来源：吴秀娟、钟盈、郑栋之编著，《新编大学生就业指导》，上海交通大学出版社，2018年版。）

3. 职业责任感

职业责任感就是指一个人对待岗位和工作的态度，是一种在工作中应履行和承担的价值，它能使我们的行为更完善，更好地适应岗位的需求。职业责任感是职业对我们的需求，同时也是我们做人的需求。例如医生就要尽全力救治病人，教师要做到教书育人。在大学期间培养社会责任感很重要，要把社会责任感融入专业知识学习中；同时，在做学生工作时要对同学和工作任务负责，努力在大学期间培养职业责任感。

【案例阅读】

职场中的责任感

2004年7月，重庆某公司招聘了21名大学生。让人始料未及的是，在随后的4个月时间里，该公司陆续开除了其中的20名本科生，仅留下一名大专生。

第一批被公司除名的是两名来自重点大学的所谓"高材生"。他们第一次与客户谈完生意，将价值3万多元的物资设备遗忘在出租车上。面对经理的批评，两人振振有词地说："我们是刚毕业的学生，犯错是常事，你就多包涵一下。"另外有3名大学生在与客户吃工作餐时，夸夸其谈，大声喧哗，弄的客户和公司领导连交谈的机会都没有。席间，更有一名男生张嘴吐痰，刚好落在了客户的脚边，惊得客户一下子从凳子上跳了起来。男生却像什么事都没有发生一样继续吃饭，结果可想而知。

最让人难以接受的是，有一次，公司老总带领公司员工到外地搞促销。公司在海边租了一套别墅，只有20多间客房，但员工有100多人，一些刚参加工作的大学生迅速给自己选好房间，然后锁上房门独自看电视，很多老员工甚至老总却只能睡在过道上。当他们走出房门看见长辈睡在地上，竟都视而不见，一声不吭。

就这样，在4个月的时间里，20名本科生全被公司"扫地出门"，唯一没有被"炒掉"的是一位女大专生。她说："我只是比别人更清楚，自己比别人少了什么；我虽然没有很高的文凭，但是我觉得细微之处见匠心，尤其是在和客户面对面接触的时候，可能会因为你的一个眼神或者你的微笑不到位，就让人觉得心里不舒服，这势必会影响工作，对公司的发展也可能有很大的甚至负面的影响。"在她看来，作为公司的一员，应该懂得自己的言行必须符合公司的正当利益，对自己所在单位负责，对工作负责，对自己的前途负责。

（资料来源：上学吧，网址：http://www.shangxueba.com/ask/6428767.html，2015年5月15日。）

【课堂测验】

测试你的责任感

项目内容	是	否

与人约会你通常准时赴约吗？

你认为你这个人可靠吗？

你会因未雨绸缪而储蓄吗？

发现朋友犯法，你会通知警察吗？

外出旅行，找不到垃圾桶，你会把垃圾带回家吗？

你经常运动以保持健康吗？

你不吃垃圾食物、脂肪过高和其他有害健康的食物吗？

你永远将正事列为优先，再做其他事情吗？

你从来没有错过任何选举权利吗？

收到别人的信，你总会在一两天内回信吗？

"既然决定做一件事情，那么就要把它做好。"你相信这句话吗？

与人约会，你从来不会耽误，即使自己生病时也不例外吗？

你曾经违反过纪律吗？

你经常拖交作业吗？

小时候，你经常帮忙做家务吗？

说明：是—1分，否—0分

分数为 10～15 分：你是一个非常有责任感的人，你行事谨慎、懂礼貌、为人可靠，并且相当诚实。

分数为 3～9 分：大多数情况下，你都很有责任感，只是偶尔率性而为，没有考虑得很周到。

分数 2 分以下：你是个完全不负责任的人。

4. 敬业度

在现实工作中，敬业体现为一个人是否能全身心地投入自己的工作中，做事情是否总是认真细致、一丝不苟，是否愿意付出更多的努力来完成任务，精益求精。大学生作为青年人才，是社会进步和发展的重要推动力量。青年大学生是否敬业，直接影响他们的工作状态和职场表现，直接关系到个人的职业前景、企业的竞争实力和社会的良性发展。

【案例阅读】

人生的第一份工作

许多年前，一个年轻人来到一家著名的酒店当服务员。这是他人生中的第一份工作，因此他很激动,暗下决心:一定要竭尽所能,做好工作。没想到的是在试用期,上司竟然安排他洗马桶!从那以后,他变得心灰意冷、精神不振。在这关键时刻,同单位的一位前辈及时地出现在他面前,她什么话也没有说,亲自洗马桶示范给他看。等到洗干净了,她从洗过的马桶里用杯子盛起一杯水,当着他的面一饮而尽。她用实际行动告诉他:"经过我洗过的马桶,不仅外表光洁如新,里面的水也一干二净,我每天洗完马桶以后都要自己喝一杯,我相信我洗的马桶客人一定很乐意使用。"从此,他脱胎换骨成为一个全新的人了,他的工作质量达到了无可挑剔的高水准。后来,他成了世界旅馆业的大王,他的事业遍布全球,这个人就是希尔顿。

（资料来源:瑞文网,网址:http://www.ruiwen.com/lizhi/gushi/506011.html,2017年12月25日。）

工作中,我们所付出的,不仅仅是为了一份收入,更是为了自己的事业,为了自己能够获取职业的成功。只有保持爱岗敬业,才会永远保持最旺盛的工作热情、最忘我的工作状态的人,最终成为用人单位所欢迎的雇员。每一个领导或老板都需要这种人才为其工作,从而获得更大的工作回报。常言道,不想成为将军的士兵不是好士兵。虽然不是每一个士兵都能成为将军,但只要坚信自己的方向,并不断努力,迟早会成为一个最优秀的士兵。这个案例的本意,不是要求每个工作的人都喝马桶里的水,而是教导我们要有爱岗敬业的工作态度,自己做好自己的本职工作,让别人无可挑剔。这是一种完美的工作态度,也是我们能在职场上如鱼得水、游刃有余的唯一法宝。

5. 事业心

事业心指一个人想努力成就一番事业而为之奋斗的精神和热爱工作、希望取得良好成绩的积极心理状态,是人类的一种高尚的情操。常常被用来评价一个人的工作态度和工作水平。事业心强的人,能妥善处理好自己的能力和任务的完成情况,失败了也能正确对待。在工作中,有了事业心,才会产生进取心和自信心,才会激发主动性和创造性,才会有干事业的激情、创业的豪情、敬业的痴情。虽然说仅有事业心并不能够保证一定可以取得事业的成功,但没有事业心的人绝对不可能有什么大的成就。因此,培养和激励大学生的事业心有十分重要的意义。

6. 奉献精神

奉献精神是指对自己的事业不求回报的热爱和全身心付出,奉献精神不仅是一种态度,更是一种行动和信念,是社会责任感的集中体现。具有奉献精神的人,会把本职工作当成一项事业来热爱和完成,努力做好每一件事,善待每一个人,并从中寻找到属于自己的快乐。

【推荐阅读】

在中华文化里,牛是勤劳、奉献、奋进、力量的象征。人们把为民服务、无私奉献比喻为孺子牛,把创新发展、攻坚克难比喻为拓荒牛,把艰苦奋斗、吃苦耐劳比喻为老黄牛。前进道路上,我们要大力发扬孺子牛、拓荒牛、老黄牛精神,以不怕苦、能吃苦的牛劲牛力,不用扬鞭自奋蹄,继续为中华民族伟大复兴辛勤耕耘、勇往直前,在新时代创造新的历史辉煌!

——2021年2月10日,习近平在春节团拜会上的讲话

【案例阅读】

要大力倡导爱国奉献精神使之成为新时代奋斗者的价值追求

中共中央总书记、国家主席、中央军委主席习近平2018年对王继才同志先进事迹作出重要指示强调,王继才同志守岛卫国32年,用无怨无悔的坚守和付出,在平凡的岗位上书写了不平凡的人生华章。我们要大力倡导这种爱国奉献精神,使之成为新时代奋斗者的价值追求。

习近平指出,对王继才同志的家人,有关方面要关心慰问。对像王继才同志那样长期在艰苦岗位甘于奉献的同志,各级组织要积极主动帮助他们解决实际困难,在思想、工作和生活上给予更多关心爱护。

王继才生前是江苏省灌云县开山岛民兵哨所所长。开山岛位于我国黄海前哨,面积只有两个足球场大,战略位置十分重要。1985年部队撤编后,设立民兵哨所,但因条件艰苦,先后上岛的10多位民兵都不愿长期值守。1986年,26岁的王继才接受了守岛任务,从此与妻子以海岛为家,与孤独相伴,在没水没电、植物都难以存活的孤岛上默默坚守,把青春年华全部献给了祖国的海防事业。2014年,王继才夫妇被评为全国"时代楷模"。2018年7月27日,王继才在执勤时突发疾病,经抢救无效去世,年仅58岁。

(资料来源:人民网,网址:https://cpc.people.com.cn/n1/2018/0807/c64094-30212681.html,2018年8月7日。)

时代楷模张富清的本色人生

95岁的老党员张富清是原西北野战军359旅718团2营6连战士,在解放战争的枪林弹雨中九死一生,先后荣立一等功三次、二等功一次,被西北野战军记"特等功",两次获得"战斗英雄"荣誉称号。1955年,张富清退役转业,主动选择到湖北省最偏远的来凤县工作,为贫困山区奉献一生。60多年来,张富清刻意尘封功绩,连儿女也不知情。2018年底,在退役军人信息采集中,张富清的事迹被发现,这段英雄往事重现在人们面前。中共中央总书记、国家主席、中央军委主席习近平对张富清同志先进事迹作出重要指示,老英雄张富清60多年深藏功名,一辈子坚守初心、不改本色,事迹感人。在部队,他保家卫国;到地方,他为民造福。他用自己的朴实纯粹、淡泊名利书写了精彩人生,是广大部队官兵和退役军人学习的榜样。要积极弘扬奉献精神,凝聚起万众一心奋斗新时代的

强大力量。

（资料来源：人民网，网址：http://cpc.people.com.cn/GB/67481/426778/index.html，2019 年 5 月 25 日。）

【拓展阅读】

职业经理人的 12 项自我管理能力

作为"现代戏剧之父"的易卜生曾经告诫后人：你的最大责任就是把你这块材料铸造成器。每个经理人，甚至包括那些资质平平的经理人，都应该学会自我管理，学会把自己造就成一个成功的经理人。我国企业很多经理人实际上缺乏自我管理能力。经理人要想有所作为，就必须重视提升自我管理能力！

经理人要想成功就必须注重以下十二项自我管理能力的提升！

1. 自我心态管理能力——积极心态

在人们不断塑造自我的过程中，影响最大的是选择积极的态度还是消极的态度。自我心态管理是个人为要达到人生目标进行心态调整以达到实现自我人生目标、实现最大化优化自我目的的一种行为。成功的经理人善于进行自我心态管理，随时调整自我心态，持续地保持积极的心态。

2. 自我心智管理——开放思维

主观偏见是禁锢心灵的罪魁祸首，经理人的见识和行为总是受制于它，心智模式是人们成长的过程中受环境、教育、经历的影响，而逐渐形成的一套思维和行为模式，每个经理人都有自己的心智模式，但每个经理人的心智都会存在一定的障碍。经理人要善于突破自我，要善于审视自我心智，要善于塑造正确的心智模式。

3. 自我形象管理——魅力行销

作为经理人，你的身上吸引了许多人的目光，所以，形象很重要。经理人懂得如何更加得体着装，如何适应社会对商务礼仪的要求，可以让经理人更有魅力！加强自身形象，自身修养，举止、言谈等方面的形象管理，是每个经理人都应该重视的。

4. 自我激励管理——激发动力

在我们每个人的生命里，潜藏着一种神秘而有趣的力量，那就是自我激励。人的一切行为都是受到激励而产生的，善于自我激励的经理人，通过不断地自我激励使自己永远具有前进的动力，自我激励是一个人事业成功的推动力，其实质是一个人把握自己命运的能力，经理人要有健康的心理，善于运用一切方法自我激励。

5. 自我角色认知能力——演好角色

经理人的角色处于公司、上级、同级及部属、客户之间，若在定位上没有一套正确的认知能力，往往会落到上下难做人、里外不是人的地步。如何正确认知自己的角色，是经理人走向成功的重要环节。

6. 自我时间管理能力——时间分配

每个经理人都同样享有365天、每天24小时,可是为什么有的经理人在有限的时间里既完成了辉煌的事业,又能充分享受到亲情和友情,还能使自己的业余生活多姿多彩呢? 他们会分身术吗? 时间老人过多地偏爱他们吗? 都不是,关键的秘诀在于成功的经理人善于进行自我时间管理。

7. 自我人际管理能力——人脉运营

有人说"成功=30%知识+70%人脉";更有人说"人际关系与人力技能才是真正的第一生产力"。人的生命永远不孤立,我们和所有的东西都会产生联系,而生命中最主要的也就是这种人际关系。由此看来,经理人想要成功,就应该提升自我人际管理能力。

8. 自我目标管理能力——目标设定

生命的悲剧不在于目标没有达成,而在于没有目标。目标有多远,我们就能走多远。目标指引着经理人工作的总方向。经理人每天的生活与工作,其实都是可以理解为:一个人不断地提出目标,不断追求并实现目标的过程。

9. 自我情绪管理能力——情绪掌控

情绪能改变人的生活,有助于改善人际关系和说服他人,情商高的人可以控制、化解不良情绪。在成功的路上,最大的敌人其实并不是缺少机会,或是资历浅薄,而是缺乏对自我情绪的控制。愤怒时,不能遏制这种愤怒的情绪,使周围的合作者望而却步;消沉时,放纵自己的萎靡,把许多稍纵即逝的机会白白浪费。成功的经理人必须善于管理自我情绪。

10. 自我行为管理能力——职业素养

根据社会伦理和组织所要求的行为规范,每个人的行为都可以分为正确的行为和错误的行为。经理人职业行为就是经理人要坚守的正确行事规范、经理人如何具有职业化的行为,如何对自我行为进行管理并达到职业化行为规范的要求? 这是每个经理人都应该重视的事情,因为只有进行自我行为管理,坚守职业行为,才是经理人职业化素养的成熟表现。

11. 自我学习管理能力——为学日益

学习是人类生存与发展的推动力,人不是生而知之,而是学而知之,知识与能力不是从天上掉下来的,而是从学习和实践中来的。经理人最重要的能力是什么? 是学习能力,经理人的竞争力就表现在学习能力上,我们处在一个激烈竞争的时代,具备"比他人学得快的能力"是经理人唯一能保持竞争优势的方法。

12. 自我反省管理能力——为道日损

反省是成功的加速器。经理人经常反省自己,可以去除心中的杂念,可以理性地认识自己,对事物有清晰的判断;也可以提醒自己改正过失,经理人只有全面地反省,才能真正认识自己,只有真正认识了自己并付诸相应的行动,才能不断完善自己。因此,每日反省自己是不可或缺的。"反省自己"应该成为经理人工作的一个重要组成部分。不断地检查自己行为中的不足,及时地反思自己失误的原因,就一定能够不断地完善自我。

(资料来源:曲振国著,《大学生就业指导与职业生涯规划》,清华大学出版社,2020年版。)

第二节 大学生必须重点提升的就业能力

当代中国青年是与新时代同向同行、共同前进的一代,生逢盛世,肩负重任。广大青年要爱国爱民,从党史学习中激发信仰、获得启发、汲取力量,不断坚定"四个自信",不断增强做中国人的志气、骨气、底气,树立为祖国为人民永久奋斗、赤诚奉献的坚定理想。要锤炼品德,自觉树立和践行社会主义核心价值观,自觉用中华优秀传统文化、革命文化、社会主义先进文化培根铸魂、启智润心,加强道德修养,明辨是非曲直,增强自我定力,矢志追求更有高度、更有境界、更有品位的人生。要勇于创新,深刻理解把握时代潮流和国家需要,敢为人先、敢于突破,以聪明才智贡献国家,以开拓进取服务社会。要实学实干,脚踏实地、埋头苦干,孜孜不倦、如饥似渴,在攀登知识高峰中追求卓越,在肩负时代重任时行胜于言,在真刀真枪的实干中成就一番事业。

——2021 年 4 月 19 日,习近平总书记在清华大学考察调研的重要讲话

新时代,随着社会主要矛盾的变化,中国经济以供给侧结构性改革为主线,着力构建现代化经济体系,推动经济发展质量变革、效率变革、动力变革。由高速增长转向高质量发展,供给体系质量不断提高,供给结构对需求结构的适应性不断增强。企业在高质量发展中,为了完成工作,创造更高的价值。企业选人、用人的标准也随之提升,对个人的能力提出了新的要求。下面我们看看几个用人单位关于对大学生就业能力的期望。

"企业要求的人才不是应试人才,而是做事人才。"北大青鸟公司负责人才资源管理的副总郑彤这样说。

中国普天信息产业集团公司人力资源副总刘建军说:"我们比较看重的是人才的协调能力和沟通能力,所以在招聘面试、笔试之外还要进行一些测试,只有这些全部都能通过,才有可能被录用。"

某网络通信股份有限公司人力资源部表示,我们公司不苛求名校和专业对口,只要学生的综合素质好,学习能力和适应能力强,遇到问题能及时看到问题的症结所在,并能及时调动自己的能力和所学的知识,迅速制定出可操作的方案,同样会受到欢迎。

某国企人力资源部经理介绍说,专业技能是我们对员工最基本的素质要求,互联网行业招人更注重应聘者的技术能力,应聘者如果是同等学力,也许会优先录取学历高的一方。但是进入公司以后学历高低就不是主要衡量标准了,会更看重实际操作技术。

某科技集团人事部负责人说:"我们公司认为,大学生需要提高的能力是沟通能力,企业需要的是能够运用自己良好沟通能力与企业内外人员接触,能够合作无间、同心同德、完成组织的使命和任务的人。"

某软件股份有限公司人力资源管理人士说："我们特别欣赏有团队精神的员工，因为在软件开发和使用过程中，如果有一名员工在一个环节上出现问题，将会影响整个项目的进程。"

以上用人单位对大学生的能力提出了不同的要求，但很多要求是一样的，可以归纳以下几个方面。

一、专业能力

专业能力是大学生对专业知识的掌握和运用能力，是检验大学生能否成功获取就业岗位的核心竞争力，是大学生胜任岗位的基础条件，也是用人单位首要考察的能力。主要表现为对专业知识的掌握，专业技能的熟练度，专业学习的能力等方面。在高等教育中，本科阶段的教育普遍偏向于培养综合型人才，属于通识教育＋专业学习。通识教育属于打基础，主要培养社会人才基本素养。专业学习需要通过不断的学习与知识的内化、专业技能水平的提高，才能逐渐从基础学习转向专业化研究。专业能力很重要，但是很多大学生在接受高等教育的过程中，以获得"学分"为首要目的，没有从职业需求长远角度考虑问题，缺乏前瞻性，选课方向不明，课程选择多而杂，没有系统地梳理，导致盲目选修课程仅是为了满足毕业要求的学分。选课动机没有得到及时端正，往往导致学而无用武之地的情况发生。另一方面，由于大学生缺乏有效地引导，且社会工作接触较少缺乏社会实践，往往表现出关于用人单位对人才的能力需求不清晰，显得迷茫，导致在面试过程中呈现出专业能力薄弱、知识面窄、技能不扎实、学以致用能力不强等现象。所以，大学生在进入大学始，就要做好"职业生涯与发展规划"，锚定人生发展目标，做好自己的认识规划，特别是大学四年的中期规划，学好学深学透专业知识，搭配好专业知识结构，掌握好专业技能，为实现人生长远目标的成功做好准备。

二、学习能力

在人才竞争越来越激烈的年代，是否在坚持学习，是判断人才素质的重要标志。学习能力的基本要求是学会掌握正确的学习方法。学习能力对个人职业成功起着关键的作用。具有较强的学习能力，不但可以快速地提升工作技能并且胜任岗位，而且可以有效地解决工作问题。现实中，学习能力的培养需要一段的时间积累，是思维锻炼且缓慢的过程。一旦获得较强的学习能力，可以受用一生，当然前提是能够坚持学习。学习能力作为重要的可迁移技能，能够使我们进入工作岗位以后，快速地适应工作需要，并且不断地提升自己的能力，同时在面临环境、工作性质、工作内容改变时，能够帮助我们尽快学习新知识，从而适应这种改变，这就是我们常说的"授之以鱼，不如授之以渔"。学习能力对我们的一生意义重大，所有的成长，最终实现人生梦想都和学习能力有关，这就需要我们不断地打磨和完善。

学习能力大致可以分为三个阶段。第一阶段是向别人学。如从出生到高中甚至是大学这个漫长的阶段,都是向老师学习或者听父母教诲,以学生的身份向别人学。二是自己学习。这个与第一阶段有交叉,如课前自学学习专业知识,这个阶段可以从中学开始,大学阶段显现较为明显。从而导致课堂内容丰富,需要靠课前、课后补充学习,才能掌握知识。所以,在这阶段自学能力得到培养。第三个阶段是学以致用。大多数体现在大学和工作后,渐渐地会发现有些知识和技能即使没人教,通过查阅相关知识、思考,加以实践便能掌握。通过这个阶段的锻炼,就具备较高的学习能力,从而实现自己的人生价值。

【案例阅读】

李善友的学习秘籍

李善友,酷6网的创始人兼CEO,混沌大学创办人,中欧创业营发起人。毕业于南开大学、中欧国际工商学院,曾先后在摩托罗拉、美国铝业集团、博士伦公司等大型外企以及在国内极具影响力的门户网站——搜狐任职。李善友在中欧国际工商学院学习时,教授非常严厉,包括李善友在内的很多同学上课听不懂。李善友在课程结束后,会利用晚上的休息时间,总结前三天的课堂知识的要点,并理清逻辑关系,总结出逻辑关系图,第二天中午给其他同学讲课,同学们听后考试往往容易通过。后来人们发现,教授上课很多同学会迟到,上课睡觉,但是等李善友给大家讲课的时候却座无虚席,都在认真听讲。有一次,一个教授很奇怪,为什么下课了同学们都不离开,就留下来观察,他发现李善友在这里又给同学们讲了一次课,而这名教授在偷听了李善友的这次课后,这门课程给了他满分,而那门课程,有二十多人不及格。

(资料来源:凤凰网,网址:http://finance.ifeng.com/people/detail/comchief/lishanyou.shtml,2012年7月24日。)

三、人际交往能力

人与人之间沟通交流,是获得知识与信息的重要途径,也是我们认识自我、完善自我的重要手段。人际的沟通交流,是通过语言、符号传递信息,表达并捕获彼此的思维、想法及情感并能够对彼此的心理活动及行为模式产生影响的社会行为,人与人之间的交往能力是指人们彼此之间在开展交流往来行为活动过程中协调彼此间的关系,对整个行为活动的效率产生影响,提升彼此之间交流往来的质量层次及达到交流与往来的目的的独特的心理行为活动。

通过人际交往,我们可以互相传递、交流信息和成果,丰富自己的经验、增长见识、开阔视野、活跃思维、启迪思考。对个人而言如此,对用人单位也同样如此。员工之间的交际与沟通合作能力越来越成为企业在市场竞争中获胜的主要能力。在我们的生活中,周围有一部分人在某些层面拥有超于一般人的才能，却没能有较好的发展，究其原因是因为和他人的交流与合作不畅所致。在美国，卡耐基理工学院的研究人员对 1000 人的案例进行追踪记录并分析研究最后发现：15％的人成功源于自身有着熟练的专业技术能力，拥有智慧的思维以及较强的工作能力；85％的人成功是因为他们的个性特质，因为他们有着良好的与人交流往来合作的能力。因此，大学生培养自己的人际交往能力不仅是自我发展完善的需要，也是未来工作环境的需要，具备良好的人与人之间的交流沟通协作能力，不仅能对大学生活产生积极的影响，还能对他们未来的专业发展工作方向进行规划，并对就业能力产生很大的正面作用，更能为其日后步入社会打下良好的基础，甚至关系到工作效能的高低和事业的成败。

那什么才是真正的人际交往能力呢？现实中，很多大学生都会说，读大学的目的之一就是要认识很多朋友，打造自己的人脉圈。互相认识没有难度，但要打造人脉圈，认识远远不够，只有优秀的人才会拥有有效的人脉，人脉圈是公平交易的结果。就如电视剧《琅琊榜》里面的梅长苏，一个文弱的书生能够成为麒麟才子，左右朝局，在江湖上有强大的势力，你觉得他凭什么拥有这一切？梅长苏的专业知识技能是对军队各个势力团体中的利益纠葛，熟记于心。他的可迁移技能是，作为江湖第一大帮的帮主管理组织和协调的能力显而易见。他的品性善良，充满热情，忍耐力超强，卧薪尝胆，有勇有谋，拥有巨大的资源，大多数旁边的勇士才会愿意围绕他身边为他所用。

在人际交往中如果自己拥有的资源不够，或者虽多但不够好，那么你就更可能变成索取的那一方，又会有谁长期跟你做不公平的交易呢？所以，专心打造你自己，把自己打造成一个优秀的人、有用的人、独立的人比什么都重要，真正的人际交往能力，核心就是个人的核心竞争力，打造自己就等于打造人脉。打造自己的人脉圈主要可以分为以下几步：一是专心做可以提升自己的事；二是学习并拥有更多更好的技能；三是成为一个值得交往的人；四是学会独善其身，以不给他人制造麻烦为美德，用你的独立获得尊重。

四、创新能力

习近平总书记指出，创新是推动一个国家、一个民族向前发展的重要力量，是引领发展的第一动力，抓创新就是抓发展，谋创新就是谋未来。创新能力是一个民族进步的灵魂、经济竞争的核心；当今社会的竞争，与其说是人才的竞争，不如说是人的创造力的竞争。如果这个世界没有创新能力，便不会有今日人类的文明，如果爱因斯坦，爱迪生等人没有创新能力，他们何以取得巨大的成就与收获？如果一个人不具备创新能力，可以说是庸才；如果一个民族没有了创新人才，那么它便是一个落后的民族。

现在是一个"大众创新、万众创业"的时代，如果大学生缺乏创新精神和创新能力将会制约其对专业理论知识的理解和应用，进而影响其对实际问题的解决。但是由于受传统教学模式、教学方法、评价体系的影响，我国大学生习惯于被动接受知识，缺乏将知识转化为实际的劳动成果的能力，缺乏创新理念。有关统计显示，全国高校中大学毕业生有创业意愿的高达 80％，但真正在高校期间就进行创业活动的学生比例并不高，受到资金、场地、市场等因素的影响,大学生实际创业的比例仅为 2.4％。同时对于那些选择创业的大学毕业生的创业实践,也并不都是选择了快速发展行业和科技创新领域,而是选择门槛较低的服务业,甚至是传统行业中相对低端的岗位。

关于创新能力,我们应该认识到:一方面创新思维不同于寻常的思维模式,具有多样性和差异性,而多样性又与个性息息相关,正是个性上的差异,才能打破固有的方法,积极寻找新的突破口。另一方面,未来的就业模式将打破传统,越来越多的人选择创业就业和创新就业,大学生不再是被动的求职者,更不会一直坚守一份工作,而是更努力地寻求更多元化的发展道路,变被动选择职业为主动创造自己热爱的职业。因此,这就要求我们有意识地培养创新意识,用创新思维去思考问题,同时还要突破自我,掌握创新技能。

【案例阅读】

在中关村创业的年轻人

中关村,我国改革开放后第一个高新技术产业开发区,第一个国家自主创新示范区。在这里,有 90 多所大学,在校大学生接近 100 万,国家级科研院所 400 多家,还有两万多家高科技企业,是全球创业投资最活跃的区域之一;在这里,有一批有责任、有理想、富有发展潜质、敢于创新创业的年轻人,他们青春飞扬,激情涌动,努力让我们的世界变得更加美好。

旷视研究院员工周而进:让人工智能成为解决问题的日常工具

走进位于科学院南路 2 号的旷视研究院,你可能会和若干一脸青涩的实习生擦肩而过,他们通常下了课就从清华大学骑共享单车赶过来。

"我算过时间,差不多 15 分钟。"7 年前,旷视 12 号员工周而进也是一名下了课就赶来实习的清华大学学生。初三拿下全国青少年信息学奥赛金牌、高三获得国际信息学奥赛金牌,在不少同学心中,周而进一直很优秀。不过在旷视,周而进说:"身边总有既比你聪明也比你勤奋的人。"

周而进大二加入团队时,旷视刚刚成立一年多,还只是一家做手游的互联网企业。如今,旷视拥有近 3000 名员工,全球有超过 10 亿部手机在使用旷视产品,27 岁的周而进也成长为旷视研究院"人脸识别"研发团队的负责人。

"你猜猜,人脸五官中哪一点对于人脸识别算法来说非常重要?"周而进问记者。

"位置比例?"

"骨骼比例,具体到五官上,不管你做什么表情,鼻子的位置都很难动。"周而进介绍说,实习时他开始做人脸关键点定位,如眼睛、鼻子、眉毛的位置,当时最直接的应用就是做美颜,后来研发出了更多的人脸识别领域的产品。目前,旷视拥有全球规模较大的计算机视觉研究院,开发出的先进算法为世界上许多尖端的人工智能应用奠定了基础。

早上 9 点多到达公司,下班时间从不固定,工作之余每天还要阅读行业内最新的论文,这已经成为周而进的习惯。如同大多数 20 多岁的同龄人,每当工作上遇到挑战,周而进也会感到焦虑，但他喜欢思考如何解决问题。"我会对工作、生活、未来的展望做一个整体规划，然后作出现阶段最好的决策，无论结果好坏我都不会后悔。"他说。

"我们希望从人工智能角度深入扎根到行业中，真正为行业创造价值。"周而进介绍，目前在城市物联网方面，旷视希望从超级应用做到操作系统，有效打破交通、城市管理等各行业应用和社区园区、公共建筑等块空间应用之间的数据壁垒，实现城市治理和居民生活的双赢。在周而进的设想中，未来的人工智能将像编程一样普及："编程已经润物细无声般地进入到所有行业，但是人工智能还没有达到这种程度，希望未来人工智能可以发展成为人们解决问题的常见工具和手段。"

从上大学到工作，周而进的生活似乎很少离开中关村。他说："兼容并包的氛围和环境非常重要，得用优秀的年轻人来吸引更多优秀的年轻人。中关村有着极浓厚的创业氛围，大家都愿意在这里一显身手。"

佳格联合创始人顾竹：从"看天吃饭"到"知天而作"，让农业更智慧

位处中关村前沿技术创新中心，距离北京大学西南门不到 500 米，佳格联合创始人顾竹的办公室占据了绝佳的地理位置。

"对于我们来说，选择创业的第一个落脚点肯定会放在中关村。"顾竹是个"80 后"，从美国学成后回到中国，从研究卫星遥感领域的航天科学家到农业大数据服务提供商，顾竹一直在朝着心中的奋斗目标而努力。

记者到达公司后，顾竹首先展示了疫情防控期间他们举全公司之力、仅用 10 天时间作出的春耕平台，在这里可以实时看到全国各地的耕种、出苗、农资情况，各类数据均可通过佳格的大规模自动化卫星数据分析技术得到。"我在美国所读的博士学位叫空间科学，其实就是对卫星数据进行分析。简单来讲，我们能通过分析卫星拍摄的一张张影像来得出农作物种植在哪里、种了多少亩以及各个省份分别种了多少等数据。"

不仅仅是面积测算，基于人工智能技术，价格通过将卫星遥感、气象、物联网等大数据进行收集、处理、分析，为农业及相关客户提供了从适宜区规划、生产周期测算、病虫害防治、农业金融等农业全产业链的数据支持和管理服务。

在纪录片《创新中国》中，顾竹曾经说："真正的大数据存在农民的脑子里，你不用告诉他明天要下雨，他看一看晚霞就知道明天是要浇水、施肥还是在家睡觉。"随着城市化水平的提升，农村人口在减少，职业农民在增多，顾竹期待通过把日积月累的中国农业经验数字化、程序化、具象化，让进入行业的新人快速了解脚下这片土地，进而把这些农业大数据传承下去。

目前，佳格所提供的农业大数据应用已经服务了全国超过 3 亿亩土地，覆盖国内多个省份，包括了北方主要的粮食产区和南方经济作物种植园。如今，全球气候变化为农业生产带来了许多不确定性。尽管天气预报等信息唾手可得，但是对于农民来说，比起得知降水概率，他们更希望的是自己的个性化需求能够得到满足。"内蒙古地区农户和新疆地区农户、东北地区农户的需求，肯定是不一样的，我们必须懂得他们各自的需求，然后才能知道什么样的数据能够满足他们。"

佳格推出的数字农业系统"耘境"，集合了农业大数据获取、存储、分析以及可视化模块,通过个人电脑、智能平板或手机,便能实时了解或预测天气变化以及农作物的生长情况,及时进行或调整农事安排、农机调配、农药喷洒等活动。冰雹、大风、干旱、洪涝等自然灾害会对农业造成巨大损失,对于灾害风险的规避至关重要。"耘境"系统含有东亚范围内50年的农业气象数据,可预测两三周内的天气状况,空间上的精度达到1千米。

为了能够深入了解农民、了解农业,顾竹和团队不间断地去往全国各地的田间地头。"每次聊天时农民们不经意间说的话,对我来说常常是如获至宝。"顾竹举了个例子,"有时我会把模型拿过去跟农户说,这些地方可能有小麦赤霉病,但他也许会立刻告诉我不对。模型出问题很正常,就是要通过跟农民们这样扎实细致的交流,我们不断调整模型、优化参数配比,作出越来越准确地预测,真正让农民们做到从'看天吃饭'到'知天而作'。"

声智科技联合创始人常乐:通过语音交互打开一个新世界

从中关村前沿技术创新中心一路向北约12千米,记者来到了声智科技位于中关村1号的新办公室。采访当天阳光强烈,"85后"的声智科技联合创始人常乐近期正在忙着搬家,工作起来风风火火。

"去7楼。"疫情防控期间,整个园区都用上了声智推出的智慧电梯,初次来到园区的记者新奇地享受了一次完全"无接触式"的电梯体验。常乐介绍说,电梯之所以变得智慧,是因为声智给机器做好了"耳朵"和"大脑"。"'耳朵'一定要很灵敏,这样它才可以进行语音交互,这个过程包括从声音信号转化成文本信号,传到'中枢大脑'再进行智能分析。"

在常乐看来,智慧电梯的应用极大地方便了老人、儿童、残障人士等用户的日常生活,在疫情防控期间还有效降低了接触传播感染风险,助力公共卫生防疫工作。与此同时,智慧电梯监管平台对电梯进行全生命周期管理,根据电梯运行状况,及时调整电梯维保项目和周期,实现按需维保,以有效降低电梯发生故障的概率。

在接触智慧电梯之前,大众最熟悉也最易获得的人工智能产品中有智能音箱,而目前市面上有七成以上的智能音箱都使用了声智的技术。"智能音箱打开了公众认识人工智能的窗口,但是人工智能绝不局限于此。音箱只是一块敲门砖,可以让大家感知到原来我的生活可以通过语音交互来打开一个新世界。"

"那么声音对于你来说意味着什么?"记者问。

"声音可以让大家的生活更便利。"常乐笑着说,根据智能家居的相关数据,可以发现智能音箱的使用量最大,而语音关灯是用户使用最多的一个功能。"大家很喜欢把智能语音交互产品放在卧室,睡觉的时候不用下床就可以关灯。疫情防控期间,智能音箱的出货量还是呈上升态势。"

谈到为什么一直工作在中关村,常乐说:"创始团队都是中科院声学所出来的,创业选址肯定在中关村。开始的时候就4个人,一间办公室,一点点扩大到现在两百人的规模,中关村给予了我们很大的支持。"成立4年来,声智相继推出了一系列满足实际场景需求的人工智能应用技术,包括声学矢量传感、声学阵列芯片、声学结构设计等。"未来的人机交互系统里,语音声学一定是一个不可或缺的内容。目前不少传统行业的朋友已经在思考如何和声学进行结合,我觉得这是一件特别有意义的事情。"常乐说。

常乐从不掩饰自己的追求:"我们的定位和目标是做中国第三代人工智能系统。第一代是电脑互联网时代，第二代是移动互联网时代，我相信第三代会是人工智能交互时代。这是一个国内外同步创新、争夺科技制高点与重构未来产业的新机遇，我们愿意为此不懈奋斗。"

（资料来源：百家号网址：https://baijiahao.baidu.com/s？id＝16757741631059461 42&wfr＝spider&for＝pc，2020 年 8 月 23 日。）

五、团队合作能力

一个团队的力量远大于一个人的力量。在我们生活的某些方面，所有人都在团队中进行工作，而团队合作的重要性在每个人身上也都显而易见。然而，团队合作的重要性不仅仅是履行我们对他人的职责。关于团队合作，我们常说："三个臭皮匠，顶个诸葛亮。"一句古老的非洲谚语说："如果你想走得快，就一个人走。如果你想走得远，那就一起走吧。"团队合作可以帮助我们成长，能够完成比我们自己单打独斗更多的事情。

【推荐阅读】

我们知道个人是微弱的，但是我们也知道整体就是力量。——马克思

一滴水只有放进大海里才永远不会干涸，一个人只有当他把自己和集体事业融合在一起的时候才能最有力量。——雷锋

团队合作能力体现在团队队员上，成员间互补互助，使得整个团队发挥最大的工作效率。对团队成员来说，要在团队中扬长避短，在合适的岗位发挥自己的优势，并协作其他成员完成工作。可以说，团队合作的实质是共同合作求得最大的效益。在一个团队里，每个成员分享自己的成果和经验，及时帮助其他成员完成任务，遇到问题及时沟通交流，才能让团队的力量充分发挥出来，同时，团队成员互相吸收别人的经验，自己的能力也会逐渐得到提升。需要注意的是，在一个团队中，每个成员都有自己的优缺点，因此在团队中，就需要我们能够互相包容，保持谦虚，做到资源共享，只有这样一个团队才能保持最强的战斗力。

【推荐阅读】

狼群的团队精神

狼在地球上流浪已经超过 100 万年的时间了，狼群存在的根本就是——合作、交流、忠诚和坚韧，正是这种生存本能，才使狼在适者生存的自然界得以繁衍。身处动物世界的狼群具备一个优秀团队的所有特征，它们方向明确，特别是在捕猎时，狼也被公认为是群

居动物中最有秩序、纪律的族群,它们善于交流,而且在恶劣环境中它们有坚忍不拔的精神。我们在电视里经常能看到这样的镜头:一群野狼追逐凶悍庞大的野牛群,如果那头稍微弱小的野牛不幸被狼群盯上,那它就很难逃脱狼口。体重只有四五十千克的狼怎么可能捕获 100 多千克的野牛呢? 靠的正是狼道! 狼群在攻击野牛时,先是将奔跑中体弱的野牛隔离出来,慢慢包围。经过短暂的对峙,狼群突然发起进攻,它们并非乱作一团,而是非常默契配合、分工合作。身体强健的公狼死咬牛颈,其他狼咬住牛腿将其推倒,在最短的时间内将野牛毙命,然后共同享受一顿美餐。当狼群被大型凶猛动物入侵时,狼也会采用集体防御的措施,将体弱的成员围起来共同突破,这样也能击败入侵者。当然,狼群中并非没有英雄。一条独狼同样可以猎杀食物,但是狼之所以选择狼群,选择团队,正是意识到团队的力量,独狼可以猎杀一只兔子、一只羚羊,但是面对凶猛的野牛却只能敬而远之,甚至受到反击。从这我们也能看到一个企业,是需要个人英雄呢,还是合作的团队呢?

（资料来源:腾讯网,网址:http://dushu.qq.com/read.html? bid＝929370&cid＝2,2018 年 4 月 16 日。）

<h2 style="text-align:center">雁的启示</h2>

每年的九月至十一月,加拿大境内的大雁都要成群结队的往南飞行,到美国东海岸过冬。第二年的春天再飞回原地繁殖。在长达万里的航程中,他们要遭遇猎人的枪口,历经狂风暴雨、电闪雷鸣及寒流与缺水的威胁,但每一年他们都能成功往返。雁群一字排开成"V"字形时,这比孤雁单飞提升了 71% 的飞行能量。

当每只雁振翅高飞,也为后面的队友提供了"向上之风",这种省力的飞行模式,让每支雁最大的节省能量。如果我们如雁一般向着共同的目标前进,彼此相互依存,分享团队的力量。当某只雁偏离队伍时他会立刻发现:单独飞行的辛苦及阻力,他会立即飞回团队,善用前面伙伴提供的"向上之风"。启示,如果我们如雁一般,我们就会在队伍中,跟着带队者到达目的地。我们接受他人的协助,并也要协助他人。

当前导的雁疲倦时,他会退到队伍的后方,而另一只雁则飞到他的位置上来填补。其实,艰难的任务需要轮流付出,我们要相互尊重、共享资源,发挥所有人的潜力。当某只雁生病或受伤时,会有其他两只雁飞出队伍跟在后面,协助并保护他,直到他康复,然后他们自己组成"V"字形,再开始飞行追赶团队。

其实,如果我们如雁一般,无论在困境或顺境时都能彼此维护,互相依赖,再艰辛的路程也不惧怕遥远。在队伍中的每一支雁会发出"呱呱"的叫声,鼓励领头的雁勇往直前。其实,生命的奖赏是在终点,而非起点,在旅程中遭尽坎坷,你可能还会失败,只要团队相互鼓励,坚定信念,终究一定能够成功。

（资料来源: 百度文库, 网址: https://wenku. baidu. com/view/d5fab7275a1b6bd97f192279168884868762b86e.html,2020 年 5 月 19 日。）

第三节　大学生就业能力提升的基本路径

在长期实践中，我们培育形成了爱岗敬业、争创一流、艰苦奋斗、勇于创新、淡泊名利、甘于奉献的劳模精神，崇尚劳动、热爱劳动、辛勤劳动、诚实劳动的劳动精神，执着专注、精益求精、一丝不苟、追求卓越的工匠精神。

——2020 年 11 月 24 日，习近平总书记在全国劳动模范和先进工作者表彰大会上的重要讲话

能力除了先天遗传因素外，还受到后天环境等诸多因素影响。我们可以通过后天的锻炼来提升就业能力。那如何锻炼呢？其实，能力是在学习和工作中克服困难、挫折、磨难等问题时无形之中练就的。社会的发展，必将伴随着大的就业压力，大学生就业能力的提升迫在眉睫。我们在能力的探索中，要做到心中有数，要了解社会用人单位的岗位需求，认真探索自己所应具备的能力，有目的地锻炼和提升就业能力，以适应毕业后的社会生活，才能在工作中处于不败之地，取得职业成功。

我们经常会发现，同在一个专业一个班级的毕业生，有些人经常面试拿到多个录用通知，为去哪一家单位而头疼；有些人拿不到好的录用通知，甚至连毕业都是个问题。原因较多，但有一点可以肯定的是，能拿到好的就业通知的同学在大学期间提升了就业能力，并取得了丰硕的成果，得到了用人单位的认可。因此，在大学期间重点提升就业能力就显得非常重要。

一、在大学提升就业能力不同阶段的准备

就业能力的提升不是一蹴而就的，是需要缓慢的、循序渐进的过程。按照高等教育四年的不同特点，可以将大学大一至大四的四年分为：探索期、定向期、冲刺期、实战期。

（一）探索期（大一期间）

随着时代的发展，家长的重视，部分优秀大学生的探索期在大学录用前就完成了。拟定好职业方向，在高考填报志愿时选择好自己的需求专业，更好地实现专业匹配。在大一阶段做探索的同学，同样要进行充分探索，初步了解职业要求，搜集就业信息，通过职业测评等工具全面客观地了解自己，思考有哪些职业与自己所读的课程、专业相吻合，通过互联网、报纸杂志和访谈等渠道进一步了解这些职业方向。最好是所学专业对口的职业方向（根据需要可以申请转专业），进一步提升就业能力，提高人际沟通能力。这一阶段的学习任务不多，主要是适应大学生活，树立规划意识，多参加课外活动，学好计算机等通识教

育知识,了解就业形势,树立新的奋斗目标。如果说之前的努力是为了考上大学,那么现在的任务就是为了以后的就业和职业发展而努力提升学习能力。

(二)定向期(大二期间)

确定主攻方向,培养综合素质。在大方向上,主要是把握毕业后是进一步深造还是就业。进一步了解职业要求,以提升就业能力。确定职业方向,可以从以下四个方面开展:一是虚心请教师长和应届毕业生,根据自己的拟定目标选定专业或主攻方向,根据专业知识结构需求,有目的的辅修其他课程和专业。二是建立合理的知识结构,注重专业能力的培养,积极完成英语、计算机等级等考试。三是积极参加学生会或社团工作,培养自己的组织协调能力、解决问题能力、团队合作能力等,进一步提升自己的综合就业能力。四是尝试利用寒暑假兼职、实训等机会,有目的地积累职业经验。

(三)冲刺期(大三期间)

冲刺期也常称为提升期。这阶段主要是提升职业技能,积累职业经验。这阶段的专业学习任务较重,目标应锁定在提高求职技能、搜集公司信息等方面。可以适当地阅览用人单位的工作需求,撰写求职简历。充分利用学校资源,积极和已经毕业的校友、师长谈话,了解往年的求职情况;希望出国留学的学生,可多接触留学顾问,参与留学系列活动,准备托福(TOEFL)、GRE考试,注意留学考试咨询。进一步提升信息收集能力和人际沟通能力,主要表现在以下六个方面:一是加强专业知识学习的同时,考取与职业目标相关的职业资格证书(从业资格证)。二是增强兼职、实习的职业针对性,积累对应聘有利的职业实践经验。三是扩大校内外交际圈,加强与校友、职场人士的交往,提前参加校园招聘会,与用人单位招聘人员进行沟通。四是学习求职技巧,学会制作简历、求职信,了解面试技巧和职场礼仪。五是如果决定考研,要做好复习准备;如果希望出国,要注意留学资讯和动向,准备托福、GRE考试。六是在大三后期要查漏补缺,检查当下与毕业后目标的差距,及时采取纠偏措施,为大四目标的顺利完成打下坚实的基础。

(四)实战期(大四期间)

积极投入就业工作,实战检验就业能力。这个时期的任务就是实习,做好就业工作,积极利用学校提供的条件,了解就业指导中心提供的用人公司的资料信息、强化求职技巧、进行模拟面试等训练,尽可能地在做好较为充分准备的情况下进行实战演练。积极参加招聘活动,在实践中检验自己的积累和能力。在工作的过程中,可以适当检验是否达到"人职匹配",如果有出入要进行职业生涯策略的修正。要学会保障自己的劳动权益,学会就业心理调节,始终保持自信和主动,以昂扬的姿态迎接工作的挑战。

二、培养就业能力的基本路径

大学生就业能力的培养是一个系统工程,包括系统的职业生涯探索、职业决策。以高校人才培养方案为要求，学习专业知识，积极担任学生干部，参加勤工助学、社会实践、岗位实习、各类竞赛以及社团活动等方式逐渐提升大学生就业能力。

（一）专业知识学习

专业知识学习情况，是用人单位面试的时候比较看重的条件之一，也是对应届大学生在四年间学习综合情况的体现。应届毕业生面试时常要提供成绩登记表，也是高校对学生评价的重要指标之一。作为大学生应先把专业知识学好学深学透。

一是要学好专业知识，提升业务能力。在学校要学好通识教育的公共课，公共课主要是培养大学生的个人素养、塑造优秀品格、坚定理想信念、树立正确的世界观、人生观和价值观。同时要扎实学好专业课程，如专业基础课、专业必修课、专业选修课、专业辅修课程等知识。专业基础课是对该专业应具备的专业基础知识的学习，是进行专业学习的基础，我们经常也称为学科基础课程。特别要注重专业必修课的修行，专业必修课以专业知识为主，专业训练为辅，是所有学生都必须认真学习的课程。专业选修课程是对该专业学生进行专业知识拓展与延伸而开设的课程，该类课程的学习需要学生具有自主性、选择性、自愿性，可以根据自身兴趣与爱好进行选择，不具有强迫性，但要求必须选择其中部分课程进行学习，达到深化专业知识的目的。专业辅修课程是针对学习能力突出，在完成学校要求的课程之外，有意愿学习更多专业相关课程的学生而设立的，有助于大学生更深一步的专业化、系统化学习。我们在学习过程中，应当积极参与课堂学习，构建系统化的专业知识结构，并利用课余时间，根据个人理解将课堂理论进行整理、加工、整合，新知识联系旧知识，构建新的知识模型，实现专业知识的最优化。日常学习中端正学习态度，加强专业理论、知识的学习；寻找适合自己的学习方法，提高学习效率；注重思想品德的提升，培养坚强的学习意志，实现个人综合能力的提高。

二是积极参与科学研究，学深悟透专业理论。要积极参与科研项目，提高专业素养与技能。科研项目是对专业理论知识学习情况最好的检验与实践方法之一，在参与专业科学研究的同时，会锻炼严谨求学、刻苦钻研的能力，同时，科学研究会提升大学生理论知识与实践结合的能力。还可以帮助大学生养成思考的习惯和严密的逻辑思维，将所学专业知识内化于心，进一步巩固学到的专业知识。科学研究丰富了学生专业知识的动手能力，通过技能的不断锤炼，提升业务操作能力。大学生参与科研项目，对考研的学生具有重要的意义，加深对专业知识的理解与掌握以达到深化、活学、活用的水平。

三是增强自我培养意识，提升学习规划能力。大学生作为自己人生发展的规划者、实施者和建设者，有责任清晰地认识并做好职业生涯与发展规划。首先，自我培养是对自我的负责，要增强自我培养的意识，明确职业发展的目标，充分调动自己的主观能动性，梳理好专业学习与职业发展、人生目标之间的关系，能积极投入提升就业能力的行动中。其次，要树立科学的学业观，以系统的学习方法，努力做好学业规划，主动构建对就业能力的系统认知，增强适应力。最后，要根据时代的发展主动关注社会需求，了解行业变迁和企业在新业态下的蜕变要求，及时了解现实环境下用人单位招聘的就业能力要求，以社会需求的能力为导向，进行有目的、有计划、有质量的就业能力提升。

(二)担任学生干部

学生干部是在学生群体中担任某些职务,负责某些特定职责,协助学校进行管理工作的一种特殊学生身份。学生干部按照不同类别分为学生会干部(包括校院系各级学生会、团委或分团委)、班干部(包括团支部)、社团干部(包括各公益性组织)等。大学生活中有很多锻炼自己能力的机会,关键在于你是否是个"有心人"。你可以通过毛遂自荐或者竞聘的方式担任学生干部,从班级学生干部到各级团学组织成员,任何一个职位都可以是你发挥自身才干,为同学服务的机会。作为学生干部还必须具备五个要求:一是良好的思想品质。作为工作的管理者、组织者和领导者,必然要有较高的思想品质。明确工作责任,严于律己、身先示范、勇担重任。二是要有扎实的专业水平。扎实的专业知识、良好的组织能力和有效的领导能力,更易树立好自己的威信。三是较强的综合素质。学生干部要具备沟通能力、分析能力、决策能力、组织能力、协调能力、应变能力、创新能力。四是良好的心理素质。学生工作是进入社会工作的模拟场,也会遇到各种困难。良好的心理素质是学生干部领导力的重要体现。能在工作中主动担当,具备抗挫折、抗压力能力,能控制工作情绪,保持高度的自信。五是强烈的团队意识。拥有高素质的团队是用人单位的宝贵财富,也是企业成功的关键。而强烈的团队意识是优秀领导干部的先决条件,是管理目标得以实施的基础。优秀的团队能在性格、气质、能力上彼此取长补短,优化组合,从而形成集体的合力。

学生干部通过锻炼提升综合素质,同时,学生干部不是头衔,更要注重锻炼,多办实事,善于观察,取长补短,拥有一颗积极为师生服务的心。

【案例阅读】

我的就业故事——郭娟:有梦就要全力以赴

2019 年 9 月,郭娟在中铁二十局招聘会面试时,面试官要求她写几个字,她随手写下了"以梦为马,不负韶华"。这八个字是她的座右铭,也是她做支教宣讲的主题。

目标明确便全力以赴

郭娟是西安科技大学人文与外国语学院汉语言文学专业 2020 届毕业生。在今年特殊的就业压力下,女大学生的就业压力或许要翻几倍,因为随处可见的招聘信息中都有这么一条:只限男生。而她,通过自己的努力,过五关斩六将,终于签下了自己满意的工作。

去年暑假的时候,班里大部分的同学都在忙着准备考研,只有郭娟"无动于衷",甚至还跟朋友自我调侃为"废柴"。其实她目标很明确,心里很清楚,结合自己的专业她选择的岗位目标基本上都是国企的党团及宣传岗。

郭娟一直都是一个有计划的人。大四一开学,拍证件照、做简历、去招聘会……找工作从来都不是一件容易的事情,现实永远比想象的更为残酷。在找工作的那段时间,郭娟也经历了许多波折，比如有的时候一些国企的人力资源部门根本不会看她的简历，不管是否优秀或者有多适合他们的岗位，就因为是女生，简历就会直接被筛掉。还有一次去一个国企面试，当时有一个备注信息：男生可以带着他的女朋友一起进公司。她就会和朋友开玩笑说双职工要不要了解一下，站在招聘室前找个男生扮演一下情侣去应聘。嘻嘻哈哈地傻笑过后，她又开始寻找下一次机会。

九月底，郭娟终于签下了中铁二十局。公司的总部是她的意向的西安，工作内容是她熟悉的党团和宣传工作。她回忆说："面试那天一切都很顺利。"有一个细节她记得很清楚，面试完后，面试官让她写几个字，她随手写下了"以梦为马，不负韶华"这八个字，还没来得及解释，面试官就笑着竖起了大拇指："原来你练的是楷体！"为了能有一手漂亮的字，郭娟从大三开始每天坚持练字半个小时，现在颇有几分书法风范了。真是功夫不负有心人呀！她这种坚持的劲儿在关键时刻帮助了她。

翻看郭娟的简历，我们发现有几个不同的版本，有的差别甚微，有的相去甚远。一问才知道，因为就业压力很大，所以在找工作之前她就做了充分的准备。最开始没有经验，只要觉得稍微适合或者沾边的工作她都会投递一份简历，结果却很不理想。碰过几次壁后，她总结了经验，就把简历分成了几个版本，针对不同岗位需求专门制定相对应的简历，比如针对她最想去的国企党政、宣传岗位，就会把自己在公文写作、过往工作案例方面的成绩重点标注，在个人工作经历的部分就重点突出自己的学生干部经历和在学院从事支部工作等经历。

为了找到心仪的工作，郭娟做了很多准备，除了细心地制作不同版本的简历之外，她还有一个小本子，上面密密麻麻记着有关招聘会或招聘单位来校开宣讲会的时间地点和需求；她还跟着视频学习面试技巧、锻炼演讲、提升自信心……经过一番忙活，工作签下来之后，回顾整个历程，她感慨地说："其实，即使就业环境不好，但也并没有那么难，只要我们做足了充分准备，一切都不怕了。"自信的背后是大学四年的磨炼。

大一刚入学，郭娟就成为学校的青年志愿者，大二还担任学院青年志愿者队长。先后组织过支教、敬老院服务、尘肺病宣传、课桌清洁等十五次左右的志愿者活动。她印象最深的是到临潼区新市小学附近的辅导机构开展支教活动。在那儿，她做了一次"以梦为马，不负韶华"的主题宣讲，通过展示大学生活激发小学生学习兴趣，帮助孩子们认识到学习的重要性。孩子们听得很认真，到现在还有几个小朋友常常给她发信息咨询问题。

大学四年，郭娟一直担任团支书，也先后担任学生党支部组织委员、学生会及学生社团干部。学生干部的经历锻炼了她的公文写作能力，更锻炼了她的组织、协调、沟通能力。面对复杂的任务能够迅速划分成不同模块，并积极行动，圆满完成。当然，社会活动丝毫不影响她的成绩，她先后获得学年奖学金、校友奖学金、国家励志奖学金，获评优秀学生干部、优秀共青团干部、优秀青年志愿者等荣誉。大学四年的成长磨砺使郭娟羽翼渐丰，这四年，她每一步都走得很扎实。问及未来的打算，她仍然回答了这八个字：以梦为马，不负韶华！

（资料来源：搜狐网，网址：https://www.sohu.com/a/401231722_708586，2020年6月11日。）

(三)勤工助学

勤工助学(或勤工俭学),指学生在学校的组织下利用课余时间,通过劳动取得合法报酬,用于改善学习和生活条件的实践活动,是学校学生资助工作的重要组成部分,也是提高学生综合素质和资助家庭经济困难学生的有效途径。

勤工助学一般在校内。高校为发挥勤工助学育人功能,一般都会为广大学生(向困难学生倾斜)提供勤工助学的机会,特别是为一些家庭经济困难的学生提供合适的岗位,比如办公室小助理帮忙收集和整理文件材料。当然可以通过校内其他岗位兼职获取报酬,如超市收银员、理货员、食堂外卖等岗位。通过勤工助学,不仅可以获得经济上的报酬,更重要的是帮助家庭经济困难学生树立自立自强、创新创业精神,培育创造性劳动能力和诚实守信的劳动意识,增强学生社会实践能力,增加就业阅历,为就业打下良好的基础。值得注意的是,我们来大学主要是先学好专业知识,但往往在校内兼职的大学生,因为兼职而影响了学业,最终得不偿失。

(四)社会实践

社会实践是指大学生利用假期参加对口专业的社会工作实践。通过专业学习,来加深对所学专业的社会需求的了解,进一步确认职业方向,确认适合的职业、为向职场过渡做准备、增强就业竞争优势等多方面意义,社会实践也是高校人才培养方案的必备环节。通过社会实践,拓宽视野、增长才干、服务社会,强化学生的集体协作意识,增强沟通能力和社会适应能力,进而提升就业能力。在高校中,为了鼓励学生积极走向社会,会组织学生利用寒暑假开展"三下乡"社会实践活动。鼓励大学生积极参与社会实践,提升学以致用的能力,走进社会,了解社会,不断完善和提升自我。

【拓展阅读】

习书记傍晚与我们社会实践团座谈
——习近平与大学生朋友们(五)

1990 年 7 月下旬,北京大学黄誌、李树峰等 30 多名学生赴福州开展为期 10 天的社会实践活动。时任福州市委书记习近平获悉后非常重视,利用晚上休息时间到实践团驻地看望大家并座谈。习近平同志认为:"年轻一代应该结合中国的特点把握好自己的路,否则只能牢骚满腹、空悲叹。"他语重心长地告诉同学们,"只有在实践中才能不断提炼自己狂热、浪漫的想法","不要认为学校中学到的知识是高超、万能的,只有到社会中与群众打成一片、扭到一起后,产生了社会责任感,才能获得真知灼见"。他深情寄语:"同学们的忧国忧民,只有到基层中去、到实践中去、到人民中去,才能真正知道所学的知识如何去发挥、如何去为社会作贡献。"他主张,"应该多创造机会让青年学生们认识社会,在实践中把握自己。"

采访对象：李树峰，男，1970 年 2 月生，福建福安人，北京大学法律系 1987 级本科生，曾任职福建省委农村工作领导小组办公室（简称"农办"）秘书处干部，现在一家律师事务所任职。

采访组：石新明　郭海鹰　曹钰　秦涛

采访日期：2018 年 12 月 15 日

采访地点：北京前门东大街 10 号楼 1005 室

采访组：李树峰同志，您好！1990 年 7 月，北京大学学生社会实践团赴福州开展社会实践活动。作为实践团成员，请您回忆一下当时参加这次活动的情况。

李树峰：好的。我是 1987 年从福建福安考入北大法律系的，1991 年毕业，同学们普遍感到需要更多地到实践中去认识社会、了解国情、接受教育。这一年的秋季学期，北大学生会社会实践部特别热闹，报名参加实践活动的同学特别多，实践活动的安排也特别丰富。

正是在这个背景下，经多方联系，北大福建同学会决定组织同学们赴福州开展社会实践活动。时任福州市委书记习近平同志获悉后非常重视，指示福州市有关部门安排好。北大党委和团委得知后更是高度重视，指定当时的北大团委社会实践部部长带队赴福州指导这次活动。这也是当年北大影响最大的一次社会实践活动。

1990 年 7 月 20 日左右，北大学生社会实践团分批从北京出发。有一个小组到闽北的时候赶上暴雨，他们乘坐的火车被困在山区。习书记得知后指示市里连夜安排一辆大巴车到闽北山区转移受困的同学，接到福州后安排他们在福建省财会干部管理学院住下。这件事情给我的震撼很大，因为当时社会上对大学生尤其是对北大学生或多或少都带有一些异样的目光，避之不及，而习书记和福州市委却给予这么热情周到的安排，让我们非常感动。

采访组：请您谈谈在福州市开展社会实践活动的情况。

李树峰：我们实践团有 30 多个成员，分投资环境、城市建设、教育科技、人才需求、社会心态等 6 个专题组，成员中有博士生、硕士生和本科生，大部分是福建籍的同学，文科有经济系、法律系、历史系、中文系、外语系、哲学系，理科有物理系、化学系、生物系等。调研活动安排有座谈、采访、问卷等，形式多样。整个社会实践活动约 10 天。同学们早出晚归，白天集中考察、分组调研，晚上一起交流收获体会，分享各自搜集的资料，非常热闹。

我参加的是投资组，主要是调查分析福州投资环境的现状、存在的问题和政策建议，重点是到马尾调研福州经济技术开发区建设发展情况。马尾地处闽江下游北岸，距福州市中心约 16 千米，是中外闻名的贸易港口、中国近代海军的摇篮、中国近代航空事业的发源地、中法海战的古战场，马尾船政、马尾海战闻名中外。

实践团 6 个专题组在调研结束前都按计划完成了调研报告，约十万字。现在回想起来，我们当时的调研报告应该非常稚拙，但福州市方面非常重视，立即转给了福州市计委、经委、外经委、人事局等有关部门参阅。

采访组：据当年《福建日报》和《福州晚报》报道，时任福州市委书记习近平利用晚上休息时间专门到北大社会实践团驻地看望大家并同大家座谈，请您回忆一下当时的座谈情况。

李树峰：记得是1990年7月31日吃过晚饭后，我们接到通知，说习书记要来我们吃住的省财会干部管理学院看望我们并座谈。当时习书记轻车简从，好像就带了一个工作人员来。

习书记到来后和同学们一一握手。我带着期待和激动，心里想，一定要细心体会握手的质感。轮到我与习书记握手时，我手上稍微加了一点儿力，望着他说："习书记好！"习书记问候我时，始终保持着兄长般的微笑，我感觉他的手特别厚实。

座谈会大概进行了一个多小时。6个专题组的同学分别向习书记汇报了这次调研的成果和体会。经济学院研究生黄誌负责金融环境的调研，他谈到了福州市应充分发挥沿海开放城市和与台湾地区毗邻的优势，并提出了对发展金融业的思考。

社会心态调研组的同学在汇报中谈及福州人民的心态很朴实，把亚运会当成自己的一件大事。该同学认为，与沿海城市人民的办事效率相比，我们大学生中存在的散漫现象应该有所转变。国际经济系学生陈功说道，福州市干部雷厉风行的办事效率和对大学生热情周到的接待，使同学们深受感动。

习书记静静地倾听，偶尔插话询问，不时点头表示赞同。福州的夏天比较潮热，那时也没有空调，习书记拿着一把折扇，身穿短袖白衬衣，像兄长一样与我们拉家常似的交流，始终面带笑容，话语亲切自然，倒是我们有点儿紧张和拘束。

关于这次座谈的内容，当时刚刚到福州工作的中国人民大学1990届毕业生郭海鹰作了整理并写成《习近平与北大人交心谈往》一文，发表在他主编的校园刊物《福建大学生》报上，郭海鹰当时协助我们联系对接了这次实践活动。那份《习近平与北大人交心谈往》原稿保存于中国人民大学档案馆。现摘录如下：

习书记首先表示欢迎同学们到福州来，感谢各位为福州市的建设出谋划策。他接着说自己与在座各位的年龄相差不太大，因而与大家见面有亲切感，两代人走过的历程、心态、思想有相似之处，只不过时代背景不一样。

习书记谈到年轻人在成长过程中都是在一片空白中逐步形成自己的世界观。

习书记认为"生活不容易"，年轻人对生活的结论不能下得太轻易、草率，只有在实践中才能不断提炼自己狂热、浪漫的想法。"文革"中的一代人大都经历了从苦闷到重新批判、认识而后建立自己世界观的过程。习书记谈到当时他也是什么书都看，从《三国志》到黑格尔、亚里士多德的著作，而对马克思主义、社会主义的认识并不太清晰，真正树立马克思主义、社会主义的观点，是在自己过去认为最落后的地方，是在农村的七年插队生活中，带着问题看书、思考，经历了"生活关""劳动关"的考验，最终体会到了其中真正含义。

习书记告诫同学们说，不要认为学校中学到的知识是高超、万能的，只有到社会中与群众打成一片、扭到一起后，产生了社会责任感，才能获得真知灼见。

习书记主张应该多创造机会让青年学生们认识社会，在实践中把握自己。他说，我们没有必要为年轻一代担心——一代必将胜过一代。年轻一代应该结合中国的特点把握好自己的路，否则只能牢骚满腹、空悲叹。

习书记诚恳、实在的话语博得同学们的阵阵掌声，会后同学们反映说："习近平是不打官腔的领导，听得进，聊得来！"

我印象最深的是，习书记与我们分享了他对中国社会整体情况的看法。他说，中国比较大，国情比较复杂，各个地方的情况可能都有差异。但是，如果我们要真正地想为国家做一些事情、有报国理想的话，应该更多地深入到基层，真正地了解实际的国情是怎么样的。"同学们的忧国忧民，只有到基层中去、到实践中去、到人民中去，才能真正知道所学的知识如何去发挥、如何去为社会作贡献。"他勉励我们"立志高远，多读书，多到基层磨炼"。

我们觉得习书记非常懂得青年人的所思所想，非常懂得当时青年学生特别是北大学生的成长困惑，对我们有一种导航的方向感。聆听习书记一席话，我们仿佛看到了未来的成长方向。

《福建日报》以"向社会学习 向人民大众学习——北大学生社会实践团圆满结束在榕活动返京"，《福州晚报》以"北大学生赴榕社会实践团举办汇报会——习近平同志同他们进行长时间亲切交谈"为题，分别在头版对此次座谈会进行了报道。

采访组：请谈谈这次社会实践活动对您的影响。

李树峰：这次社会实践活动，在福州反响热烈，也在北大引发强烈反响。习书记当年对我们的亲切关怀和殷切勉励，时时激励我奋斗前行。

我在北大上学时印象最深的是课外讲座特别多，接受现实社会的信息基本上都是通过讲座间接获得，但又觉得这些讲座理论的东西比较多，联系实际的不多。通过参加这次社会实践活动，跟社会现实直接结合，就好比有一种"开天窗"的感觉，见到了一个真正现实社会的样子。我们明显感到，书本上学习的与现实中看到的不一样，开始学会更多地从不同角度看问题。学校学习的大多是从宏观层面、从假设性的前提看问题，更多的是宏观分析性的逻辑思维。而这次社会实践活动，让我们真正从现实的角度看问题，让我们变得更加理性和冷静。这是从书本和讲座中无法获知的，这种沉甸甸的收获，对当年的我们来说尤其重要。这次社会实践活动后，我感到同学们都少了迷惘，多了远见；少了躁动，多了踏实；少了失望，多了希望。

1990年暑期在福州的社会实践经历，虽然只是我成长和人生中的一朵浪花，但每每回忆总会心潮澎湃，感慨万千。此刻，我不由得想到了习近平总书记非常喜爱的诗词《采桑子·反"愁"》："待入尘寰，与众悲欢，始信丛中另有天。"

采访组：您是福建人，毕业后又回到福州工作，您能否谈谈对习近平同志在福州工作时的印象？

李树峰：1991年夏天，我从北大毕业回到福建，被分配到省委农办秘书处工作，更多地了解和感受到福州的发展变化。对习书记在福州市的工作，我有三个方面印象特别深刻。

第一，习书记的为民情怀。习书记总是把人民群众放在心中最高位置。在福州时，他大力推动"四个万家"（进万家门、知万家情、解万家忧、办万家事）活动，得到了人民群众的广泛称赞,我当时也陪同农办的领导参与了这项活动。

这种为民情怀,从习书记在 1990 年 7 月 15 日晚填写的《念奴娇·追思焦裕禄》一词中,可见一斑。

魂飞万里,盼归来,此水此山此地。百姓谁不爱好官?把泪焦桐成雨。生也沙丘,死也沙丘,父老生死系。暮雪朝霜,毋改英雄意气!

依然月明如昔,思君夜夜,肝胆长如洗。路漫漫其修远矣,两袖清风来去。为官一任,造福一方,遂了平生意。绿我涓滴,会它千顷澄碧。

第二,习书记的战略谋划。习书记在福州时,提议并主持编制了“3820”工程,即《福州市 20 年经济社会发展战略构想》,科学谋划了福州 3 年、8 年、20 年经济社会发展的蓝图。习书记在主持规划时,组织课题组外出考察,在媒体上开办“怎样赶上亚洲‘四小龙’专栏”,开展“万人答卷、千人调研、百人论证”等活动,广泛发动市民参与。当时,我们农办也深度参与了这项工作。

习书记当时还非常重视海洋经济,重视生态建设,提出“海上福州”战略。他说:“福州的优势在于江海,福州的出路在于江海,福州的希望在于江海,福州的发展在于江海。”

第三,习书记的实干作风。听说习书记来福州不久,就提出“马上就办”的理念和要求,并在福州开发区现场办公会上提出“马尾的事,特事特办,马上就办”。旋即,马尾诞生了“一中午拟定一个文”“两天办好办厂手续”等生动故事。“马上就办”“真抓实干”后来成为福州打造效能政府、加强作风建设的一个重要突破口,并被推广到福建全省。

习书记在福州还提出了工作督查制度、首问责任制、限时办结制、全程代办制、投资项目审批“一栋楼办公”、会议“限时发言”等许多改进作风的举措。

回忆三十年前与习近平同志接触的珍贵往事,仿佛又一次聆听习书记那天傍晚和我们的谈心谈话。回头看看自己这些年走过的路,我对习书记当年那些话体会更深了,理解更透了。我相信,这些话对于今天青年学子的成长一定会有帮助和启发。

（资料来源:《中国青年报》,2020 年 5 月 19 日。）

（五）岗位实习

岗位实习,是在校学生实习的一种方式,主要是大学生在基本上完成教学实习和学习过大部分基础技术课之后,到专业对口的工作岗位直接参与生产过程,综合运用本专业所学的知识和技能,以完成一定的生产任务,并进一步获得感性认识,掌握操作技能,学习企业管理,养成正确劳动态度的一种实践性教学形式。与一般的实习实训、社会实践不同的是,岗位实习一般是在校学习的最后一年(大四)进行,需要完全履行实习岗位的全部职责。因此这就需要同学们在岗位实习前,扎实掌握专业基础知识,具备熟练的操作技能,才能快速适应实习岗位。岗位实习可以基本了解行业的状况,要把专业知识和工作融会贯通,在履行岗位职责的同时切实提升就业能力。更重要的是,在岗位实习的过程中,不仅仅是你进入工作岗位的单向了解,而且是用人单位对学生能否胜任工作岗位的重要考核环节。现实中,实习生在工作中综合表现优秀,大概率会被用人单位直接录用,并协商签订毕业就业协议。

（六）专业技能竞赛

高校为丰富校园活动，培养学生创新能力，各社团组织会举办各式各样的竞赛，为新时代青年人才搭建舞台一展才华，同时也是培养学生综合能力的绝好机会。例如"互联网＋"大学生创新创业大赛等，都受到了高校学生的广泛关注。以赛促学，激励大学生将所学专业知识与社会实践结合，同时通过竞赛前后过程，不仅可以培养大学生的创业意识、提升创新能力，还可以增强学生的团队合作能力、人际交往能力，这些都是难得的锻炼平台。

【推荐阅读】

习近平总书记给第三届中国"互联网＋"大学生创新创业大赛"青年红色筑梦之旅"的大学生的回信

第三届中国"互联网＋"大学生创新创业大赛"青年红色筑梦之旅"的同学们：

来信收悉。得知全国150万大学生参加本届大赛，其中上百支大学生创新创业团队参加了走进延安、服务革命老区的"青年红色筑梦之旅"活动，帮助老区人民脱贫致富奔小康，既取得了积极成效，又受到了思想洗礼，我感到十分高兴。

延安是革命圣地，你们奔赴延安，追寻革命前辈伟大而艰辛的历史足迹，学习延安精神，坚定理想信念，锤炼意志品质，把激昂的青春梦融入伟大的中国梦，体现了当代中国青年奋发有为的精神风貌。

实现全面建成小康社会奋斗目标，实现社会主义现代化，实现中华民族伟大复兴，需要一批又一批德才兼备的有为人才为之奋斗。艰难困苦，玉汝于成。今天，我们比历史上任何时期都更接近实现中华民族伟大复兴的光辉目标。祖国的青年一代有理想、有追求、有担当，实现中华民族伟大复兴就有源源不断的青春力量。希望你们扎根中国大地了解国情民情，在创新创业中增长智慧才干，在艰苦奋斗中锤炼意志品质，在亿万人民为实现中国梦而进行的伟大奋斗中实现人生价值，用青春书写无愧于时代、无愧于历史的华彩篇章。

（七）社团活动

社团是高校学生的重要组织，社团活动是高校校园文化的重要组成部分。社团是校园里，同学为了某一共同的兴趣爱好或者某一个共同的目标所组织起来的业余团体，这个团体没有年级、专业甚至学校的限制，在保证学生完成学习任务，不影响学校正常的教学秩序的前提下开展各类形式多样的活动，同学们可以根据自己的喜好和特长选择适合的社团并参与活动。种类很多,如各种学术、社会问题研究会,文艺社、棋艺社、影视评论社、摄影社、美工社、篆刻社、歌咏队、剧团、篮球队、足球队、信息社、动漫社等。社团干部通过组织策划各种活动,提高自己的组织管理能力的锻炼机会。通过社团活动,不仅可以活跃学校学习氛围,陶冶情操,加深和拓展专业知识,交流思想,切磋技艺,互相启迪,增进友谊,能锻炼人际交往能力。

思考题:

1. 你认为大学生重要的五个就业能力是什么,为什么?

2. 结合自己的专业和个人情况,谈谈你将如何提高自己的就业能力?

3. 如果你参加面试,你的优势是什么? 为什么说能胜任工作岗位?

第三章

就业方向选择

> 　　当代中国青年是与新时代同向同行、共同前进的一代，生逢盛世，肩负重任。广大青年要爱国爱民，从党史学习中激发信仰、获得启发、汲取力量，不断坚定"四个自信"，不断增强做中国人的志气、骨气、底气，树立为祖国为人民永久奋斗、赤诚奉献的坚定理想。
>
> 　　　　　　——2021年4月19日，习近平总书记在清华大学考察时的重要讲话

　　在当今利益、价值、观念多元多样的时代背景下，大学生的就业方向选择也更加多元化和多样化。面对毕业，要选择什么样的就业方向才是最适合自己的？是考研升学，还是直接就业？是考公考编，选择一份稳定的工作，还是进知名企业或者自主创业，敢于挑战，勇敢拼搏？是投笔从戎，选择参军入伍，还是选择做一名志愿者，到农村去，到基层去，到祖国和人民最需要的地方去建功立业？……这些成为每一个应届大学毕业生必须面对的问题。处在人生职业选择的十字路口，大学生只有积极主动了解社会发展动向，发挥自身优势，明确职业发展方向，才能作出最合适自己的选择。

第一节　升学深造

　　升学深造是指毕业生通过继续深造、提高学历的方式来进一步提升自己的核心就业竞争力，以获得更多的就业机会、更好的福利保障和更大的发展平台，其主要途径有三个，即全国硕士研究生统一招生考试、推免生（保研）和出国留学。

一、全国硕士研究生统一招生考试

　　全国硕士研究生统一招生考试，又称考研，是教育主管部门和招生机构为选拔研究生而组织的相关考试的总称，由国家考试主管部门和招生单位组织的初试和复试组成。是

一项选拔性考试,所录取学历类型为普通高等教育。

普通高等教育统招硕士研究生招生按学位类型分为学术型硕士研究生和专业型硕士研究生两种;按学习形式分为全日制研究生、非全日制研究生两种,均采用相同考试科目和同等分数线选拔录取。

与本科生相比,研究生不论在学历层次、专业素质,还是在薪资待遇、就业选择上都更具有优势。一般来说,本科毕业生就业压力相对更大,而研究生由于整体招生规模的限制,多年来一直保持着供不应求的局面,研究生的整体就业质量和层次比本科生更高,特别是想找一份稳定的、有编制的、自己满意的工作,如果有研究生学历,无疑机会和优势更大。

为了提升就业竞争力,以实现能够找到更加理想工作的目标,很多大学生在毕业选择时毅然决定加入考研大军。硕士研究生报名人数屡创新高,2020 年达到 341 万人,2021年达到 377 万人,再创历史新高;比 2020 年考研人数增加了 36 万人,增幅达到了10.56％。根据《2020 中国大学生就业报告》调查数据显示:高校大学毕业生升学比例持续上升。可见,全国考研报考人数呈现了逐年上升的态势,考研作为一种就业方向和出路依旧受到大学毕业生的青睐,2010—2021 年考研人数与录取统计表(详见表 3-1)。

表 3-1 2010—2021 年考研人数与录取统计表

年份	报名人数(万名)	增长率(％)	录取人数(万名)	报录比
2021	377	10.56	—	—
2020	341	17.59	110.66	3.2∶1
2019	290	21.8	81.13	3.6∶1
2018	238	18.4	76.25	3.1∶1
2017	201	13.56	72.22	2.9∶1
2016	177	7.3	58.98	3.0∶1
2015	164.9	−4.12	57.06	2.9∶1
2014	172	−2.27	54.87	3.1∶1
2013	176	6.3	54.09	3.3∶1
2012	165.6	9.6	52.13	3.2∶1
2011	151.1	7.5	49.46	3.1∶1
2010	140.6	12.8	47.44	3.0∶1

(数据来源:中国教育在线,网址:https://www.eol.cn/e_ky/zt/common/bmrs/。)

硕士研究生报名人数屡创新高,毕业生考研的竞争压力也随着增大。毕业生想要在研究生考试中脱颖而出,必须要提前做好学习计划。

一是要明确升学路线。学生一旦决定考研升学深造,就要明确考研目标,做好复习计划,提高升学率。在决策前,要详细了解考研信息,如学校简介、招生简章、招生专业目录及初试科目、专业考试参考书目、往届招生录取情况和导师介绍等信息。还要想方设法通过其他有效途径收集有关考研复习方面的信息，例如，通过请教已经考上研究生的师兄师姐获得考研成功经验，通过网购或者联系报考院校购买考研各科历年考试真题等。同时，学生要结合自身实际情况，确定报考的学校和专业。一般是根据自己的兴趣、本科所学专业、未来想从事的工作等因素先确定想要报考的研究生专业，然后再根据专业选择合适自己的学校。

二是要制定考研计划。"凡事预则立，不预则废。"研究生考试必须要结合个人实际制定系统的、详细的复习计划，并严格执行直到取得成功。研究生考试复习内容多、时间长、强度大，要想"望尽天涯路"那样志存高远的追求，就要有耐得住"昨夜西风凋碧树"的清冷和"独上高楼"的寂寞。

三是要做好考试准备。全国硕士研究生招生考试报名一般在每年的9—10月份。通过登录中国研究生招生信息网注册、报名，现场确认。研究生考试初试时间为全国统一安排，一般安排在每年12月中下旬或1月上旬进行。初试成绩查询时间一般是次年2月底到3月上旬左右，具体公布考试成绩时间各省和各校也会有公告通知。初试成绩达到当前全国硕士研究生招生考试国家分数线或者34所自主划线院校初试成绩基本要求，并且收到报考院校复试通知的毕业生可以按规定要求参加复试。复试是考研最后一个程序，也是决定是否能被录取的最关键环节。复试过后，招生单位结合其平时学习成绩和思想政治表现、业务素质以及身心健康状况择优确定拟录取名单，并通过招生单位的官方网站对外公布。

【推荐阅读】

2021 年全国硕士研究生招生考试公告

根据《2021 年全国硕士研究生招生工作管理规定》，现将 2021 年全国硕士研究生招生考试有关事项公告如下：

一、初试时间

2021 年全国硕士研究生招生考试初试时间为 2020 年 12 月 26 日至 12 月 27 日（每天上午 8：30—11：30，下午 14：00—17：00）。超过 3 小时的考试科目在 12 月 28 日进行（起始时间 8：30，截止时间由招生单位确定，不超过 14：30）。

考试时间以北京时间为准。不在规定日期举行的硕士研究生招生考试，国家一律不予承认。

二、初试科目

初试方式均为笔试。

12 月 26 日上午　思想政治理论、管理类联考综合能力

12 月 26 日下午　外国语

12月27日上午 业务课一

12月27日下午 业务课二

12月28日 考试时间超过3小时或有使用画板等特殊要求的考试科目

每科考试时间一般为3小时;建筑设计等特殊科目考试时间最长不超过6小时。

详细考试时间、考试科目及有关要求等请见《准考证》及考点和招生单位公告。

三、报名要求

硕士研究生招生考试报名包括网上报名和网上确认(现场确认)两个阶段。所有参加硕士研究生招生考试的考生均须进行网上报名,并在网上或到报考点现场确认网报信息、采集本人图像等相关电子信息,同时按规定缴纳报考费。

应届本科毕业生原则上应选择就读学校所在地省级教育招生考试机构指定的报考点办理网上报名和网上确认(现场确认)手续;单独考试考生应选择招生单位所在地省级教育招生考试机构指定的报考点办理网上报名和网上确认(现场确认)手续;其他考生(含工商管理、公共管理、旅游管理和工程管理等专业学位考生)应选择工作或户口所在地省级教育招生考试机构指定的报考点办理网上报名和网上确认(现场确认)手续。

网上报名技术服务工作由全国高等学校学生信息咨询与就业指导中心负责。网上确认(现场确认)由省级教育招生考试机构负责组织相关报考点进行。

四、网上报名

网上报名时间为2020年10月10日至10月31日,每天9:00—22:00。预报名时间为2020年9月24日至9月27日,每天9:00—22:00。

考生应在规定时间登录"中国研究生招生信息网"(网址 https://yz.chsi.com.cn/,以下简称"研招网")进行报名。报名前,请务必提前浏览报考须知,并按教育部、省级教育招生考试机构、报考点以及报考招生单位的网上公告要求报名。

报名期间,考生可自行修改网上报名信息或重新填报报名信息。为避免多占考位,影响其他考生报考,一名考生只能保留一条有效报名信息。

考生报名时只填报一个招生单位的一个专业。待考试结束,教育部公布考生进入复试的初试成绩基本要求后,考生可通过"研招网"调剂服务系统了解招生单位的调剂办法、计划余额等信息,并按相关规定自主多次平行填报多个调剂志愿。

报名期间将对考生学历(学籍)信息进行网上校验,考生可上网查看学历(学籍)校验结果。考生也可在报名前或报名期间自行登录"中国高等教育学生信息网"(网址 https://www.chsi.com.cn)查询本人学历(学籍)信息。未能通过学历(学籍)网上校验的考生应在招生单位规定时间内完成学历(学籍)核验。

考生应按要求准确填写个人网上报名信息并提供真实材料。凡因网报信息填写错误或填报虚假信息而造成不能考试、复试或录取的,后果由考生本人承担。

网上报名有关具体要求和注意事项,详见"2021年全国硕士研究生招生工作管理规定"(已在教育部官网 http://www.moe.gov.cn/公开)及"研招网"报考须知。

网上报名时间充裕,建议广大考生合理安排报名时间,避开报名初期、末期高峰,避免网络拥堵影响报名。逾期不再补报,也不得再修改报名信息。

五、网上确认(现场确认)

网上确认(现场确认)具体时间、要求由各省级教育招生考试机构根据本地区报考情况自行确定和公布。

请考生及时关注各省级教育招生考试机构发布的公告,并按规定完成网上(现场)核对确认个人网上报名信息、缴纳报考费、采集本人图像信息等工作。逾期不再补办。

考生网上确认(现场确认)时应提交本人居民身份证、学历学位证书(应届本科毕业生持学生证)和网上报名编号,由报考点工作人员进行核对。报考"退役大学生士兵"专项硕士研究生招生计划的考生还应提交本人"入伍批准书"和"退出现役证"原件或复印件。

考生应认真了解并严格按照报考条件及相关政策要求选择填报志愿。网上报名信息经考生网上确认(现场确认)后一律不作修改。

六、打印准考证

2020年12月19日至12月28日,考生可凭网报用户名和密码登录"研招网"自行下载打印准考证。准考证使用A4幅面白纸打印,正、反两面在使用期间不得涂改或书写。考生凭下载打印的准考证及有效居民身份证参加初试和复试。

请考生务必妥善保管个人网报用户名、密码及准考证、居民身份证等证件,避免泄露丢失造成损失。

七、其他

招生考试其他有关事项,请参见"2021年全国硕士研究生招生工作管理规定",或登录"研招网"浏览查询报考须知和各相关单位网上公告。

为帮助考生了解招生政策,各研究生招生单位将于9月19日至23日在"研招网"上开展2021年全国硕士研究生招生宣传咨询周活动,届时有关研究生招生单位将在线回答广大考生提问。

教育部

2020年9月21日

(资料来源:中国研究生招生信息网,网址:https://yz.chsi.com.cn/kyzx/jybzc/202009/20200904/1972918872.html,2020年9月4日。)

二、推免生(保研)

推免生,全称"普通高等学校推荐优秀应届本科毕业生免试攻读硕士学位研究生",是指可以不用参加全国硕士研究生统一考试而直接读研的一种情形,换句话来说也就是我们平常所说的"保研"。具有经国务院学位委员会批准的硕士学位授予权,且独立招收硕士研究生连续15年(体育、艺术院校连续6年)以上高校都具有推免资格。具备条件的高校按照一定的条件和程序推荐优秀应届本科毕业生免试攻读研究生。

【推荐阅读】

推免生需要具备的条件

根据《全国普通高等学校推荐优秀应届本科毕业生免试攻读硕士学位研究生工作管理办法(试行)》规定,高等学校从具备下列条件的学生中择优遴选推免生。

(一)纳入国家普通本科招生计划录取的应届毕业生(不含专升本、第二学士学位、独立学院学生)。

(二)具有高尚的爱国主义情操和集体主义精神,社会主义信念坚定,社会责任感强,遵纪守法,积极向上,身心健康。

(三)勤奋学习,刻苦钻研,成绩优秀;学术研究兴趣浓厚,有较强的创新意识、创新能力和专业能力倾向。

(四)诚实守信,学风端正,无任何考试作弊和剽窃他人学术成果记录。

(五)品行表现优良,无任何违法违纪受处分记录。

(六)对有特殊学术专长或具有突出培养潜质者,经三名以上本校本专业教授联名推荐,经学校推免生遴选工作领导小组严格审查,可不受综合排名限制,但学生有关说明材料和教授推荐信要进行公示。

(七)在制定综合评价体系时,可对文艺、体育及社会工作特长等因素予以适当考虑。但具备这些特长者必须参加综合排名,不得单列。

高等学校可按上述要求制定推免生的具体条件,但应符合法律、行政法规、规章和国家政策。

"推免"时间表(2021年为例)

准备阶段9月,考生查看招生单位接收推免生章程,按要求准备申请材料。

第一阶段10月8日起,推免生可进行注册、查询本人推免生资格及相关政策,填报个人资料信息,网上支付。

第二阶段10月12日—10月25日,推免生可填报志愿、接收并确认招生单位的复试巫待录取通知。

第三阶段推免录取信息公开时间为次年2月2日—3月2日。

"推免"政策

为了帮助毕业生更全面地了解推免生相关政策,以下收集相关政策网页,请意向学子认真阅读。

教育部关于印发《全国普通高等学校推荐优秀应届本科毕业生免试攻读硕士学位研究生工作管理办法(试行)》的通知(中国研究生招生信息网,网址:https://yz.chsi.com.cn/kyzx/zcdh/201308/20130823/497414078.html。)

教育部办公厅关于进一步加强推荐优秀应届本科毕业生免试攻读研究生工作的通知（中国研究生招生信息网，网址：https://yz.chsi.com.cn/kyzx/zcdh/201309/20130910/507919503.html。）

三、出国留学

改革开放 40 多年来，特别是我国提出构建人类命运共同体战略以来，中国与世界的交流和联系越来越紧密，出国留学热潮在国内持续升温，已成为越来越多高校毕业生的就业选择，这也使毕业生的升学选择更加多元化。

在我国，高校毕业生选择出国留学的途径主要有三个：一是申请国家公派留学计划。这个计划是由国家留学基金负责资助，一般每年都会按计划选派一定数量的人员公派出国留学，国家公派出国留学的具体项目选派办法和要求等，毕业生可以登录国家留学网（http://www.csc.edu.cn）查询。二是高校的本科生国际交流项目。高校的本科生国际交流或出国留学项目一般是由高校国际合作与交流处负责，有公费，也有自费，每个高校的情况和项目差异比较大，具体项目和要求，毕业生可以登录高校国际合作与交流处官方网站查询。三是自费申请出国留学。毕业生自费留学所占的人数和比例最大，一般由毕业生根据所选国外留学院校要求和自身实际条件进行自主申请。

一般自主出国留学申请的步骤主要包括：选择目标国家、院校和专业，准备相关申请条件（特别是语言条件要求比较严格），申请院校，拿到院校录取通知后再申请签证四个阶段。对于准备出国留学的毕业生来说，建议要提早准备，一般在大一大二时应重点准备出国留学的语言条件，按出国目标院校的要求参加出国留学语言考试（考试的类型有很多，包括：雅思（IELTS）、托福（TOEFL）、德、法、意、西、日、韩语等水平考试，一般成绩要达到以下标准：雅思 6.5 分，托福 80 分，德、法、意、西语达到欧洲统一语言参考框架（CECRL）的 B2 级，日语达到二级（N2），韩语达到 TOPIK4 级。语言考试成绩越高，获得成功的概率越大。除了语言条件以外，毕业生还要准备：大学成绩单（一般需要按要求进行翻译）、个人简历、推荐信、参与学科竞赛和文体活动获奖证书、家庭存款证明等材料。

【拓展阅读】

数字化背后的新机遇

选择留学的第一步，应该是衡量自己是否应该去留学。一般情况下，建议同学们运用排除法去思考自己的留学选择，即哪些情况下不太适合留学。

情况1：是否已经思考并确定选择的专业，是否已确定留学后的目标和未来的生涯发展路线

留学是一个系统的工程，更是对自己人力资本的投资，既然是投资，就需要理性，权衡利弊。有的同学属于追"风"少年，别人做什么就跟随。尤其是一些家长和同学，有很强烈的比对心理，当家长得知朋友的孩子出国留学了，或者有些同学去留学了，也就跟着动心了，而不考虑自身实际情况。有的同学仅仅是想着出去就行，甚至在语言准备方面不是很充足的情况下就毅然踏出国门远走异国他乡，虽然现在国外的大学逐渐放开语言要求，一些国家，比如英国和日本，有语言学校和语言预科可以帮助大家攻克语言关，但是这样的周折无疑会加大你的留学成本。

还有的同学，对想要去留学的国家和学校没有足够的了解。我遇到一些同学，和我交流时一开口就说要申请美国前30名的牛校商学院（比如芝加哥大学的布斯商学院，西北大学的凯洛格商学院，罗切斯特大学的西蒙商学院），或者英国的G5大学（牛津大学、剑桥大学、伦敦大学学院、帝国理工学院、伦敦政治经济学院）。这些学校固然好，但是必须结合自身实际情况去看待，有些专业申请这些学校比考研选择国内的C9联盟高校难度要大许多。

作为选择出国留学的同学，你需要首先考虑一下专业的定位问题，国内有些专业名称在国外是没有对应专业名称的，比如行政管理专业，在国外大学的专业中没有对应的称呼；再比如自动化专业，在国外的很多大学就直接和实验室以及具体的领域对应。

正确的方法应该是将你现在所学专业四年的核心专业课程目录与目标大学专业的核心课程目录对比去看，找到匹配的课程专业。这需要同学们不仅仅要去看国外大学的综合排名，更多要去关注你申请大学的专业对应的课程明细，从而找到契合点。

另外，各国留学政策不同也是需要关注的。比如加拿大，对于加拿大政府而言，留学是解决人口数量问题的方法之一，所以，加拿大很多大学，其开设的专业配套政策对于毕业后的留学生申请移民是很有帮助的。所以，在选定留学院校后，也需要了解当地的政策。

综上，留学的第一步，不是去问中介或者问过来人，而是自己思考一下留学的目的，权衡一下留学的成本收益，这个过程其实是认清自己，规划自己的过程。要明白，知己知彼，首先是"知己"。

情况2：毕业前已经找到了很好的工作，而这份工作很难得，综合行业分析，有发展前景

留学是有机会成本的，需要付出经历和时间。另一方面来看留学仅仅是个人走向成功的一种手段，不意味着留学就有更好的前途。我们熟知的俞敏洪、马云、马化腾等人都没有留过学，也取得了很大的成就。相反，出去几年学习，对国内的环境和发展没有及时地了解，归国后就会出现短期的"水土不服"，不了解国内的人才需求方向，不清楚在国内工作和发展中如何处理人际关系，不明白国内行业的竞争发展规律，到头来反而使自己在找工作过程中很被动。我们无法知道到底未来会发生什么，只能在现在的情况下作出最合乎逻辑的判断。

这里要澄清一个概念，什么是好的工作？在我看来，简单说，好的工作有以下三个衡量标准：(1)兴趣和志趣所在，至少不能排斥。(2)能够胜任，或者通过努力学习可以胜任。

就工作岗位而言，要尽量寻找能力匹配的。不太建议所选工作或者岗位与自己各方面情况相差十万八千里，你选择它，仅仅是因为薪水高或者热门。（3）这份工作在未来一段时间的行业前景是可以看到的，比如互联网行业在现阶段的行业前景就不错，但是竞争压力也非常大。

所以，如果两者权衡，当下的工作可以为你带来不错的收益和满足感，并且行业正在高速发展中，那么你可以考虑暂缓留学。毕竟，学习是终生的事业，往后还有机会，但是，合适的工作和行业发展未必会有第二次。

情况3：想象留学回来就一定有好工作、高年薪

留学最重要的是一种体验，这个过程能够锻炼你的国际视野和独立决策能力，但是留学回来就一定会有很大发展吗？想来并非如此。我接触过的很多在国外读一年硕士的人，留学归来在求职过程中不能准确把握求职的时间，对岗位职责的理解、公司的文化等理解有差异。如前所述，由于与国内环境的长期脱节，他们回来之后反而不太能够适应国内的求职环境，不能马上进入状态，找到合适的工作。

就我个人经历来看，很多出国留学的学生归国后在职业发展的起点和国内毕业的研究生差异不是很大，大部分"海龟"和本土毕业生在同一起跑线。

另外，如果简单从知识收益角度来说，在互联网时代，全球很多学科的知识都会逐步开放共享。只要想学习，肯下功夫去搜寻和挖掘，在国内依然可以学习到英美国家大学里的优质课程，互联网时代，不存在太多的知识学习壁垒。出国去学习，是学习西方大学知识探索的方法和思考知识的思维，这一点很重要，这也是你海外求学文凭含金量的重要体现之一。如果仅仅认为留学回来后就意味着高薪高职，还是趁早打消这个念头。

情况4：倾家荡产去留学

用"倾家荡产"来形容或许有点过头，但是，经济负担确实是存在的。在国外上学，除了基本的学费之外，还有很多生活上的开支，比如房租、买书和外出费用。以东京为例，在东京上学一年平均费用是人民币11万，这个费用在美国基本上要翻倍。其实留学的实际花费会比你在国内预计的要高，虽然说打工可以解决一些生活费的负担，但是对于大部分人来说，短暂的研究生求学，紧张的学业任务之余还想去看看周围的风景和人文，安排一下自己的短途旅行，这样留给自己的资金就不多了。考虑出国前，一定要对家庭教育投资的可支出成本有一个客观地评估。

所以，请同学们一定要明白，如果仅仅把留学当作镀金，没有真才实学，在未来的职场中是难以立足的。如果你打算留学，请多考虑自己的实际情况，作出综合的判断，并且理性选择国家、院校和专业，找到合适的留学之路，这才是你开启留学生活的第一步。

（资料来源：中国大学生就业微信公众号，作者：陈露，2020年7月9日。）

第二节　考公入编

考公考编主要是指毕业生通过参加国家和地方公务员、各级各类事业单位和国有企业编制内工作人员招录考试,取得正式编制,成为体制内一员。随着我国高校毕业生人数(2021 年达到 909 万人)的逐年增加,整个社会的就业形势和竞争压力也越来越大,国家和地方公务员、各级各类事业单位和国有企业工作性质和薪资待遇相对稳定,社会认可度较高,因此,考公入编成为毕业生就业的热门方向。

社会的进步和发展对公平、正义要求越来越高,体制内编制岗位每年招考的人数有限,而报考的人数不断增加,形成"一岗难求、凡进必考"招录格局。如何在公务员、事业单位和国有企业等众多招录考试中技压群雄,脱颖而出,这成为很多毕业生必须思考和面对的问题。当然,现在体制内编制招录考试类型有很多,例如:公务员考试、事业单位考试和银行、国家电网、中国电信、中国移动、烟草专卖局等国有企业招聘考试等。考虑篇幅限制,本节无法对所有体制内考试进行一一介绍,基于大部分体制内编制考试招考的程序基本相同,在此主要介绍具有一定典型性和代表性的考试,即公务员考试、事业单位考试和银行招考,以期对毕业生有所帮助。

一、公务员考试

(一)公务员考试的分类

在我国,通常公务员考试可分为两类,一是中央机关及其直属机构公务员考试(以下简称"国考"),二是地方国家公务员考试(以下简称"省考")。公务员考试是所有体制内考试中最难的、也是最规范的考试。

国考指中央、国家机关及其直属机构公务员考试,是国家部、委、署、总局等机关和部门招考录用在中央国家机关的工作人员的一种方式,其中也包含中央、国家行政机关派驻机构、垂直管理系统所属机构招考录用机关工作人员。总体来说,国考的招考条件相对比较严格,一般都要求全日制本科应届、历届毕业生,很多岗位有要求中共党员、硕士研究生、两年基层工作经历、英语四六级和计算机二级证书等。其考试时间相对比较稳定,一般安排在每年 10 月下旬报名,11 月考试。

省考是指地方各级党政机关、参公单位、社团等为招录机关工作人员和国家公务员而组织进行的各级地方性考试。总体来说,省考的招考条件相对国考更简单些,只有很少的一部分岗位有要求中共党员、两年基层工作经历、国家统一法律职业资格证书等,对英语四六级基本没有要求。其考试时间相对比较稳定,一般安排在每年 3 月报名,4 月考试。

国考和省考是两个性质一样,但属于不同层次的公务员招考录用,一般是单独进行、分开考试的，不存在什么从属关系。不论是从考试命题，还是岗位报考竞争压力的角度看，国考的难度都要大于省考。毕业生可根据自身的条件和实际情况，选择要报考的岗位，两者因为考试时间不同，所以可同时报考，相互之间不受影响。

(二)公务员的报考条件

(1)具有中华人民共和国国籍。

(2)18周岁以上、35周岁以下(按照有关政策规定对年龄条件有特殊要求的，以招考职位公布的为准)。

(3)拥护中华人民共和国宪法，拥护中国共产党领导和社会主义制度。

(4)具有良好的政治素质和道德品行。

(5)具有正常履行职责的身体条件和心理素质。

(6)具有符合职位要求的工作能力。

(7)具有大学专科及以上文化程度。

(8)具备中央或省级公务员主管部门规定的拟任职位所要求的其他资格条件。

(三)公务员的报考程序及注意事项

坚持公开、平等、竞争、择优的原则，坚持德才兼备、以德为先、人岗相适、人事相宜的原则，采取个人自主网上报名的办法，按照发布招考公告、网上报名与资格审查；笔试、面试、体检与考察、公示和录用等程序开展公务员招考录用工作。

在整个公务员考试的报考过程中，有一个环节需要特别注意：关于招考公告发布和网上报名平台。国考统一在中央机关及其直属机构考试录用公务员专题网站(网址：http://bm.scs.gov.cn/pp/gkweb/core/web/ui/business/home/gkhome.html)发布招考公告和进行网上报名。省考(以福建省为例)统一在福建省公务员考试录用网(网址：http://gwy.rst.fujian.gov.cn/)发布招考公告和进行网上报名。符合条件的毕业生须在规定期限内登录上述官方网站按要求进行网上报名，逾期无法补报。

二、事业单位考试

事业单位，是指由国家和政府利用国有资产设立的，带有一定的公益性质的机构，其主要是从事教育、科技、文化、卫生等活动的社会服务组织。一般来说，事业单位都有一个明显特征，其单位名称结尾通常带有院、校、所、站、场、中心、会、社、台、宫、馆等字，例如公立大中专院校、公立医院、公立中小学校(含幼儿园)、产品质量检验所、卫生监督所、质监站、林业工作站、粮油质量监测站、县乡公路管理站、国有林场、融媒体中心、审计中心、创业服务中心、景区管理委员会、官方报社、广播电视台、青少年宫、文化馆、博物馆、图书馆等。事业单位不属于政府机构，但接受各级地方政府领导，是表现形式为组织或机构的法人实体。

在我国，现有事业单位按照社会功能划分为承担行政职能、从事生产经营活动和从事公益服务三个类别。当前,全国上下正在推进各类事业单位改革,改革后会把从事公益服务的事业单位划分为两类:一是公益一类事业单位,其主要承担义务教育、基础性科研、公共文化、公共卫生及基层的基本医疗服务等基本公益服务;二是公益二类事业单位,其主要承担高等教育、非营利性医疗等公益服务。事业单位体制改革后,其工作人员享受的工资待遇和保险福利等也会按照国家有关的社会保障规定逐步实行社会化管理,但不管怎么改,事业单位工作人员工作相对稳定、薪资和福利等待遇不会减少,因此,事业单位考试依然还是众多毕业生就业方向的热门选择之一。

(一)事业单位和公务员有哪些区别

1. 工作性质和拨款方式不同

公务员属于各级国家机关或者政府部门的工作人员,主要是国家行政事务性工作,属于行政编制,其财政拨款方式属于财政全额拨款。而事业单位工作人员主要是从事教育、科技、文化、卫生等社会公益性或者是非营利性的工作,属于事业编制,其财政拨款方式根据单位性质分为财政全额拨款、财政差额拨款和财政自收自支三种类型。

2. 薪资待遇不同

在工资收入方面,不同省市或者地区,由于当地经济发展状况和消费水平不同,所在公务员和事业单位的工资收入会表现出明显的地区差异,但一般来说,在同一地区公务员的工资收入会比事业单位人员的工资要高一些。在保险福利方面,在同一地区公务员享受的保险福利也会比事业单位的人员要好一些。

3. 发展空间不同

由于事业编制的职位相对比较少,导致事业编制的工作人员晋升的机会和发展的空间受到很大影响。相对而言,公务员由于职数较多,晋升的机会和发展的空间也更大。

(二)事业单位的报考条件

(1)具有中华人民共和国国籍。

(2)18周岁以上,35周岁以下,按照有关政策规定对年龄条件有特殊要求的,以招考职位要求的为准。

(3)遵守中华人民共和国宪法、法律、法规。

(4)遵守纪律、品行端正,具备良好的职业道德。

(5)具备岗位所需的文化程度、专业、专业对应的学位证书、职业(执业)资格或技能条件等,具体以各类事业单位招考"岗位表"的要求为准。

(6)具有正常履行职责的身体条件和心理素质。

(7)具备岗位所需要的其他条件。

(三)事业单位的报考程序及注意事项

事业单位考试坚持公开、平等、竞争、择优的原则,由用人单位根据招聘岗位的任职条件及要求,采取考试、考核的方法进行。按照制定招聘计划、发布招聘信息、受理应聘人员的申请及资格条件审查、考试与考核、身体检查、确定拟聘人员、公示招聘结果、签订聘用合同和办理聘用手续等程序开展事业单位招聘工作。由于事业单位考试与公务员考试在报考程序和要求上基本一致，因此，事业单位的报考程序及注意事项也与公务员差不多，建议毕业生可参照公务员考试进行准备。此外，在报考过程中，毕业生还需要特别注意以下几点。

1. 关于事业单位招聘信息发布和网上报名平台

事业单位招聘信息通常发布在省、地级市的人社厅局所属的人事考试中心的网站上。福建省各类事业单位考试统一在福建考试报名网（网址：http://fjksbm.com/）发布事业单位招聘信息和进行网上报名。符合条件的毕业生须在规定期限内登录上述官方网站按要求进行网上报名，逾期无法补报。

2. 关于事业单位的加分政策

除了对各类基层志愿者项目按国家要求享受加分规定以外，事业单位为了充分体现对退役运动员、退役士兵所作贡献的肯定和激励，在招聘工作人员时，对退役运动员和退役士兵予以一定照顾。以福建省为例，退役运动员、退役士兵参加事业单位面向社会公开招聘工作人员考试，享有笔试成绩加分待遇，加分不受笔试满分限制。具体加分办法如下：（以下各项加分可以累计，但最高不得超过10分）

（1）曾获得世界体育三大比赛（奥运会、世锦赛、世界杯）第2～6名、亚洲体育三大比赛（亚运会、亚锦赛、亚洲杯）和全运会第2、3名、全国锦标赛、全国冠军赛冠军的运动员加9分；获得省运动会冠军、全国锦标赛、冠军赛第2、3名、亚洲体育三大比赛（亚运会、亚锦赛、亚洲杯）第4至6名、全国年度最高级别比赛冠军的运动员加7分。

（2）服役满13年以上的转业、复员士官加8分；服役满9年至12年的转业、复员士官加6分；服役满6年至8年的复员士官加4分；服役满3年至5年的复员士官加2分；荣立二等功以上转业士官、退役士兵另加3分；荣立三等功退役士兵另加2分；获得优秀士官和优秀士兵荣誉称号的退役士兵另加1分；伤残士兵另加3分；对长期在边防、高原、海岛等艰苦地区以及从事飞行、舰艇工作的退役士兵除享受以上加分外，可再加3分；入伍前是全日制普通大专以上毕业生（国家统招）的退役士兵，退役后除享受以上加分外，可再加5分。

在事业单位考试笔试成绩公布前，按照国家和省的有关规定，对服务基层项目的大学生志愿服务西部计划（含研究生支教团）、"三支一扶"计划、大学生志愿服务欠发达地区计划、大学生服务社区计划等聘用期满考核合格的毕业生及退役士兵、退役运动员中符合政策加分条件的考生必须按事业单位招聘公告的相关要求在规定时间内办好加分手续，逾期无法享受加分政策。

3. 关于事业单位笔试科目和时间安排

由于事业单位公开招聘涉及单位多，行业广，没有办法像公务员考试一样安排统一招聘考试，因此，事业单位考试在笔试内容和考试时间上差别很大。例如，各级市、县、区统一安排的事业单位招聘考试和中小学（含幼儿园）招聘要求相对稳定和一致，一般有统一组织招聘考试；而高等院校的招聘考试，由于不同院校、不同岗位的要求和招考时间存在差异较大,无法统一组织招聘考试,很多单位是单独发布招聘公告。在这里,主要介绍各级市、县、区统一安排的事业单位考试,中小学(含幼儿园)招聘考试将在后面章节单列详细介绍,高等院校招聘的程序和前面两个基本差不多,但学历要求比较高,一般要求硕士研究生及以上学历,本科生基本很难达到报考条件,在此就不做具体介绍。

各级市、县、区统一安排的事业单位招聘考试的笔试科目一般只考《综合基础知识》一科,试题全部为客观题,考试难易程度总体要比公务员相对简单,考试的主要内容包括政治和经济基本理论、公共行政管理、法律基础、职业能力、职业道德、科技和人文常识、福建省省情等,重点考查报考者的综合素质和能力。部分特殊专业职位的报考者,还要求参加专业科目笔试,加考"专业知识",考试内容主要包括各岗位相关的专业知识,考试题型与具体要求详见招聘公告。事业单位考试笔试的具体时间安排各地区间存在一定差异,具体以招考公告通知时间为准。建议毕业生要经常关注官方网站发布的信息。

4. 关于事业单位的面试和录用

根据事业单位招聘公告中规定的面试人数与计划录用人数的比例,在笔试合格的人员中,按照笔试成绩从高到低的顺序,确定各职位参加面试的人选。面试成绩最低合格线为 60 分。如个别岗位进入面试人数少于或等于招考人数时,考生的面试成绩须达到 70 分及以上,方可进入考察和体检。

面试前一般要进行资格复审。各招聘岗位由用人单位负责资格复审。资格复审期间,报考者因故自行放弃面试或资格复审不符合产生的空额,可由招聘单位主管部门提出递补申请,经区人社局批准,在报考该岗位且成绩达到笔试合格线的报考者中,从高分到低分依次递补面试人员。通过资格复审后正式面试名单将在面试前公示在福建考试报名网或者用人单位官方网站上。各级市、县、区统一安排的事业单位招聘考试的面试一般采取结构化面试方式,主要考查报考者的思想道德水平、综合知识和解决问题能力等。经考试、面试、体检合格、公示,并最终确定录用的事业单位工作人员,要与用人单位按规定签订聘用合同,确立人事关系。受聘人员按规定实行试用期制度,期满合格的正式聘用,不合格的解除聘用合同。试用期一般不超过 3 个月。

三、国有企业招考——银行招聘考试

国有企业招考主要包括国家电网、中国电信、中国移动、中国石油、烟草专卖局、国资控股的航空公司、轨道交通有限公司等国有企业招聘考试等。虽然每一个大型国有企业都有自己的企业文化和招聘要求,但他们的招聘程序基本上差不多,在此,选择具有一定代表性的银行招聘考试,进行专门介绍。

银行招聘考试包含政策性银行、国有商业银行、股份制商业银行、城市商业银行、农商银行和民营银行等各类银行校园招聘。通常各类银行都是以省分行为单位进行统一公开招聘。伴随经济全球化程度不断深入,网络和信息化不断发展,金融行业发展的国际化趋势也越来越明显和突出。可以说,金融行业已成为 21 世纪发展最有潜力、速度最快的行业之一。银行作为金融行业重要支柱和组成部分,也迎来了重大机遇,获得了快速发展,行业的快速发展也为其工作人员提供了良好的薪资待遇和福利保障。虽然在银行工作，还是会面临一些工作压力，但银行工作相对稳定，薪资和福利与银行工作人员的压力和付出也基本能成正比，有压力就会有挑战，有挑战需要有付出，有付出就会有收获和成长，因此，参加银行招聘考试就成为众多毕业生，特别是学习金融相关专业毕业生的首要就业选择。

（一）银行的分类

在我国，通常银行可分为以下几类。一是中央银行。中国的中央银行仅有一家：中国人民银行。二是政策性银行。主要包括：国家开发银行、中国进出口银行、中国农业发展银行。三是国有商业银行。主要包括：中国工商银行、中国农业银行、中国银行、中国建设银行、交通银行、中国邮政储蓄银行。四是全国性股份制商业银行（非国有资本参股银行）。主要包括：招商银行、浦发银行、中信银行、中国光大银行、华夏银行、中国民生银行、广发银行、兴业银行、平安银行、浙商银行、恒丰银行、渤海银行等。五是城市商业银行。主要包括：北京银行、上海银行、宁波银行、福建海峡银行、厦门银行、泉州银行等。六是民营银行。主要包括：微众银行、北京中关村银行、浙江网商银行等。七是农商银行（农村信用社）。主要包括：北京农商银行、上海农商银行、福建农商银行（福建农村信用社）等。八是外资银行。主要包括：汇丰银行、恒生银行、花旗银行、渣打银行等。

（二）银行招聘考试的报考条件

（1）诚实守信，遵纪守法，品行端正，无不良记录。

（2）具有较强的学习能力、沟通能力、敬业精神和团队协作精神。

（3）要求要全日制大学本科及以上学历的应届毕业生（部分银行也招往届毕业生）。

（4）专业不限，但大学所学专业为数理统计、经济学、管理学、理学、工学、文学等门类相关专业具有较大的优势。

（5）部分银行对毕业生英语水平有做要求：大学本科毕业生须通过国家大学英语四级（CET4）考试（成绩不低于425分），或托业（TOEIC）听读公开考试（成绩不低于630分），或新托福（TOEFL-IBT）考试（成绩不低于75分），或雅思（IELTS）考试（成绩不低于5.5分）。英语专业毕业生应至少达到英语专业四级（含）以上水平。

（6）具有正常履行工作职责的身体条件，具备健康良好的心理素质和综合素质。

（7）符合应聘职位的其他资格条件和胜任能力。

【推荐阅读】

各类银行招聘信息官方网站

中国银行招聘公告专题网：https://www.boc.cn/aboutboc/bi4/。

中国工商银行人才招聘网：http://www.icbc.com.cn/icbc/。

中国建设银行诚聘英才网：http://job.ccb.com/cn/job/index.html。

中国农业银行人才招聘网：https://career.abchina.com/build/index.html。

交通银行人才招聘网：https://job.bankcomm.com/societyPosition.do。

中国邮政储蓄银行招聘公告网：http://psbcjrkj2020.zhaopin.com/index.html。

中国光大银行招聘网：http://cebbank.51job.com/job.php。

兴业银行招聘英才网：https://www.cib.com.cn/cn/aboutCIB/about/jobs/index.html。

福建农商银行(福建农村信用社)人才招聘网：https://career.fjnx.com.cn/signup。

银行考试网：http://www.bankksw.com/。

第三节　选调生

选调生，是对各省党委组织部门有计划地从高等院校选调品学兼优的应届大学本科及其以上毕业生到基层工作，作为党政领导干部后备人选和县级以上党政机关高素质的工作人员人选进行重点培养的群体的简称。

当今，中国特色社会主义已经进入新时代，建设社会主义现代化强国，实现中华民族伟大复兴的中国梦需要大批德才兼备、又红又专、全面发展的优秀年轻干部，选调优秀应届本科毕业生到基层锻炼有助于培养选拔储备高素质、专业化、接地气的年轻干部，为新时代中国特色社会主义事业发展提供重要的人才支持。本节将以 2020 年福建省选调生考试为例，介绍选调生考试的报考条件、程序以及相关的注意事项。

一、选调生与公务员的区别

1. 报考条件不同

考选调生和考公务员在报考条件上还是存在很大的差别。不论是国家公务员考试还是省公务员考试，虽然也有专业不限的岗位，但这些专业不限的岗位相对比较少，而且一旦专业不限，报考人数就会特别多，竞争压力就特别大。一般情况下大部分岗位对考生专业都有一定要求，通常是要求专业大类，例如：中国语言文学类、法学类、会计与审计类、经济学大类、管理学大类、计算机科学与技术类等。如果毕业生所学的专业与公务员招录的具体专业要求不一致，那就连报考的资格都没有。与此不同的是，除了少量法院类或者检察院类专项选调对毕业生岗位有专业要求，大多数选调生对毕业生所学的专业没有限制。但选调生对毕业生在大学期间的社会工作经历和综合表现更为关注，例如：有没有担任过学生干部、学业成绩是否优良等，如果这些条件达不到要求，那么也不能报考选调生。

2. 工作去向不同

一般而言，考公务员的工作去向是毕业生可以自主选择的。报考时你选择什么岗位，只要你能考上，就可以到这个岗位所在单位上班。如果当时你报考的是国家部委或者是省直机关，就可以不用去基层。当然，选择报考这些国家部委或者是省直机关岗位的考试压力更大，而且很多岗位还要求要有两年以上基层工作经验。与此不同的是，选调生考试本身就是面向基层选拔优秀的应届大学生，因此，考选调生的工作去向是很明确的，就是去乡镇，而且一般要求必须在所在乡镇服务满 3 年。一些地方甚至还要求选调生必须先到村任职两年时间，再回所在单位。

3. 培养措施不同

一般而言，公务员到自己岗位上班后更多的是由所在单位或者所在单位的主管部门进行统一培养。而选调生到基层工作后，是由各级组织部门共同进行培养。通过举办岗前培训、脱产轮训、抽调到上级党政机关跟班学习、达到规定年限后，鼓励参加公开遴选等有力措施进行重点跟踪培养，帮助选调生实现更好更快成长。

4. 发展前景不同

选调生是省、市、县委组织部掌握的后备干部，一般是由各省组织部门进行统一招录和选派，选调生分配到相应的岗位上工作之后，要接受所在单位和当地组织部门的双重管理。选调生的培养方向就是储备优秀年轻干部，培养基层党政领导干部后备人选。组织部门本来就是负责干部培养和管理的，这就意味着，如果毕业生能够考上选调生，并且在基层工作中表现突出，更容易进入组织部门的视野，也比普通公务员有更多的机会获得提拔和晋升。而不论是国家公务员还是省公务员，都只是普通的机关工作人员。总的来说，选调生发展前景要比公务员更好。

二、选调生的报考条件

（1）突出政治标准，坚持品学兼优，有正确的政治立场和政治态度，坚决维护习近平总书记的核心地位，坚决维护党中央权威和集中统一领导，牢固树立"四个意识"和"四个自信"，自觉践行社会主义核心价值观，爱党爱国，有理想抱负和家国情怀，甘于为国家和人民奉献，志愿到基层和艰苦地区工作。

（2）有较强的组织协调、人际沟通和语言文字表达能力。品行端正，作风朴实，遵纪守法，诚实守信，吃苦耐劳，组织纪律观念强，服从组织安排。

（3）学习勤奋刻苦，专业基础扎实，学业成绩优良。本科生必须取得学士学位。

（4）身体、心理健康，能够适应基层工作和生活环境，身体状况必须符合国家规定的公务员录用体检标准。

（5）高校应届毕业生，须符合下列条件。

第一、本科生在大学学习期间应担任过学生干部。沿海（包括福州市、厦门市、漳州市、泉州市、莆田市、平潭综合实验区，下同）生源的本科生，担任党支部书记、班长、团支部书记或校级团委、学生会副部长、院（系）级团委、学生会部长以上职务不少于 1 年；担任党支部副书记、副班长、团支部副书记或院（系）级团委、学生会副部长以上学生干部不少于 2 年。

山区(包括三明市、南平市、龙岩市、宁德市,下同)生源的本科生,担任党支部副书记、副班长、团支部副书记或院(系)级团委、学生会副部长以上学生干部不少于1年。

23个省级扶贫开发工作重点县生源的本科生,担任班委以上学生干部不少于1年。

第二、18周岁以上,本科生年龄不超过25周岁。

第三、党政类选调生,在同等条件下,侧重选调土建、财政金融、环境生态、交通水利、海洋科学、农业经济、会计审计等专业的毕业生。法院、检察院类选调生,仅限于法律专业毕业生报考,其中:沿海生源必须通过国家司法考试或统一法律职业资格考试;山区生源通过国家司法考试或统一法律职业资格考试的,在同等条件下予以优先选调。

上述应届毕业生,本科生必须是参加普通高等学校全国统一考试或按规定免于考试录取的,研究生必须是参加统一招生考试或按规定免于考试录取的。定向、委培以及自学考试、函授教育、网络教育、成人教育等毕业生不列入选调范围。

对具备上述条件的中共党员、优秀学生干部、获得校级以上奖励、具有参军入伍经历和少数民族的优秀毕业生在同等条件下予以优先选调。

对革命老区、中央苏区给予适当倾斜,对具备上述条件的革命老区县、中央苏区县生源的优秀毕业生,在同等条件下予以优先选调。

有违法违纪违规行为、学术不端和道德品行问题的,在校学习或到村任职期间受过处分的,以及存在公务员法等法律法规规定不得录用为公务员情形的,不得推荐报考。

三、选调生的报考程序及注意事项

坚持公开、平等、竞争、择优的原则,采取个人报名与组织推荐、考试与考察相结合的办法,按照一定要求确定分配名额、报名和资格审查、统一组织考试、组织考察、组织体检、确定拟录用人选、进行公示和决定录用等程序开展选调工作。

在整个选调生考试的报考过程中,有以下几个环节需要特别注意。

1. 关于选调生网上报考时间和平台

福建省委组织部会统一在福建人才联合网(网址:www.fjrclh.com)发布选调公告。报名时间一般在每年的11—12月。符合条件的毕业生须在规定期限内登录福建人才联合网"福建省2021年选调生报名系统"按要求进行网上报名。

2. 关于选调生分类和志愿填报

福建省选调生分为党政、法院、检察院三种类别,在填报志愿时,每位考生仅限报其中一类。本科生原则上按照生源地(即参加高考时本人户籍所在地)报名。

3. 关于选调生资格审查

资格审查由毕业生所在高校党委负责。高校党委组织部会同学生工作处进行资格审查,根据学生的综合素质,按推荐计划数1:10比例和男女合适比例推荐人选,报省委组织部复核后确定。最后,高校对确定推荐考试人选进行为期5个工作日的公示。

4. 关于选调生考试科目和时间安排

福建省一般安排在每年1月份进行选调生资格考试。本科生考试科目为"行政职业能力测验"和"申论"，考试时间为下午 2:00—5:10，其中 2:00—3:30 为"行政职业能力测验"考试，3:30—5:10 为"申论"考试(其中 3:30—3:40 发放考卷)。

5. 关于选调生考察人选的确定

省委组织部会同省直有关部门根据选调生类别、报考地区以及资格考试成绩，确定考察人选最低合格分数线，考察人选从最低合格分数线以上的人员中确定。应届毕业生按选调计划数 1:2，从高分到低分依次确定考察人选名单。

6. 关于选调生录用相关事宜

对确定录用的选调生，由省委组织部向应届毕业生所在高校党委组织部或学生工作处发出选调录用通知。选调生名单确定后，被录用人员必须服从组织安排，未经省委组织部、省教育厅同意不得改派。新录用的选调生分配到县(市、区)以下机关应服务满 4 年(含试用期，下同)，分配到乡镇的，在所在乡镇应服务满 3 年；定向招录到 23 个省级扶贫开发工作重点县的，须与当地组织部门签订 5 年最低服务年限的协议。

7. 关于选调生工作去向的安排

福建省 2020 年选调生原则上安排回生源地所在县(市、区)工作。本科生均安排到有空编的乡镇或县(市、区)法院、检察院工作。应届毕业生录用为选调生，须到村任职两年时间。选调生到村任职，是中共正式党员的，安排担任村党组织书记助理；是中共预备党员或非中共党员的，安排担任村委会主任助理。到村任职期间，履行大学生村官有关职责，按照大学生村官管理。

【案例阅读】

选调一年的"感"与"悟"

习近平总书记高度重视、极为关心青年干部的成长，明确指出"干部成长无捷径可走，经风雨、见世面才能壮筋骨、长才干"。结合一年的工作经历，就如何在工作中磨炼"真功夫"、学就"真本领"、展现"新作为"，谈谈我的"感"与"悟"。

生活中不断提升自我

要坚定理想信念，保持"咬定青山不放松"的定力。"本根不摇，则枝叶茂荣。"思想是行动的先导，坚定的理想信念是我们不断前进的动力。选调生要严守政治纪律和政治规矩，始终做到对党忠诚，时刻坚守马克思主义信仰和共产主义远大理想，将个人理想与国家富强、民族振兴、人民幸福的伟业紧密结合起来，把党的初心、党的使命时刻铭记在心，不断加强党性修养，补足精神"钙"，拧紧思想"总开关"。

要锻造过硬本领，展现"千磨万击还坚劲"的斗志。"温室里长不出参天大树，懈怠者干不成宏图伟业。"选调生要紧紧抓住国家发展机遇，到基层去，到人民群众最需要的地方去，敢于担当、勇挑重担，不"挑肥拣瘦"，不"拈轻怕重"。在困难考验中砥砺政治品格，在大风大浪中锤炼过硬本领、增长才识胆力，以"天将降大任"的时代使命感、"时不我待只争朝夕"的紧迫感和"功成必定有我"的担当责任感,努力践行时代赋予的使命。

协助城管清理违章堆放

要用心为民服务,培养"一枝一叶总关情"的情怀。习近平总书记说,"群众的一桩桩'小事',是构成国家、集体大事的'细胞'。小的'细胞'健康,大的'肌体'才会充满生机与活力。"选调生要牢记为人民谋幸福的初心,不忘为民族谋复兴的使命,厚植人民情怀,用心服务,放下架子、俯下身子、耐下性子,时刻把人民群众安危冷暖放在心上,真正成为群众的贴心人。

(资料来源:学习强国江苏学习平台,网址:https://www.xuexi.cn/lgpage/detail/index.html? id=1085906781295388509&item_id=1085906781295 388509,2021 年 4 月 3 日。)

第四节 教师招考

"百年大计,教育为本。教育大计,教师为本。"习近平总书记也一直非常重视教育发展和教师工作,多次强调:教师是人类灵魂的工程师,是人类文明的传承者,要使教师成为"最受社会尊重的职业"。同时,要求全党全社会要弘扬尊师重教的社会风尚,努力提高教师政治地位、社会地位、职业地位,让广大教师享有应有的社会声望,在教书育人岗位上为党和人民事业作出新的更大的贡献。从中观上看,幼儿园和中小学生源的数量在不断增多,各地都加大了教育投入,新建了很多的学校,这也意味着社会对教师的需求量也在不断增大,可见,教师这个职业前景是非常光明的。从微观个体上看,教师的工资待遇越来越好,教师的社会地位和社会认可度也在不断提高,尊师重教的社会氛围逐渐形成,教师个体的获得感和幸福感也不断增强。所有这些,加强了教师这个职业对毕业生的吸引力。因此,通过参加教师招考成为一名光荣的人民教师是许多毕业生,特别是师范类毕业生的首要目标。

教师招考主要是指公办中小学幼儿园新任教师公开招聘考试,包含公办的普通中学、小学、特殊教育学校和教育部门主管的幼儿园等,招考由笔试和面试两个部分组成,笔试主要从教师应有的专业理念与师德、专业知识和专业能力等方面进行全面考核,择优录取,具有较高的信度、效度,必要的区分度和适当的难度。笔试考试结果将作为中小学幼儿园新任教师公开招聘入围面试的依据。虽然全国各省在教师招考上没有统一的考试和要求,但他们的招聘程序和考试的内容基本上差不多,本节将以 2020 年福建省中小学幼儿园新任教师公开招聘为例,介绍教师招考的报考条件、程序以及相关的注意事项。教师招考的报考条件有以下四点。

(一)基本要求

(1)具有中华人民共和国国籍。
(2)年满 18 周岁。

(3)拥护中华人民共和国宪法。

(4)具有良好的品行。

(5)具有正常履行职责的身体条件。

(6)岗位所需的其他资格条件。

(二)学历学位要求

(1)学历类别:本、专科要求全日制普通院校学历;研究生要求本科阶段为全日制普通院校学历,研究生阶段不限学历类别要求。

(2)学历层次:本、专科及以上学历。其中报考小学和幼儿园岗位的须具备国民教育系列大专及以上学历,报考普通中学和职业学校岗位的须具备国民教育系列本科及以上学历。

(3)学位要求:具备与学历层次相应的学位(大专学历的无学位要求)。

(三)专业要求

要求大学所学专业(以毕业证书上标注的专业名称为准)与所报学科岗位专业对口,具体详见各地地招考简章。一些岗位还特别要求师范类专业,那么非师类专业就不能报考。

(四)教师资格要求

一般要求具有所报考学科相应岗位的教师资格证。应届毕业生,暂未取得教师资格证书的,要求面试资格审核时需提供教育部教师资格考试中心颁发的教师资格考试合格证明或教师资格笔试科目成绩均合格证明,并在报到时必须提供教师资格证,否则不予聘用;研究生在报名(到)时可暂不要求提供教师资格证,要求报到之日起一年内必须取得幼儿园教师资格证,否则予以解聘。

关于教师招考网上报考时间和平台。福建省统一在"福建省教师公开招聘考试报考平台"(网址:http://jszk.eeafj.cn/news8703)发布招考信息和进行网上报名。报名时间一般在每年的3月。符合条件的毕业生须在规定期限内登录"福建省教师公开招聘考试报考平台"按要求进行网上报名。

【拓展阅读】

"百年大计,教育为本。教育大计,教师为本。"党的十八大以来,以习近平同志为核心的党中央高度重视教师队伍建设问题,在不同场合多次强调教师工作的重要意义。

百年大计,教育为本。教师是立教之本、兴教之源,承担着让每个孩子健康成长、办好人民满意教育的重任。

——2013年9月9日,习近平致全国广大教师的慰问信教师要时刻铭记教书育人的使命,甘当人梯,甘当铺路石,以人格魅力引导学生心灵,以学术造诣开启学生的智慧之门。

——2014 年 5 月 4 日,习近平在北京大学师生座谈会上的讲话

全国广大教师要做有理想信念、有道德情操、有扎实知识、有仁爱之心的好老师,为发展具有中国特色、世界水平的现代教育,培养社会主义事业建设者和接班人作出更大贡献。

——2014 年 9 月 9 日,习近平在同北京师范大学师生代表座谈时讲话

教师重要,就在于教师的工作是塑造灵魂、塑造生命、塑造人的工作。一个人遇到好老师是人生的幸运,一个学校拥有好老师是学校的光荣,一个民族源源不断涌现出一批又一批好老师则是民族的希望。

——2014 年 9 月 9 日,习近平在同北京师范大学师生代表座谈时讲话

好老师要有“捧着一颗心来,不带半根草去”的奉献精神,自觉坚守精神家园、坚守人格底线,带头弘扬社会主义道德和中华传统美德,以自己的模范行为影响和带动学生。

——2014 年 9 月 9 日,习近平在同北京师范大学师生代表座谈时讲话

发展教育事业,广大教师责任重大、使命光荣。希望你们牢记使命、不忘初衷,扎根西部、服务学生,努力做教育改革的奋进者、教育扶贫的先行者、学生成长的引导者,为贫困地区教育事业发展、为祖国下一代健康成长继续作出自己的贡献。

——2015 年 9 月 9 日,习近平给“国培计划(二〇一四)”北师大贵州研修班参训教师的回信

各级党委和政府要满腔热情关心教师,让广大教师安心从教、热心从教、舒心从教、静心从教,让广大教师在岗位上有幸福感、事业上有成就感、社会上有荣誉感,让教师成为让人羡慕的职业。

——2016 年 9 月 9 日,习近平在北京市八一学校看望慰问师生时讲话

教师做的是传播知识、传播思想、传播真理的工作,是塑造灵魂、塑造生命、塑造人的工作。教师不能只做传授书本知识的教书匠,而要成为塑造学生品格、品行、品味的“大先生”。

——2016 年 12 月 7 日,习近平在全国高校思想政治工作会议中讲话

全面深化新时代教师队伍建设改革,要全面贯彻党的教育方针,坚持社会主义办学方向,遵循教育规律和教师成长发展规律,全面提升教师素质能力,深入推进教师管理体制机制改革,形成优秀人才争相从教、教师人人尽展其才、好老师不断涌现的良好局面。

——2017 年 11 月 20 日,习近平在十九届中央全面深化改革委员会第一次会议上讲话

评价教师队伍素质的第一标准应该是师德师风。师德师风建设应该是每一所学校常抓不懈的工作,既要有严格制度规定,也要有日常教育督导。我们的教师队伍师德师风总体是好的,绝大多数老师都敬重学问、关爱学生、严于律己、为人师表,受到学生尊敬和爱戴。同时,也要看到教师队伍中存在的一些问题。对出现的问题,我们要高度重视,认真解决。

——2018 年 5 月 2 日,习近平在北京大学师生座谈会上的讲话中讲话

今年是决胜全面建成小康社会、决战脱贫攻坚之年，全国广大教师用爱心和智慧阻断贫困代际传递，点亮万千乡村孩子的人生梦想，展现了当代人民教师的高尚师德和责任担当。希望广大教师不忘立德树人初心，牢记为党育人、为国育才使命，积极探索新时代教育教学方法，不断提升教书育人本领，为培养德智体美劳全面发展的社会主义建设者和接班人作出新的更大贡献。

——2020 年 9 月 10 日，习近平向全国广大教师和教育工作者致以节日祝贺和诚挚慰问

第五节　参军入伍

习近平总书记给南开大学 8 名新入伍大学生的回信

阿斯哈尔·努尔太等同学：

你们好！我看了来信，得知你们怀揣着从军报国的理想，暂别校园、投身军营，你们的这种志向和激情，让我感到很欣慰。

自古以来，我国文人志士多有投笔从戎的家国情怀。抗战时期，许多南开学子就主动奔赴沙场，用鲜血和生命诠释了爱国、奉献的精神内涵。如今，你们响应祖国召唤参军入伍，把爱国之心化为报国之行，为广大有志青年树立了新的榜样。

希望你们珍惜身穿戎装的机会，把热血挥洒在实现强军梦的伟大实践之中，在军队这个大舞台上施展才华，在军营这个大熔炉里淬炼成钢，书写绚烂、无悔的青春篇章。

习近平

2017 年 9 月 23 日

《中华人民共和国宪法》规定："依照法律服兵役和参加民兵组织是中华人民共和国公民的光荣义务。"大学生是国家宝贵的人才资源，征集大学生参军入伍，既是建设巩固国防和强大军队的迫切需要，也是服务经济社会发展和维护国家长治久安的客观要求，是一项利国利军利民的大事好事。大学生走入军营，能够改善部队士兵队伍的素质结构，为军队信息化建设注入生机和活力。部队也是青年学生成长成才的大学校，是砥砺品格、增强意志的好课堂，是施展才华、成就事业的大舞台。国防和军队现代化建设，迫切需要一大批有责任、敢担当的有志青年携笔从戎、报效祖国。从 2001 年以来，成千上万大学生，在部队建功立业，有的成长为部队的带兵骨干，成为共和国军官，还有的退役后，不改军人本色，展示军人风采，成为各行各业的优秀人才。因此，选择参军入伍会成为大学生一生中最宝贵的人生经历和财富。

一、基本条件

（一）政治条件

征集服现役的高校毕业生必须符合一定的政治条件，具体包括：热爱中国共产党，热爱社会主义祖国，热爱人民军队，遵纪守法，品德优良，决心为抵抗侵略、保卫祖国、保卫人民的和平劳动而英勇奋斗。征兵政治审查的内容包括：应征公民的年龄、户籍、职业、政治面貌、宗教信仰、文化程度、现实表现以及家庭主要成员和主要社会关系成员的政治情况等。

（二）基本身体条件

大学生参军入伍的身体要求一般要符合国防部颁布的《应征公民体格检查标准》和有关规定，具体来说，主要有以下四项：

（1）身高：男性160cm以上，女性158cm以上。

（2）体重：标准体重＝（身高－110）Kg。男性：不超过标准体重的30％，不低于标准体重的15％；女性：不超过标准体重的20％，不低于标准体重的15％。

（3）视力：大学生一般要求右眼裸眼视力不低于4.6，左眼裸眼视力不低于4.5。经准分子手术后半年以上，双眼视力均达到4.8以上，无并发症，眼底检查正常，合格。（色盲的学生视力为不合格。）

（4）血检：乙型肝炎表面抗原检测结果要求阴性等等。

（三）年龄要求

男性普通高等学校应届本科毕业生、在校生报名年龄一般要求18～24周岁，刚入学新生男兵报名年龄一般要求18～22周岁。女性普通高等学校应届本科毕业生、在校生报名年龄一般要求18～22周岁。

（四）服役时间

在我国义务兵服役时间一般为两年。

二、报名方式

大学生参军入伍一般在每年3—4月启动，由国防部征兵办公室组织统一部署，并通过应征地人民武装部和高校征兵工作站（一般设在高校武装保卫部）具体负责组织和实施。高校收到上级征兵通知后，在全校范围进行广泛的宣传和动员，并按规定要求引导应届毕业生、在校生和当年度大学新生做好报名相关工作。符合当年征兵基本条件的应届毕业生、在校生和当年度大学新生可登录"全国征兵网"（网址：http://www.gfbzb.gov.

cn)按要求进行网上报名。

三、优惠政策

为鼓励大学生参军入伍，国家和地方出台了一系列鼓励措施和优惠政策，主要包括以下十个方面。

1. 优先优待

大学生参军入伍除享受义务兵正常优待外，还享受优先报名应征、优先体检政审、优先审批定兵、优先安排使用的政策，大学生合格一个批准入伍一个。

对批准入伍的大学生在安排去向时，优先安排到军兵种或专业技术要求高的部队服役。

2. 国家资助学费

大学生参军入伍服义务兵役，退役后复学或入学，国家实行学费补偿、国家助学贷款代偿、学费减免。学费补偿、国家助学贷款代偿以及学费减免的标准，本专科生每人每年最高不超过 8000 元，研究生每人每年最高不超过 12000 元。（专科、本科、研究生阶段选择一个阶段资助。）

3. 享受政府发放的优待金和奖励金

大学生参军入伍不仅可获得地方政府给予的家庭优待金，而且还可以享受一次性奖励金。优待金和奖励金标准每个地方会略有不同，具体以参加应征地武装部通知为准。

4. 选拔培养

（1）对符合士官选取条件的士兵，同等条件下具有全日制大专以上学历的优先选取。（2）中共党员或者入党积极分子；大学本科毕业及以上学历的；入伍 1 年半以上；被评为优秀士兵；年龄不超过 26 周岁可直接提干。（3）参加优秀士兵保送入学对象选拔，年龄放宽 1 岁（不超过 26 周岁），同等条件下优先列为推荐对象，符合有关条件的，可保送入军队院校培训。本科以上学历的，安排 6 个月任职培训；专科学历的，安排 2 年本科层次学历培训。

5. 退役复学（升学）

（1）考试升学加分：普通高校应届毕业生应征入伍服义务兵役退役后 3 年内参加全国硕士研究生招生考试，初试总加分 10 分，同等条件下优先录取；在部队荣立二等功及以上的，符合研究生报名条件的可免试（指初试）攻读硕士研究生。（2）国家设立"退役大学生士兵"专项硕士研究生招生计划，每年专门面向退役大学生士兵招生。自 2021 年硕士研究生招生起，计划由目前的每年 5000 人扩大到 8000 人，并重点向"双一流"建设高校倾斜。专项计划在全国研究生招生总规模内单列下达，不得挪用。

6. 公务员招考

（1）在招录公务员、参照公务员法管理机关（单位）工作人员，招聘事业单位工作人员时，同等条件下优先录用（聘用）符合政府安排工作条件的退役大学生士兵；退役士兵报考公务员、应聘事业单位职位的，在军队服现役经历视为基层工作经历，服现役年限计算为工龄。(2)每年全省公务员招录安排10％,用于定向招录退役大学毕业生士兵。(3)在政法干警招录中,各地拿出政法干警招录培养体制改革试点招录培养计划的20％左右,用于招录大学生退役士兵,不再实行加分政策。对在服役期间荣立个人三等功以上奖励的退役士兵,报名和录用时在同等条件下优先考虑。鼓励高学历退役士兵报考试点班,并适当增加招录大学生退役士兵的比例。(4)适当提高政法干警招录培养体制改革定向招录退役军人比例,应征入伍的高校毕业生退役后报考试点班的,教育考试笔试成绩总分加10分。

7. 事业单位招考

(1)鼓励机关、社会团体、企事业单位在招聘工作人员时,拿出一定比例的招聘岗位面向符合招聘条件的退役士兵实行定向招聘。事业单位根据岗位需要可采取直接考核方式接收符合考核聘用条件的退役大学生士兵,也可采取有限竞争招聘方式专门面向退役大学生士兵招考。(2)复员士官服役3～5年加2分,6～8年加4分,9～12年加6分;荣立三等功另加2分;获得优秀士官(兵)另加1分;大学生退役士兵可另加5分。

8. 纳入基层服务计划

(1)乡镇补充干部、基层专职武装干部配备时,注重从退役大学生士兵中招录;对返乡务农的退役大学生士兵,鼓励通过法定程序积极参与村居"两委"班子的选举。(2)在军队服役5年(含)以上的高校毕业生士兵退役后可以报考面向服务基层项目人员定向考录的职位,同服务基层项目人员共享公务员定向考录计划,优先录用建档立卡贫困户家庭高校毕业生退役士兵。

9. 国有企业招聘

(1)国有、国有控股和国有资本占主导地位的企业在新招录职工时拿出5％的工作岗位,在符合政府安排工作条件的退役士兵之间公开竞争,用人单位择优招录。(2)机关、社会团体、企业事业单位在招收录用工作人员或聘用职工时,对退役军人的年龄和学历条件适当放宽。(3)国有企业招聘安排15％用于定向招录(聘)退役大学毕业生士兵。

10. 其他就业创业相关政策

(1)高校毕业生士兵退役后一年内,可视同当年的应届毕业生,凭用人单位录(聘)用手续,向原就读高校再次申请办理就业报到手续,户档随迁。(2)退役高校毕业生士兵可参加户籍所在地省级毕业生就业指导机构、原结业高校就业招聘会,享受就业信息、重点推荐、就业指导等就业服务。(3)省和设区市根据实际需要每年组织退役大学生士兵企业专场招聘会。退役后自主创业的大学生,依法享受税收优惠,3年内免收行政事业性收费。符合支持创业小额担保贷款条件的,每年可向当地支持创业小额的创业担保中心申请最高20万元的小额担保贷款。(4)退役军人可选择接受一次免费培训(免学杂费、免住宿费、免技能鉴定费),并按照规定享受培训期间生活补助。

【案例阅读】

学习成绩从倒数变第一，退伍"学霸"太励志
——南京航空航天大学路明威

他是退伍军人，曾在祖国的边防线上戍边卫国。他也是"逆袭学霸"，退伍一年后成绩从倒数提升至班级第一。

军旅的磨炼让他有着坚韧的毅力和不服输的精神，每天6时20分起床背单词，坚持"打卡"360天，碰到不懂的知识点就努力去钻研，直到学懂弄通为止。

努力终于得到回报，退伍一年后，他的绩点从2.1上升至4.4，位列班级第一、年级第二，获得国家奖学金、校"三好学生"、校"优秀志愿者"等荣誉。他就是南京航空航天大学自动化学院学生路明威。

环境艰苦，容貌大变

"我走了，我要去守边防，可能永远都不会回来了。"这是路明威在入伍前在日记里写的。2017年，大二的路明威来到了西藏边防，所在部队是新中国第一支入藏部队。路明威所在的哨所是建立在悬崖峭壁之上、海拔4655米的"云中哨所"——詹娘舍，四季与风雪为伴，那是"鹰都飞不过去的地方"。

一年12个月，7个月在下雪，紫外线烧灼皮肤，严寒渗透进骨骼。在外执行任务时，防寒面罩上的雪融化了，很快又结成冰，又融化，又结成冰，最后冻成了一副"冰盔甲"。"补给物资要靠我们自己背上山，每人至少背20千克，一去一回就要6个小时。"没有电，他们就每天用电两个小时；没有水，他们就化冰雪取水。最长一次有四个月，路明威才在海拔3000多米的连部洗上了一次热水澡。

在哨所，入伍一年的路明威借着微弱的信号第一次接通了外婆的视频通话。外婆端详许久，硬是没有认出他来，直到路明威喊了一声"外婆"，外婆才把自己的目光聚焦在眼前的人身上，"你怎么黑成这样了"，外婆眼里闪着泪花，"威威，你这段时间怎么过的？"路明威连声安慰："不苦不苦，这是阳光'养'出来的高原红。"

解决边境冲突，流过血，受过伤，未曾退缩

2019年年初，路明威的班长突发高原心脏病，将生命永远留在了雪山上。"来到这里就已经做好了牺牲的准备。"服役两年间，路明威长期驻守哨所，参加武装巡逻，解决边境冲突，流过血，受过伤。"祖国把边境线交给我们，我们要用血肉和生命去守护。"因在执勤训练中表现突出，他被推选为分区标兵，荣获"优秀义务兵"、团嘉奖各一次。

哨所还时常收到来自祖国各地的感谢信，一名初中生攒钱买了巧克力寄来哨所："你们想家的时候，吃到甜甜的巧克力就会好一些。"每每收到类似的感谢信，路明威的心都暖了起来。

重返校园后，"逆袭"成为"学霸"

退伍后，路明威回到校园，昔日的同学都已经上大四了。因为两年的休学，他在学习

上遇到了很大的困难。面对这样的困境,他选择迎难而上。"我在戍边的时候从未怕过,因为我的身后是祖国的钢铁洪流和母校参与研制的战鹰。希望未来有一天,我也能参与这些装备的研制工作,所以我必须学好专业知识。"

"我们军人就像一颗颗雪莲花的种子,无论是在山峦的顶峰,还是在山脚下,都应该努力地发芽成长,奉献出自己的美丽和价值。"这是路明威在入边防申请书中写的,在挑战中不断突破自己,军营给了他最坚实的"盔甲"。

（资料来源:搜狐网,网址:https://www.sohu.com/na/465694228_121106832,2021年5月11日。）

第六节　志愿项目

习近平致中国志愿服务联合会第二届会员代表大会的贺信

值此中国志愿服务联合会第二届会员代表大会召开之际,我谨向大会的召开表示热烈的祝贺! 向广大志愿者、志愿服务组织、志愿服务工作者致以诚挚的问候!

志愿服务是社会文明进步的重要标志。党的"十八大"以来,广大志愿者、志愿服务组织、志愿服务工作者积极响应党和人民号召,弘扬和践行社会主义核心价值观,走进社区、走进乡村、走进基层,为他人送温暖、为社会作贡献,充分彰显了理想信念、爱心善意、责任担当,成为人民有信仰、国家有力量、民族有希望的生动体现。希望广大志愿者、志愿服务组织、志愿服务工作者立足新时代、展现新作为,弘扬奉献、友爱、互助、进步的志愿精神,继续以实际行动书写新时代的雷锋故事。

中国志愿服务联合会要认真履行引领、联合、服务、促进的职责,为广大志愿者、志愿服务组织服务他人、奉献社会创造条件。各级党委和政府要为志愿服务搭建更多平台,给予更多支持,推进志愿服务制度化常态化,凝聚广大人民群众共同为实现"两个一百年"奋斗目标、实现中华民族伟大复兴的中国梦贡献力量。

习近平
2019 年 7 月 23 日

为了拓宽就业渠道,引导更多的大学毕业生转变就业观念,面向基层就业,党和政府出台多项优惠政策,鼓励和号召毕业生到基层去、到西部去、到农村去、到祖国和人民最需要的地方去建功立业。近几年,国家和地方继续加大力度,组织实施各类国家地方志愿项目,每年选派一批毕业生到基层开展志愿服务。志愿项目主要包含:大学生志愿服务西部计划、"三支一扶"计划、大学生志愿服务欠发达地区计划、大学生服务社区计划等。

一、大学生志愿服务西部计划

(一)项目简介

大学生志愿服务西部计划简称"西部计划"，是由团中央、教育部、财政部、人力资源社会保障部等部门根据国务院常务会议和全国高校毕业生就业工作会议精神，联合组织实施的大学生基层就业计划。从 2003 年开始，每年都招募一定数量的普通高等学校应届毕业生或在读研究生，到西部基层开展为期 1—3 年的志愿服务工作，鼓励志愿者服务期满后扎根当地就业创业。

西部计划实施 15 年来，已累计选派 27 万余名大学生志愿者到中西部 22 个省区市及新疆生产建设兵团的 2100 多个县市区旗基层服务。西部计划实施以来，综合成效明显。作为实践育人工程，引导具有理想主义情怀的青年人，通过火热的西部基层实践进一步坚定理想信念，锤炼意志品格，升华志愿情怀；作为就业促进工程，引导和帮助高校毕业生树立正确的就业观，并为他们搭建到西部去、到基层去、到祖国和人民最需要的地方去干事创业的通道和平台；作为人才流动工程，鼓励和引导东、中部大学生到西部基层工作生活，促进优秀人才的区域流动；作为助力扶贫工程，以西部计划志愿者为载体推动校地共建，引导高校资源参与到当地的脱贫攻坚工作中。

西部计划是国家重大人才工程"高校毕业生基层培养计划"的子项目，是引导和鼓励高校毕业生到基层工作的 5 个专项之一。党中央、国务院高度关心西部计划志愿者，高度重视西部计划和研究生支教团工作。习近平总书记曾多次作出批示或给志愿者回信，肯定志愿者们在西部地区辛勤耕耘、默默奉献，为当地经济社会发展、民族团结进步作出了贡献，勉励越来越多的青年人以志愿者为榜样，到基层和人民中去建功立业，让青春之花绽放在祖国最需要的地方，在实现中国梦的伟大实践中书写别样精彩的人生。

(二)工作内容

紧紧围绕打赢脱贫攻坚战和实施乡村振兴战略的有关部署，继续实施基础教育、服务三农、医疗卫生、基层青年工作、基层社会管理、服务新疆、服务西藏 7 个专项。福建省派遣西部计划大学生志愿者主要服务地包括宁夏、新疆、西藏、新疆生产建设兵团等。截至 2019 年，福建省共派遣近千名大学生志愿者赴西部开展志愿服务工作，为西部地区经济社会的发展作出了重要的贡献。西部计划志愿者服务期具有一定的灵活性，服务期为 1—3 年，服务协议一年一签。

(三)报名办法

大学生志愿服务西部计划项目一般在每年 4 月下旬启动，由上级团组织统一部署，并通过高校团委具体负责组织和实施。高校团委收到实施方案后，在全校范围进行广泛的宣传和动员，并按规定要求引导应届毕业生做好报名相关工作。应届毕业生可登录大学生志愿服务西部计划官网(网址:http://xibu.youth.cn/),在官网的"西部计划报名系统"中进行注册,填写报名表并选择三个意向服务省。按要求完成报名后,下载打印报名表后,并统一交给毕业班辅导员,由毕业班辅导员汇总后统一提交所在院系团委审核盖章,最后把报名相关材料以院系为单位上报所在高校项目办(一般设在校团委)审核备案。

(四)选拔流程及注意事项

各招募项目办负责本省(区、市)报名志愿者的选拔统筹工作,按照公开招募、自愿报名、组织选拔、集中派遣的方式进行招募,并指导报名毕业生所在高校项目办开展审核、笔试、面试、心理测试等选拔工作,同时做好入选志愿者集中体检及公示,确保西部计划各项工作有序实施。选拔标准主要考察是否是高校应届毕业生或在读研究生、是否能在到岗之前获得毕业证书或学位证书、是否能通过体检以及在校期间的综合表现情况等,同等情况下,有志愿服务经历的优先录用。对拟录用志愿者经公示无异议后,还要按规定签订招募协议,方便办理就业派遣相关手续。

【拓展阅读】

在服务双城经济圈中书写青春华章

"青春是用来奋斗的,是用来燃烧的,也是用来回忆的,我要用实际行动助力成渝地区双城经济圈建设,给自己的青春画上一个圆满的句号。"2020年7月,张益作为"2020年川渝两地西部计划志愿者互派计划"志愿者,放弃了留在四川家乡工作的机会,来到了重庆市荣昌区,开启了为期一年的志愿服务之旅。

不忘初心勇担重任

张益是四川射洪人,毕业于成都体育学院体育专业,性格活泼开朗,热衷公益活动……到荣昌报到后,他被分配在荣昌高新区管委会办公室工作。

"我一直想去支教,没想到会来办公室工作。"张益说,自己是学体育的,初到办公室时,给大家的印象就是不太适合做办公室工作。不知道做什么,也不知道该怎么做,他只好主动帮同事印资料、送资料。一段时间下来,在同事的关心帮助下,张益逐渐熟悉了办公室的相关工作,也体会到了办公室工作的艰辛与不易。

"我是一块砖,哪里需要就往哪里搬。"张益服从组织安排,主动承担工作,认真完成了会务、宣传、集中学习、上传下达、展览解说、后勤管理、企业服务等任务,还担任了荣昌高新区团工委委员,协助开展共青团工作。对刚刚走出校园、参加工作的张益来说,办公室工作标准高、要求严,想要干好实属不易。为了适应工作需要,他虚心求教、努力学习,经常在办公室加班,收集报表、印制材料、整理档案,撰写活动策划方案、宣传稿件等。特别是在办公室人员变动期间,他明知工作任务繁重,还是毫不犹豫地承担了下来,确保了相关工作顺利衔接、有序推进,得到了领导、同事们的肯定和好评。

无悔付出激扬青春

在做好办公室本职工作之外，张益积极投身志愿服务事业，大力弘扬"奉献、友爱、互助、进步"志愿服务精神。新冠肺炎疫情常态化防控期间，张益组织志愿者开展疫情防控宣传工作，引导居民自觉服从和主动配合疫情防控安排。为了倡导居民就地过年，他自己带头响应号召，留在荣昌过年。张益还主动参与荣昌团区委、荣昌高新区和所在社区组织的各类志愿服务活动：如疫苗接种服务、人口普查、"志智双扶"、成渝地区双城经济圈青年企业家峰会、畜牧科技论坛、"瑜瀚科技"成渝双城马拉松赛、重庆网络安全宣传周、"河小青"马拉松等等，以实际行动践行了志愿服务精神。

"来到荣昌工作，感触最多的还是青少年之家的活动。"张益表示，参加青少年之家活动的小朋友们热情、活泼、可爱。但孩子们年龄相差大，上课难管理。此外，小朋友们流动性大。很多小朋友学了几节课由于各种原因不来了，也有的中途才来，这对教学造成了很大的阻力。还有就是场地的设置问题。那天，张益计划给小朋友统一授课进行体育训练，但由于场地过于狭小，器材不足，很难开展，只能分批进行教学，严重影响了教学的效果。

"那天，我差点哭了，在峰高街道云教村那边，一个小朋友给我讲她家里情况，真的太难了，我都不知道该怎么帮助她。"张益难过地说。尽管青少年之家开展活动存在一些困难，但他还是想方设法坚持了下来，为小朋友们多做力所能及的事。

近一年来，张益利用周末时间，结合实际需求，在昌州街道宝城寺社区青少年之家和峰高街道云教村青少年之家，组织西部计划志愿者开展了70余场活动。活动内容涵盖爱国主义教育、关爱留守儿童和空巢老人、节约粮食、垃圾分类、近视防控、运动损伤防治、法律和科学知识普及、体育运动、游戏等等。参与志愿者达180余人次，服务青少年达900余人次。

甘为人梯逐梦前行

"张老师，自从您来了，我们进步很快，谢谢您！希望您能一直教我们……"荣昌高新区实验小学的田径队队员们对张益说。

服务期间，张益发挥自身体育专业特长，主动申请成为荣昌高新区实验小学的早训老师。每天早上七点到八点为学生们授课，组织田径队进行训练。目前，张益已在该校授课150余课时，成为学生们最喜爱的体育老师。

"在组织开展志愿服务活动中，我最大的感受就是，做志愿服务工作一定要多问几个问题：他们需要什么，可能需要什么，我们能做什么，还能做什么。"张益说，只有真正用心、用情、用力，才能在志愿服务中感受快乐、收获成长。

好儿女志在四方，有志者奋斗无悔。"用一年不长的时间，做了一件终生难忘的事！"这一年，张益牢记志愿服务承诺，践行志愿服务誓言，在昌州大地上留下了青春的足迹，在服务成渝地区双城经济圈建设中书写了青春华章……

（资料来源：中国青年网，网址：http://xibu.youth.cn/rwfy/dxrw/202106/t20210610_13012389.htm，2021年6月10日。）

二、"三支一扶"计划

(一)项目简介

"福建省毕业生'三支一扶'计划"简称"三支一扶",是根据国家人事部等八部委《关于组织开展高校毕业生到农村基层从事支教、支农、支医和扶贫工作的通知》(国人部发〔2006〕16号)文件精神,由福建省委组织部、省人力资源和社会保障厅等部门联合组织开展高校毕业生到农村基层从事支医支农支教和扶贫工作。其主要目的就是引导和鼓励高校毕业生到农村去,到基层去,到祖国和人民最需要的地方去,经受锻炼,增长才干,为实施乡村振兴战略、打赢脱贫攻坚战、坚持高质量发展落实赶超作贡献。从2006年开始,福建省每年都招募一定数量的高校应届毕业生到基层开展志愿服务工作,鼓励志愿者在基层建功立业。根据福建省人力资源和社会保障厅提供数据显示,2018年、2019年和2020年分别计划招募500名、610名和671名"三支一扶"毕业生到基层从事支教、支农、支医和扶贫等志愿服务。可见,福建省毕业生"三支一扶"计划的招募人数呈现逐年增加的趋势,就是希望通过"三支一扶"计划,引导和鼓励更多高校毕业生志存高远、脚踏实地,积极投身基层建设,服务基层发展,努力把个人的理想追求融入党和国家事业之中,为党、为祖国、为人民多作贡献。

(二)招募对象和条件

"三支一扶"的招募对象为省内全日制普通高校、省外全日制普通高校福建生源毕业生(不含成人教育培养类别等非本专科全日制高校毕业生),并具备以下条件。

(1)思想政治素质好,组织纪律观念强,有理想、有本领、有担当;服从分配,志愿到农村基层从事"三支一扶"工作;遵纪守法,敬业奉献,作风正派;在校期间无违法违纪违规行为。

(2)学习成绩良好,具备服务岗位相应的专业知识。

(3)应届高校毕业生不受年龄限制。

(4)具有正常履行职责的身体条件,保证两年服务期内能正常履职。如不能保证两年服务期的完整性,期满考核将评定为不合格,不享受期满考核合格人员的优惠政策。

(5)报名人员须在规定时间内取得毕业证书,若未获得毕业资格,将取消"三支一扶"计划派遣资格。报名支教岗位人员可先上岗辅助性开展教育教学相关工作,再参加考试并取得教师资格。

在同等条件下,优先招募派遣服务单位所在地生源的毕业生、退役大学生士兵、残疾毕业生、少数民族毕业生。

(三)报名办法

"三支一扶"计划一般在每年3—4月启动,由福建省高校毕业生"三支一扶"工作协调管理办公室统一部署,并通过高校学生工作处具体负责组织和实施。高校学生工作处收到实施方案后,在全校范围进行广泛的宣传和动员,并按规定要求引导应届毕业生做好报名相关工作。福建省"三支一扶"计划报名工作采取网络报名方式,符合招募条件的高校毕业生,在规定的报名时间内登录公共服务网(网址:http://220.160.52.58/),进入"服务平台",通过"个人注册"生成的账号、密码登录报名毕业生按照招募岗位的资格条件和专业要求,选择一个岗位报名,翔实准确地填写报名信息并上传相关材料(含近期一寸免冠照片、困难状况佐证材料、优先派遣佐证材料等)。按要求完成报名后,毕业生还应及时关注公共服务网反馈的资格审查信息,在规定时间内修改完善后提交。

【案例阅读】

"勇于担当、冲锋在前、到人民最需要的地方去"
——福建省"三支一扶"高校毕业生非常战"疫"侧记

疫情就是命令,防控就是责任。在疫情防控的关键时间,我省"三支一扶"高校毕业生纷纷挺身而出,积极响应当地党委、政府号召,投身农村疫情防控战场,到人民最需要的地方去。

女本柔弱,淬炼成钢

大年初一一封急召,福州市闽清县省璜镇2019届"三支一扶"毕业生刘馨榆闻令而动,辞家返岗。考虑到她做事细致耐心,镇指挥部把她安排在后勤保障组。从那时起,无论是中午,还是晚上,在机关大楼里总能看到她忙碌的身影。堆满文件的办公桌,接待群众的走廊,运送物资的汽车……都是记录她不退不缩的抗"疫"战场。埋头登记受捐物资信息,不厌其烦地与群众释疑解惑,"十万火急"奔跑驰援卡点……

"不好意思,我们也是为了大家的身体健康着想。请您按照流程办理,我们测温、核查后才能放行。"面对不理解的村民她总是耐心温和、不厌其烦地解释。

一开始面对烦琐又紧急的工作,这个小身板的女孩好几次都急红了眼,女本柔弱,淬炼成钢,现在她已成为一个"多面手"。现在的她啥也不怕了,"只要我耐着性子,这些一页都列不完的事情,我都能按时保质保量地完成。"

守好防"疫"战的"桥梁"

这次疫情中,服务在漳州市云霄县马铺乡"三支一扶"支医岗位的陈清城,担当起了马铺乡卫生院与上级沟通的"桥梁"。马铺乡共有26个村子,外出务工人员较多,统计湖北返乡人员的工作量比其他地方要多很多。除了卫生院日常防疫工作外,陈清城需要24小时不定时地整理乡医报送的湖北返乡人员身体状况等数据,第一时间报送给上级部门。截至2月13日,全乡接受隔离观察的人员从刚开始的50人,到现在只剩3人。"他们全部安全解除隔离,就是我目前最大的心愿了",陈清城欣慰地说。

线上教学助抗"疫"

泉州市南安市向阳中学 2018 届"三支一扶"支教毕业生萧明珠以特别的方式投入这场战"疫"。作为一名班主任，从 1 月 25 日起，她每天在家长群询问学生及家长的体温测量情况，针对有湖北接触史的学生家庭详细询问并记录，及时给家长们推送有关新型冠状病毒感染的肺炎疫情防控指南等。因为疫情，根据上级要求，学校推迟了开学。为了使学生停课不停学，她积极参与线上教学，每天上午为学生们授课，帮助学生巩固知识，充实假期，为开学后迅速进入学习状态做好准备。她说，我本平凡，唯有认真履职，尽自己的微薄之力，才能对得起国家的培养。

"我是党员我先行"

余伟毅，福建漳州人，中共预备党员。2018 年 7 月参加我省"三支一扶"计划，服务于南平市政和县澄源乡。新冠肺炎疫情发生后，余伟毅在家时刻关注着澄源乡工作群的信息动态，坐立不安，心里唯一的想法就是尽快回去和他的战友们并肩作战。当乡党委发出"召回令"后，他立即抢票改签，连夜赶回乡里，以最快速度向组织报到。经乡党委研究，他被抽调至澄源乡新冠肺炎疫情防控工作领导小组办公室，加入了"我是党员我先行"抗疫先锋队，负责全乡防疫消杀、过境车辆人员检疫排查等工作。抗疫期间，他始终以党员标准严格要求自己，当先锋作表率，冲锋在第一线、战斗在最前沿。

他是一线战斗员

去年才刚走出校门参加"三支一扶"计划的李鸿烨，正月初三就返回服务单位龙岩漳平市新桥镇，积极投入到新冠肺炎疫情防控第一线。作为新桥镇城门村包村队长兼唯一队员的他，正月初三参加完镇疫情防控布置会后就立即动员组织村干部参与疫情防控，共同开展排查、登记湖北武汉返乡人员；入户发放疫情防控宣传材料；劝导村民做好自身防护，用科学方法防控疫情，减少外出；为强行隔离观察对象和自我隔离观察对象提供服务，帮助他们采购配送生活必需品和防护用品；配合村两委干部在村中设置检查点，细致做好村民的体温测量、登记、出入村民的劝导和疫情防控常识解答等工作。至今共入户摸排城门村 176 户 750 人，排查外省返乡人员 22 名，其中：湖北武汉返乡人员 4 名，挂钩联系 3 名新桥籍湖北返乡人员，入户劝导其居家隔离观察。

为加强疫情防控、阻隔病毒传播，保障人民群众生命安全，李鸿烨还主动参与新桥镇 06 线公路双溪口检测点的值班值守，仅在正月十五元宵节当天就满负荷完成了 200 余辆过关车辆和司乘人员的身份排查、登记及体温测量，为全镇的疫情防控筑起了防输入、防扩散、防输出的大网。

像这样坚守岗位、默默奉献，奋斗在农村疫情防控战场的"三支一扶"毕业生还有很多很多，他们的付出得到了服务单位和基层群众的认可和称赞。他们用实际行动诠释了"勇于担当、甘于奉献"的"三支一扶"精神。

（资料来源：福建省毕业生三支一扶，网址：http://220.160.52.58/fjbys/szyfjyxw/20200220/25402.html，2020 年 2 月 20 日。）

【拓展阅读】

"三支一扶"，在基层播撒青春梦想

"三支一扶"计划是输送人才、培养人才的平台，也是年轻人放飞梦想的舞台。一批又一批高校毕业生发挥所学所长，让青春和才华绽放在农村基层的土地上。

随着"三支一扶"工作的持续开展，将会有更多胸怀梦想、勇于担当的年轻人奔赴脱贫攻坚战的主战场、扎根服务群众的第一线，在实践中经风雨、见世面、长才干，为全面建成小康社会贡献青春力量。

投身贫困山区的卫生院，把医疗服务带到每一位困难群众身边；发挥专业所长，为养殖户送去急需的防疫知识和养殖技术；扑下身子、扎根泥土，从普通办事员历练为当地发展的带头人……广袤大地上，"三支一扶"人员以及通过"三支一扶"计划成长起来的年轻人，在不同领域和岗位上担当作为、无私奉献，诠释了青春的价值，谱写出一曲曲奋斗赞歌。

自启动至今，"三支一扶"计划已历经15个年头。这项政策专门组织高校毕业生到农村基层从事支教、支农、支医和扶贫工作，取得丰硕成果。相关服务领域，从最初的教育、农业、医疗卫生、扶贫开发，逐步拓展到农技推广、水利、农村文化、就业和社会保障、贫困村整村推进、基层供销社等。通过"三支一扶"计划，一大批有知识、懂技术、能创新的高素质人才走向基层，走入乡村，为偏远落后地区注入了发展活力。如今，这支人才队伍已达近40万人规模，成为促进基层发展、助力乡村振兴的重要力量。

"三支一扶"计划是输送人才、培养人才的平台，也是年轻人放飞梦想的舞台。长期以来，高校毕业生比较缺乏"基层课""实践课"，而"三支一扶"提供了有效的学习锻炼机会。一位投身"三支一扶"计划的基层干部感慨："非常感谢'三支一扶'平台，它锻炼了我的耐心和毅力，让我很早就明确了自己的人生方向。"在"三支一扶"的催化作用下，一批又一批高校毕业生发挥所学所长，让青春和才华绽放在农村基层的土地上。近年来，报名参加"三支一扶"计划的人数逐年增多。通过"三支一扶"，越来越多年轻人认识到，基层同样大有可为。

今年是全面建成小康社会和"十三五"规划收官之年，改革发展稳定的任务本来就很重，现在又叠加疫情影响，做好各项工作的难度更大。在这样的背景下，"三支一扶"岗位不仅是基层工作的一线，也是脱贫攻坚的前线，具有很强的示范和带动作用。据人社部、财政部消息，今年将招募3.2万名高校毕业生到基层从事"三支一扶"工作，比去年增加5000名。其中，对"三区三州"等深度贫困地区实行招募计划单列，并将52个未脱贫县招募需求全部纳入中央财政支持范围，增加湖北等受疫情影响较大省份招募名额，扩大扶贫和支医服务岗位开发力度。随着"三支一扶"工作的持续开展，将会有更多胸怀梦想、勇于担当的年轻人奔赴脱贫攻坚战的主战场、扎根服务群众的第一线，在实践中经风雨、见世面、长才干，为全面建成小康社会贡献青春力量。

也应看到,继续完善政策措施、健全体制机制,与时俱进推动"三支一扶"工作创新发展,也是一项重要课题。比如,相关人员服务期满后,怎样更好畅通流转渠道,为他们打开更广阔的职业空间;对于扎根深度贫困地区、边远山区的年轻人,如何切实保障他们的基本生活;如何因地制宜,落实好公务员定向招录、考研加分等支持政策;采取务实举措,进一步解决好"三支一扶"人员在工作生活中面临的实际问题,努力提升获得感、免除后顾之忧,就能让他们全身心投入到服务基层、奉献基层的各项工作中去。

"到基层去,到西部去,到祖国最需要的地方去。"这样的精神气质,这样的责任担当,激励着无数年轻人投身基层,用智慧和汗水去浇灌一片片充满希望的土地。时间为证,这一粒粒播撒到乡间的青春种子,必将生根发芽、苗壮成长,写下一个个动人的奋斗故事。

(资料来源:《人民日报》,2020 年 07 月 06 日第 05 版;作者:彭飞。)

三、大学生志愿服务欠发达地区计划

(一)项目简介

"福建省大学生志愿服务欠发达地区计划"简称"欠发达地区计划",既是大学生志愿服务西部计划的地方项目,也是根据《中共福建省委组织部 省人力资源和社会保障厅等五部门关于印发〈福建省高校毕业生基层成长计划实施方案〉的通知》(闽人社文〔2018〕110 号)等文件精神,由共青团福建省委、福建省教育厅、福建省财政厅、福建省人力资源和社会保障厅等四部门联合组织开展招募高校毕业生到欠发达地区从事志愿服务工作。其主要目的就是引导和鼓励高校毕业生到农村去,到基层去,到祖国和人民最需要的地方去,奉献青春,建功立业,为建设新福建、实现中国梦贡献自己的力量。迄今为止,福建省共招募了 4800 名大学生志愿者赴欠发达地市的 35 个服务县开展志愿服务,大学生志愿者以良好的精神状态、务实的工作作风践行了志愿服务的初心,更赢得了服务地党政领导和当地群众的认可和赞许。

(二)招募对象和条件

按照公开招募、自愿报名、组织选拔、集中派遣的方式,从省内全日制普通高校、省外全日制普通高校福建生源应届高校毕业生和近年来未就业高校毕业生中招募 300 名大学生志愿者,志愿者应具备以下几个条件。

(1)热爱祖国,热爱社会主义,拥护党的基本路线和方针政策。

(2)具备奉献精神,能切实履行志愿者光荣的职责。

(3)具备服务岗位所需的相应的专业知识,具体详见招募岗位所规定的资格条件和专业要求。

(4)符合体检标准,年龄不超过 25 周岁,研究生学历放宽至 28 周岁。

（三）服务内容

"欠发达地区计划"是根据全省统一安排，每年招募一定数量大学生志愿者到三明、南平、龙岩、宁德欠发达地区纳入县级基本财力保障范围的县（市、区）的乡镇开展为期两年的农业科技、医疗卫生、基础教育、基层青年工作等方面的志愿服务。欠发达地区计划的志愿服务期限一般为两年。

（四）报名办法

"欠发达地区计划"一般在每年 3—4 月启动，由福建省大学生志愿服务欠发达地区计划领导小组办公室统一部署，并通过高校团委具体负责组织和实施。高校团委收到实施方案后，在全校范围进行广泛的宣传和动员，并按规定要求引导应届毕业生做好报名相关工作。符合招募条件的高校毕业生的规定报名时间内可登录福建省毕业生就业创业公共服务网（网址：http://220.160.52.58/），点击"福建省大学生志愿服务欠发达地区计划专题"网站，进入"服务平台"，通过"个人注册"生成的账号、密码登录报名。高校毕业生在网上报名时必须认真阅读报名公告，严格按照招募岗位的资格条件和专业要求，翔实准确地填写报名信息，同时，对本人所提交信息的真实性负责，不得弄虚作假。

四、大学生服务社区计划

（一）项目简介

"福建省高校毕业生服务社区计划"简称"社区计划"，是根据《中共福建省委组织部省人力资源和社会保障厅等五部门关于印发〈福建省高校毕业生基层成长计划实施方案〉的通知》（闽人社文〔2018〕110 号）文件精神和省政府做好高校毕业生就业工作的部署要求，由福建省民政厅、中共福建省委组织部、福建省教育厅、福建省财政厅、福建省人力资源和社会保障厅等五部门联合组织开展招募高校毕业生到城市社区从事社区志愿服务工作。其主要目的就是引导和鼓励高校毕业生到城市社区一线参与社区治理，服务社区治理，为完善城市社区治理体制、推进国家治理体系和治理能力现代化贡献自己的力量。

（二）招募对象和条件

"社区计划"的招募对象为省内全日制普通高校、省外全日制普通高校福建生源毕业生（不含成人教育培养类别等非本专科全日制高校毕业生），并具备以下几个条件。

（1）思想政治素质好，组织纪律观念强，有理想、有本领、有担当；服从分配，志愿到社区从事工作；遵纪守法，敬业奉献，作风正派；在校期间无违法违纪违规行为。

（2）学习成绩良好，具有相应的专业知识，善于沟通，有较强的口头表达和文字表达能力。

（3）往届高校毕业生年龄一般不超过 25 周岁，研究生学历放宽至 28 周岁，应届高校毕业生无此要求。

（4）具有正常履行职责的身体条件，保证两年服务期内能正常履职。如不能保证两年服务期的完整性，期满不予以考核，不享受期满考核合格人员的优惠政策。

（5）毕业生须在规定时间内取得毕业证书；未获得毕业证书的，将取消派遣资格。

同等条件下，优先招募派遣家庭经济困难并就业困难的高校毕业生、岗位所在地县（市、区）、乡镇（街道）生源的毕业生、退役大学生士兵、残疾毕业生、少数民族毕业生。

（三）工作任务

"社区计划"是根据全省统一安排，每年招募一定数量高校毕业生，一般安排到纳入县级基本财力保障范围的县（市、区）的城市社区从事社区工作，服务期限为两年。

（四）报名办法

"社区计划"一般在每年4月启动，由福建省民政厅统一部署，由各级民政部门牵头，组织、人社、财政、教育等部门配合实施。具体招募方案一般会在"福建民政"门户网站、福建省人力资源和社会保障厅网站、福建省毕业生就业创业公共服务网和当地相关网站向社会发布。高校收到招募方案后，在全校范围内充分利用校内广播台、校园网、公告栏、海报等媒体，广泛宣传服务社区计划招募信息和优惠政策，并按规定要求引导应届毕业生做好报名相关工作。

第七节　求职就业

从国家在高校实行"自主择业、双向选择"的就业制度以来，面向市场，到企业求职就业不仅成为整个社会覆盖范围最广的就业形式，也成为绝大多数毕业生的就业主要去向和选择。根据《2019 中国大学生就业报告》调查数据显示：2018 届高校本科生选择求职就业的毕业生人数占 73.6%，直接求职就业是大多数毕业生最主要的就业选择。

从高校毕业生角度来看，在求职就业过程中，最重要的是要客观地认识自己，坚持自我价值与社会价值相统一，善于结合国家社会发展需要和自身实际条件，找准工作岗位。在对求职就业的地区、企业、福利待遇和发展空间等因素进行权衡过程中，要善于抓住主要矛盾和关键点，避免面面俱到，要把关注的重点放在当前锻炼有平台，未来发展有空间上，找一个最适合自己的工作岗位，沉下心，从基层一点一滴做起。从企业角度来看，改革开放为各类企业的发展创造了良好的外部条件，国有企业、外商投资企业和民营企业等都得到突飞猛进的发展，并已成为推动中国经济社会发展的重要力量。各类企业在实现自身发展的同时，也为社会提供了大量的就业机会。但由于各类企业的性质和文化存在差异，使得其不仅在用人需求、用人标准和招聘方式上有所区别，而且在福利待遇和发展前景也略有不同。

民营企业，简称民企，是指在我国境内除了国有企业和外商投资企业以外的所有非公有制企业的总称，包括个人独资企业、合伙制企业、有限责任公司和股份有限公司等。民营企业作为改革开放后我国最重要的一种企业形式，既是中国经济社会快速发展的主要推动力，也是吸纳大学生就业的主力军。例如：华为、阿里巴巴、苏宁、恒大、京东、国美、万达、小米、永辉等，都是我们比较常见的民营企业。大到华为、阿里巴巴等国内外知名企业，小到各种个体企业和乡镇小微企业，可以说，民营企业已经覆盖到我们生活的各行各业，我们的生活已经越来越离不开这些民营企业。民营企业在招聘过程中更加关注毕业生的专业能力和综合素质，希望毕业生能够在最短的时期内在企业找准自己的定位，尽快融入企业，发挥作用。一般大型民营企业规模大，机制健全，更重视企业文化，薪资福利待遇也相对比较好。而中小型民营企业规模小，机制灵活，更重视企业效益，相对来说工作压力会更大些，经常一个人要从事多个岗位的工作，工作强度大，但锻炼和提拔的机会也更多。现在民营企业主要是通过网络招聘与现场面试相结合的方式来招聘新人，其用人招聘的信息一般会通过学校就业指导中心、校园宣讲会、招聘会和前程无忧、智联招聘、中华英才和BOSS直聘等各类人才招聘网站进行发布，具体招聘要求和办法，建议毕业生要多关注学校就业指导中心和各类人才招聘网站发布的招聘信息，并提前准备好相关个人简历参加应聘。

外商投资企业，简称外企，是指依照中国法律在中国境内设立的，由中国投资者与外国投资者共同投资，或者由外国投资者单独投资的企业。根据外商在企业注册资本和资产中所占股份和份额的比例不同等因素，当前在我国的外商投资企业主要有合资经营、合作经营、外资企业和外商投资合伙四种类型。外商投资企业作为一种企业形式，也是中国经济的重要组成部分。它跟国有企业、民营企业一样，都是我国企业的主体。例如：苹果、三星、丰田汽车、沃尔玛、家乐福、肯德基、麦当劳、必胜客、可口可乐等，都是我们比较常见的外商投资企业。选择外商投资企业，总体来说其工作环境比较开放，而且每一个外商投资企业都非常重视企业文化建设，在企业内部具有浓厚的企业文化氛围，在薪资福利待遇方面也比较让人满意，但相对而言其工作的强度和压力也很大。另外，外商投资企业在用人招聘环节准入门槛也比较高，很多外商投资企业对毕业生就读的院校层次、外语听说读写水平和综合素质能力等条件有更高的要求。外商投资企业的用人招聘一般也是通过学校就业指导中心、校园宣讲会、招聘会和前程无忧、智联招聘、中华英才和BOSS直聘等各类人才招聘网站进行发布，具体招聘要求和办法，建议毕业生可以通过上述渠道进行查询。

【拓展阅读】

"最难就业季"里的优质就业故事

受新冠肺炎疫情影响，今年的高校毕业生就业之路格外曲折。然而，"危"中也有

"机"，疫情影响下的毕业生求职就业迎来前所未有的机遇。江苏省不断拓宽就业渠道，促进毕业生多元就业，多措并举解决就业之困，不少毕业生成功突围"最难就业季"，涌现出一个个精彩的"优质就业"故事。

曲折而温暖的求职路

投出近 200 份简历，收到 20 余个面试邀请，线上面试 6 家公司，线下面试 5 家企业……历经 3 个多月的求职生涯，日前，苏州大学王健法学院 2020 届本科毕业生彭博成功签约一家国企的法务岗位。至此，她的毕业求职路圆满画上句号。

之所以能找到心仪工作，彭博觉得首先要对自己有准确的定位。她总结了求职小诀窍——"快准狠、广撒网"，"当一些同学面对就业还犹豫不决时，我已密切关注当下的就业政策。学校给我们提供了许多招聘平台和招聘信息，并对毕业生的升学及就业给予了极大的关怀与指导。当看到适合的岗位时，我便立即投递简历。"

快速把握招聘机会，让彭博在求职时间上有了优势。和彭博一样，江苏理工学院毕业生张东篱在经历了"颗粒无收"到"收获满满"曲折求职路后，也获得了一份理想的工作。

张东篱是湖北宜昌人，他原计划于今年毕业后到英国利物浦大学攻读硕士研究生，突如其来的疫情打乱了他的留学计划。困于湖北的张东篱开始焦虑起来。彷徨中，班主任周杰给他寄去口罩、消毒水等防疫物资的同时，还告知国家的就业政策和学校在就业方面的具体帮扶措施，并指导他如何准备网络求职，以更能吸引企业的关注。

为帮助张东篱顺利就业，周杰在常州一边微信连线疏导张东篱的忧虑，一边留意国家和省里推出的专门针对湖北籍大学生的就业岗位；张东篱则在宜昌老家一边准备毕业论文，一边在网络上寻找各种各样的就业机会。功夫不负有心人，有两家单位向张东篱抛出了橄榄枝。

"在准备面试时，周老师更是与我热线联系，指导我从服装到语言表达做好网络面试准备，让我倍感温暖。"张东篱说，命运总是垂青有准备的人，最终他选择与中国海洋石油集团签约。

平凡而坚定的基层路

"家国所系，我之所行。我已经做好准备，用一年、两年甚至是一辈子的时间，来实现自己的初心。"徐振霞是江苏大学教师教育学院 2020 届硕士研究生，曾参加西部支教、国际志愿者项目。毕业时，她再次选择"西部计划"基层服务项目，奔赴新疆生产建设兵团继续志愿服务事业。

为何放弃落户大城市的机会而投身西部建设？徐振霞说："我是学校第一批受助的江苏陶欣伯助学基金会的'陶学子'，是公益行动的受益者，更要做公益行动的传播者。在接受馈赠的同时，我也给自己许下一个诺言——服务社会、回馈社会，到西部去、到基层去，到祖国和人民最需要的地方去。"

大学期间，徐振霞心怀家国情，胸有鸿鹄志。作为江苏大学研究生支教团一员，她曾前往青海支教，承担英语和语文教学工作，并兼任副班主任。在为期 1 年的支教中，她先后被评为"浩门镇第三初级中学先进教育工作者""门源县优秀支教生"。教学之余，她还组织开展"以爱之名，护航青春"系列主题活动，帮助学校募得各类书籍 563 册，并建立了班级图书角。

用实际行动弘扬志愿精神，书写青春与梦想的远不止徐振霞一个。作为一名应届本科毕业生，来自江苏海洋大学的程耀超在面临就业抉择时，放弃了去苏南企业的工作机会，毅然选择"苏北计划"基层服务项目，坚定地投身到全面决胜脱贫攻坚战的行列中，立志同基层群众一起努力奋斗。

大学4年，程耀超学习认真刻苦，多次获得国家励志奖学金、校奖学金；担任学生干部时就就业业，带领学生调研团荣获"2018年江苏省大中专志愿者暑期文化科技卫生'三下乡'社会实践活动优秀团队"称号，他个人也获得江苏省暑期社会实践先进个人、2018年度"江苏省优秀共青团员"等称号。

"基层是青年人就业和施展才华的广阔天地。江苏是我热爱的故乡，经过大学的磨炼，我更加坚定要把热血洒向我深爱的苏北土地。基层工作虽然平凡，却是我成长过程中最好的'助推剂'。"程耀超说。

艰辛而美好的创业路

与许多"90后"一样，江苏经贸职业技术学院市场营销专业应届毕业生王佳鑫有梦想、有冲劲，但和一些"90后"不一样，他的梦想不在灯火辉煌的繁华都市，而在沃土千里的田野乡村。当不少毕业生还在求职路上拼搏时，王佳鑫已在自己创办的江苏农惠网络科技有限公司大展拳脚。

2017年9月，王佳鑫成为江苏经贸职业技术学院的一名大学生，加入学校的"双创"精英班。通过专业学习和创业导师指导，他燃起了创业梦。在创业导师帮助下，王佳鑫开启了创业之路——成立公司，建立农产品电商平台。

利用互联网，王佳鑫将家乡的红薯、土豆、莲藕等农产品在平台上试销，可红薯却无人问津。后来，他组建创业团队，请教学校食品专业教师，将红薯研制成鸡饲料。这一研发，帮助家乡解决了几十吨红薯滞销的难题，该饲料的成功研制也获得了国家发明专利。

如今，王佳鑫的公司实现了综合化、多元化发展。"在三农领域开拓创新很是艰辛，但我愿意在农村的土地上深耕细作，用勤劳的双手创造不一样的人生。"王佳鑫说。

同样迎来事业上升期的还有盐城工学院应届毕业生陈雪文、周家祥、郭志恒，他们联合创办成立了盐城柠檬创课教育科技有限公司。他们3人是同一间宿舍的室友，今年6月，3人如期完成学业，和隔壁宿舍的梁琦浩一起为新创办的公司打拼。

周家祥告诉记者，是学科竞赛催生了他们创业的想法。大学期间，4人积极参加各项学科竞赛。从2016年至2018年，他们先后获得"TI杯"江苏省大学生电子设计竞赛一等奖、第三届"锐聘之星"程序设计大赛一等奖、盐城市大学生创业创意项目大赛二等奖等30多个奖项，并多次获得创业奖金。

临近毕业时，陈雪文还收到两个好消息。一个是，他们公司可以落地盐城市城南高新区新龙广场盐城创新中心，且第一年免租金；另一个是，学校批准了他的延期申请，可以继续使用大学生创业园铺面。"这其中离不开学校的大力支持和创业导师的精心指导，我们对创业的未来充满信心。"陈雪文说。

（资料来源：中国教育新闻网，网址：http://www.jyb.cn/rmtzcg/xwy/wzxw/202007/t20200728_348243.html，2020年7月28日。）

第八节 自主创业

2014年9月,在夏季达沃斯论坛开幕式上发表的讲话中,李克强总理首次提出了"大众创业、万众创新"这一概念,倡导要在960多万平方千米土地上掀起"大众创业""草根创业"的新浪潮,激发全民族的创业精神和创新基因,自此以后,"大众创业、万众创新"的理念日益深入人心。从国家推行和倡导"大众创业、万众创新"的政策以来,高校作为培养创新创业人才的主战场,要不断创新教学理念,开设创业课程,改革教学方式,提供创业平台,营造创业氛围,不断提升大学生的创新意识和创业精神,使大学生真正成为推进大众创业、万众创新的生力军。根据《2020中国大学生就业报告》调查数据显示:2019届高校本科生将自主创业作为就业去向的毕业生人数占1.6%,而2019届高职高专毕业生将自主创业作为就业去向的毕业生人数也占3.4%,并且随着毕业时间的延长,毕业生自主创业比例会持续上升,毕业三年内上升至8.1%。可见,自主创业逐渐成为高校毕业生的一种就业去向和选择。

【推荐阅读】

"要敢于做先锋,而不做过客、当看客,让创新成为青春远航的动力,让创业成为青春搏击的能量,让青春年华在为国家、为人民的奉献中焕发出绚丽光彩。"

——2016年4月26日,习近平总书记在知识分子、劳动模范、青年代表座谈会中的讲话

在新时代培养担当民族复兴大任的时代新人的背景下,自主创业之所以能够成为高校毕业生的一种就业选择,主要原因有以下三点:一是自主创业可以最大限度地激发毕业生的创新精神和创业热情,有助于全面提升能力。在创业的过程中不断增强毕业生的组织协调能力、沟通表达能力、团队协作能力和心理承受能力,使毕业生得到全面发展。二是自主创业可以实现毕业生自我价值和社会价值的统一。创业是一个施展自身才华的大平台,毕业生选择自主创业,一方面可以充分利用自己所学,发挥自己的聪明才智,通过自主创业创造财富,实现自我价值;另一方面通过自主创业也可以使毕业生更好地融入社会,做大做强自身的创业项目,不仅可以为其他毕业生提供更多的就业机会和岗位,也可以承担更大的社会责任,真正实现自我价值和社会价值的统一。三是自主创业作为一种新的就业方式,在一定程度上可以起到减缓和分流就业压力的作用。就业是最大的民生,面对当前严峻复杂的就业形势,既要千方百计稳就业促就业保民生,又要支持和鼓励毕业生积极创业,通过不断增强创业政策扶持力度,完善创业政策保障体系,为毕业生营造良好的创业环境,从而实现以创业促发展带就业的良性循环。

阿里巴巴集团创始人马云曾说过："对所有创业者来说，永远告诉自己一句话：'从创业的第一天起，你每天要面对的是困难和失败，而不是成功。我最困难的时候还没有到，但那一天一定会到。困难是不能躲避的，也不能让别人替你去扛，任何困难都必须你自己去面对'。"虽然毕业生成功自主创业的案例有很多，这些成功案例形成巨大的光环效应，激励着更多的毕业生坚定自主创业的选择。但成功的背后有许多经验和教训，创业之路并非都是一帆风顺，而更多的是充满荆棘和艰辛，在这条机会和挑战并重的创业道路上，毕业生要想脱颖而出，实现成功创业，除了有创业的激情和不懈的努力以外，需要准备的创业条件和基础还有很多，例如：创业心理准备、创业知识准备、创业技能准备、创业项目选择、创业资金保障、创业团队协作等，在这些创业条件和基础上创业项目选择、创业资金保障和创业团队组建最为重要。

1. 创业项目选择

选择一个合适的项目既是创业成功的起点，也是考验毕业生创业智慧的最关键因素。毕业生在创业前期，要认真学习国家和地方政府的各项优惠创业政策，并结合自身条件和已有的社会资源，对创业项目做初步的探索。建议最好能够结合社会的现实需求，并充分利用大学生创业相关优惠政策，进行创业项目选择。在项目的选择过程中，毕业生要对项目进行全面、深入、细致的市场调查，充分认证项目的可行性，最好能够形成创业计划书。所选择的创业项目不仅要有现实的市场需要，而且还要有长远的发展前景。在具体创业项目方向的选择上，可以结合自身的专业、兴趣和特长等因素，选择自己最熟悉、最有优势的就业形式，例如：软件开发、网页制作、网络服务、智力服务、连锁加盟、主题餐厅、特色书店、网上淘宝等等。

2. 创业资金准备

准备足够的启动资金既是创业成功的必要条件，也是毕业生在创业过程中最大的困难。俗话说："巧妇难为无米之炊。"对于大多数毕业生来说，刚刚从学校毕业，光靠自己很难完成创业资金的原始积累。如果没有资金的支持，再好的项目或者想法也很难真正实行。建议毕业生可以通过两个方式解决创业资金问题：一是，拓展资金筹措思路，积极寻找外部资本的支持。毕业生可以结合自身条件和项目实际，通过申请学校创业资金、银行贷款、风险投资、众筹投资和寻求家庭资助等途径筹措创业资金。二是，依靠自力更生，边工作边创业。毕业生可以在毕业后先找一份与项目有关的工作，充分依靠自身的努力，通过工作完成创业启动资金的积累。同时，还可以在工作过程中，更加深入地了解与项目相关的信息，储备必要的创业基础，这样可以大大提高自身创业成功的机会。选择边工作边创业，不仅可以解决创业的资金积累，而且可以做到进可攻，退可守，能够把创业的风险和压力降到最低程度。

3. 创业团队组建

组建创业团队既是创业成功的重要保障，也是毕业生在创业过程中最大的优势。没有完美的个人，只有完美的团队。自主创业是一个复杂的系统工程，不仅需要有好的创意项目，有充足的资金保障，更需要有一个志同道合、精诚团结的创业团队。一个人能力再强，单枪匹马也很难完成创业目标，因此，建议毕业生在校期间开始组建自己的创业团队。

团队成员不仅要目标一致、志同道合,而且最好在专业知识、能力、兴趣、爱好和特长等方面能够形成互补,只有这样,才能充分发挥创业团队的最大优势,为创业成功提供重要的团队保障。同时,在创业过程中,不仅要努力培养团队成员的团队精神和团结协作意识,而且要充分发挥团队成员个人的聪明才智,凝心聚力,集思广益,共同为创业项目的发展贡献力量。

【案例阅读】

"90 后"大学生校园自主创业成功经典案例

重庆大学生卖手抓饼,年收入 250 万

"90 后"大学生禹化普大三时就当上手抓饼小老板,两年来连锁加盟店已开遍大学城。

你曾经在北城天街小吃街吃过台湾手抓饼吗? 这家不到 10 平方米的小店老板竟是一位刚刚毕业的"90 后"大学生。禹化普大三时就当上手抓饼小老板,在两年时间里发展了 4 家直营店、1 个加工厂和 8 家加盟店,年收入达 250 万元。

每天下午 4 点,在北城天街小吃街店门口,已经有五六个白领在排队。放面团、煎鸡蛋、配作料……三分钟后,两个手抓饼新鲜出炉递给了前面的顾客。和传统烙饼不太一样,这个饼千层百叠,面丝千连,外层是淡淡的金黄色,内层柔软白嫩。

每天能卖 400 个饼!

这么多人包围着店,为什么还有顾客加入呢?"这五六个客人是活招牌。顾客也许不知道我们,但看着这人气,就会吸引他们来尝鲜。"禹化普说,小吃店的秘籍就是要保持人气旺,排队人越多生意越好。

"以前我们追求速度,人多了就一次出 6 个饼。"禹化普说,在 2011 年做第一家店时这个快捷的方式并没有赢来顾客青睐。他特意跑到成都小吃街去考察,发现类似的小吃店老板总是保持慢工出细活的状态。即便店外已经排起长龙,也不慌。而前来的顾客络绎不绝,等待着他们的美食。

禹化普回到重庆,开始要求师傅一次只做 2 个饼,甚至有时候做一个饼。这个营销方式反响很好,饼保持最好的口感,排队的客人反而更多了,每天平均能卖 400 个饼。

加盟店 4 个月盈利!

禹化普的北城店是两个月前开的,虽然租金掏了 1.3 万元,但是却成了店里的活招牌。北城店现在每月能卖 1.5 万个饼,凭借这样的人气,禹老板在月初迎来了三位新的加盟商。

禹化普说,从去年的 5 个加盟商情况来看,基本 4 个月就能盈利。加盟费收 1 万元,门店 3~10 平方米即可,租金价格通常在 3000 元左右。扣掉原料、房租、水电煤及人工费用,按每家店最差卖 300 个饼算,一个月的纯利润平均为 8000 元。

一开始,禹化普想做连锁直营模式,但当他们拥有第三家直营店时,开始打磨品牌。想要与大品牌竞争打开这个细分市场领域,必须吸引加盟商。

"每卖一个面团给加盟商,他们赚8毛,我们只赚五毛,薄利多销。"禹化普说,按10个月算,5家加盟店每天至少购买2500个面团,一年仅靠卖面团营业额能达到100万元。

大学生毕业后种香菇:年产值达1000万元

1986年出生的李正森从小在农村长大,心地善良、乐于助人,村里老人担水烧柴困难,他总是主动跑去帮忙。每当听到大人们谈论哪个村民无钱看病可怜时,他就幻想着自己将来当了大老板,让那些可怜的乡邻都能在自己的公司上班挣钱。

2009年,李正森从安徽建筑工业学院毕业,在县城找到了一份建筑工作。由于所学专业对口,加之吃苦耐劳,工作有魄力,很受公司经理喜欢。一天,李正森回老家瓦房口镇看望父母,和同村一个15岁的少年同坐一车,这孩子的学习成绩非常优秀,可由于父亲残疾家里贫困,考上重点高中就没有上。这再次刺激了李正森的那个童年梦想:创业办厂,带领乡亲们一起走上致富路!

2009年秋,当地政府鼓励大学生回乡创业,村里引进了肉鸡养殖企业。在建筑公司上班仅两个月的李正森辞去工作,信心百倍地搞起了肉鸡养殖,租地、贷款、建棚,他把周边一些留守老人和残疾朋友请来打工,连自己的父母也拉进来帮助管理。令他没有想到的是,第一次购买的4000只鸡苗在路上就热死了一半,等到卖成品鸡时,收购经理说2000只的养殖规模太小,相应的人工成本就会过高,赚不了钱还肯定要亏本。

第二次购回的6000只鸡苗总算养大,可市场肉鸡价格大跌,当他拿到卖鸡款看着空荡荡的鸡棚时,眼泪唰唰直流,赔了20多万元,他三天三夜没睡着觉。第四天强撑着给村民付工资时,乡亲们都知道他赔了,让他先还银行贷款再说,但他执意先给村民付了工资。李正森回乡首次创业的一腔热情就这样被浇灭了。

李正森引种香菇纯属偶然。2010夏季,李正森为了弥补养鸡的亏损,就跟着一个朋友搞起了猪苓购销。有一次,他到安康宁陕县收购猪苓,看到当地的食用菌产业很红火,就动了栽培食用菌的心思。他发现柞水以前都是用椴木栽培香菇木耳,随着人们对生态环保的重视,当地椴木食用菌产量必然会越来越少,而袋料生产香菇在柞水还很有限,这应该是一个致富商机,李正森瞄准了这一项目。宁陕的一位经理了解到他的创业经历后,被李正森憨厚耿直、富有同情的心所打动,就同意和李正森合作。

2010年底,在小岭镇政府的扶持下,李正森在金米村租地40多亩,注册资金300万元成立了陕西正森农业生态有限责任公司,他还注册了"正森"绿色食品商标。2012年李正森投资建设玻璃丝骨架大棚150个,购买高效灭菌炉、自动装袋机、电动翻料机等食用菌生产配套设备50余台,同时配套建设了装袋车间、菌种室、接种室、锅炉房、仓库、冷库和加工包装车间。

金米村既是板栗大村,又是核桃改良大村,每年林木科管会产生大量的树木枝条,还有大量的植物秸秆。自从在金米村建起食用菌公司后,他就从村民手中收购这些树木枝条、废弃秸秆和玉米芯、麸皮、玉米糠等,让这些往日的废弃物变成了钱串串。李正森还在生态循环经营上多动心思。

对食用菌进行专业化生产、加工、销售,将食用菌培养基使用后又作为有机肥料还田,整个产业流程确保不给环境造成损害,公司采取"公司＋协会＋农户"模式,充分发挥龙头企业的示范带头作用,统一培训、统一管理、统一回收、统一正森品牌销售,提高了菇农抗御市场风险的能力,带动周边农民发展优质、高效、生态、安全农业。

2012年3月,在陕西正森农业生态有限责任公司的带动下,金米村组建了金米食用菌产业协会,村上33户农民加入协会,依托正森农业生态有限公司发展食用菌,仅去年村上生产食用菌150万袋,产鲜菇1750吨,年产值达1000万元。

90后小女孩发明磁性剪纸一年掘金30万

2008年9月,王子月到校报到,成了杭州师范大学医药卫生管理学院医药营销专业的一名新生。之所以选择这所大学,是因为她听说这是一个提倡和支持大学生自主创业的学校,她所崇拜的阿里巴巴创始人马云就是从这里毕业的。另外一个原因是,杭州离义乌很近,能更方便地实现她的创业梦想。

在学校里,依托磁性剪纸等几项专利,王子月组建起了自己的"飞点儿"磁性剪纸创业团队,尽情地展现着自己的才华。2009年6月,她在义乌注册了属于自己的公司——义乌市廿分红磁性剪纸有限公司。随后,又与同样抱有创业梦想的同学创立了磁性剪纸创意文化公司。2009年11月1日,王子月带领她的磁性剪纸团队参加了以"励志、成才、就业、创业"为主题的浙江省大学生职业生涯规划大赛,与全省85所高校推选出的300余件作品同台竞技,激烈角逐,并最终荣获此次大赛的最高奖——"双十佳职业规划之星"。

2009年12月24日,王子月的磁性剪纸文化创意公司摘得杭州经济技术开发区"大学生创业训练营暨创业大赛"头魁,领取了一万元创业资金援助。主办方还在杭州滨江区为王子月提供了免两年租金的写字间。

2010年1月20日,杭州日报大学生创业就业俱乐部、高新区(滨江)大学生创业园主办的"相约在高新创业在年少"杭州市大学生创业创意选拔大奖赛中,"磁性剪纸文化创意"团队,再次荣获金奖,并从主办方手中接过了一份贺岁大礼——5000元奖金和一份价值1万元的创业资助协议书。

(资料来源:青年创业网,网址:https://www.qncyw.com/media/page/42366.shtml,2019年7月13日。)

【拓展阅读】

生涯导航,理性决策——大学生小张的职业选择之路

小张,某理工大学数学与应用数学专业大二的学生,主修课程包括宏微观经济学、C程序设计、数据库原理等。擅长统计和数据录入,爱好舞蹈。在校期间担任学校团委某运营中心总负责人和沪语社宣传部长。

小张目前困惑于考研和工作如何抉择,一方面近几年考研人数较多,竞争压力特别

大,如果全力准备考研的话,考上固然好,考不上又会耽误实习,错过应届生就业的黄金期;另一方面读研究生是否对未来的职业发展有所助力,是否有必要,也让小张纠结不已。为此她曾去商业机构进行生涯规划咨询,但结果仍然云里雾里,未能找到方向。因此随母亲一起来到徐汇区就业促进中心进行职业规划,希望可以得到职业指导师的建议。

案例分析

　　小张的问题需要透过现象看本质,考研还是就业,这看似是个选择题,其实质上是一个论述题。这个问题的提出具有更深层次的原因。职业指导师首先通过面谈对小张进行了全面了解。

　　从生活学习到过往经验,指导师让小张了解到自己擅长和不擅长的地方。从谈话中得知小张喜爱数据却并不仅仅是单纯的处理数据,开拓和创新的事情比如策划会给她带来成就感。她认为团队管理和沟通是困难的,催促团队成员做事经常让她感觉到烦恼。当谈到未来职业倾向时小张说她希望将来可以获得一份行业上升空间大、稳定的可以和数据打交道的工作。

　　小张告诉职业指导师她一直因高考失利而耿耿于怀,所以希望通过考研来证明自己,具体考什么学校,什么专业也从未想过。这也侧面表明了小张原先的考研动机其实和就业的关系并不密切,她对将来的发展方向还是缺乏理性的思考。愈来愈激烈的职场竞争意味着求职者需要尽早地树立求职目标并进行规划。清晰的职业目标可以为求职者提供最佳的职业发展道路,作出最理智的决策并执行。

案例指导

一、全面的自我认知

　　一个人对未来的职业发展充满困惑往往反映了他还没有做到全面的自我认知。当她了解到了自己的特点和兴趣取向时,就会更容易地找到符合心意的行业和职位,也会有更加明确的决策和行动。职业素质测评可以帮助求职者更加全面地了解自我。职业指导师为小张做了一套全方位的职业素质测评,结合前期对小张的了解,该套测评能够比较客观地反映小张的实际情况,她本人也对测评结果比较认可。

　　测评系统以及指导师推荐了较适合小张的共 4 个行业 20 个职业,职业指导师运用排除法协助小张选择了她最感兴趣的四个职业,包括:金融分析师、财务分析师、审计、数据库构架师。接下来指导师让小张运用身边的资源以及各大招聘网站的信息对这几个职业进行重点了解。

二、多方位的职业认知

　　是否全面地掌握信息对职业选择来说至关重要,对于职业的认知不能只凭借于自己的刻板印象,而应该尽可能地运用身边资源去多方位的了解其目标职业,二次确认自己是否真正喜欢并擅长所选择的职业。

　　指导师通过布置作业的形式,让小张通过亲朋好友的经验、招聘网站、专业论坛以及相关职业书籍对所选职业进行更深层次地挖掘。经过全面地分析后,既可以再次确认这是否为她期望从事的行业,也能够使她对该行业的入职及晋升条件有所了解,为决策提供依据。

三、明确的职业目标

小张纠结是否需要考研的原因归根结底是她还没有明确自己的职业目标。各行业在选拔人才时最看重的点是不同的。有的行业需要专业的高学历人才,而有的行业对实践经验丰富的人更感兴趣。求职者需要对自己理想职业的要求和入门标准有一定的了解,并依照这个行业看重的点来进行相对应的积累。

从前期的咨询来看,小张为自己选择的最理想的职业目标是金融分析相关岗位,是对专业性要求比较高的职业,这方面的从业人员大多为名校硕士学历起底。这就意味着如果小张将来想要从事这些职业,那么考研是她比较明智的选择。

四、具体的执行方案

每个学校都有自己的优势专业和关联职业圈。职业圈代表了人脉,多人脉往往意味着多优势。因此在确认了考研后,小张的目标专业和院校也是需要被提前规划的。

除此之外,方案规划需要考虑多种可能性,不能只考虑积极的一面。职业指导师将小张的职业目标和上海的优质大学、专业相结合,按照难易程度和小张的学历水平作出了三个备选方案。

方案一:某知名财经大学金融分析相关的专业。

方案二:某师范大学数统相关的专业。

方案三:金融行业基础工作先就业,通过报读在职研究生深造。

此外,职业指导师还指出小张可以通过参与社会各界志愿者服务来弥补社会实践不足的问题。

小张在职业指导师的协助下确立了职业目标,考研还是工作的问题就迎刃而解了。此外,职业指导师在帮助来访者做方案时,需要全面的考虑事件中可能会发生的结果,提供多方案备选。

(资料来源:搜狐网,网址:https://www.sohu.com/a/435369244_748653,2020 年 11月 30 日。)

思考题:

1. 结合你自身情况,谈谈你最理想的就业方向选择及其原因?

2. 当前毕业生能够申请参加的基层志愿项目有哪些?

3. 你认为自主创业最需要的条件是什么?

第四章

就业过程指导

> 兵马不动，粮草先行。
>
> ——《南皮县志·风土志下·歌谣》

就业意味着什么？对个人而言，意味着收入和尊严；对家庭而言，意味着支柱和希望；对社会而言，意味着稳定和发展；对国家而言，意味着繁荣和富强。因此，准毕业生要根据自身的素质、特点、客观条件及就业期望等，在求职活动中精心准备，巧妙运用各种条件，积极就业。

即将踏入职场的准毕业生，在求职过程中，需要有哪些准备？首要是有充分的就业思想准备，良好的开端是成功的一半，那如何才算"良好的开端"？就业信息的搜集、求职过程是否准备充分、求职技巧是否运用得当，都是求职过程中很重要的内容。

第一节　就业信息搜集与处理

当今社会是数字经济社会，信息的传播、接收、处理和应用已经融为一体。对大学毕业生来说，就业信息掌握的充分与否、正确与否，关系到成功就业与否。如若大学生缺乏对信息的把握，将会因就业信息的缺失而错过良好就业机会。大学生应通过各种途径及时准确地掌握就业信息，进行分析、筛选、整理，最终作出正确地判断和决策，为将来成功就业提供良好的基础和依据。大学生应了解和掌握就业的相关程序和步骤，将信息与步骤有机结合，以提高就业成功率。

一、就业信息的概念

一般意义上的信息可以理解为各种资料、消息、政策、情报等，是通过各种媒介传播而获得的非物质性产品（无形产品），主要途径包括报纸、电视、杂志、广播、网络、资料文献、人际关系等。从表义上讲,信息(又称作讯息),即资讯,是一种消息,通常以文字、声音或图像的形式加以表现,是数据按有意义的关联排列的结果。

就业信息是信息的一种外在表现形式,是关于各种就业政策、制度与供需情况等方面信息的总称。就业信息按照来源层级的不同,可将其分为宏观和微观两种。宏观的就业信息是指国家政治经济发展状况、国家和地区间就业政策和计划、产业发展和布局、社会总体供需状况、企业改革和劳动人事制度等与就业相关的信息。微观的就业信息主要是指某些部门和行业对就业者素质和能力的信息,主要包括写作能力、专业素质、外语水平、心理素质、计算机能力及口头表达能力等。若从更细微上看,是指单位的具体情况,主要包括工资待遇、福利、发展前途、人际关系、结构和规模等内容。因此,就业信息是就业者通过各种途径和方法获得的,并经过加工、分析、判断和筛选之后,提取对自身就业有价值的、可利用的各种政策、资料、消息和情报的总和。

二、就业信息搜集途径

(一)网络媒体

2020 年 3 月,中国互联网络信息中心(CNNIC)发布的第 45 次《中国互联网络发展状况统计报告》。该报告显示,我国网民规模为 9.04 亿,互联网普及率达 64.5%,庞大的网民构成了中国蓬勃发展的消费市场,也为数字经济发展打下了坚实的用户基础。毕业生通过互联网获得就业信息是一种高效、快捷、便利的途径。

国家级就业信息发布平台
团中央"青年之声"　　http://qnzs.youth.cn
中国公共招聘网　　http://job.mohrss.gov.cn/
中国人力资源市场网　　www.chrm.gov.cn
中国国家人才网　　www.newjobs.com.cn

省级就业信息发布平台
福建省毕业生就业创业公共服务网　　http://www.fjbys.gov.cn//
福建人力资源和社会保障厅　　http://rst.fujian.gov.cn/
中国海峡人才网　　http://www.hxrc.com/

地市级就业信息发布平台
福州市人事人才公共服务中心　　http://www.fzrsrc.com/
福州市人力资源市场网　　http://www.fjfz.lm.gov.cn/
厦门市人力资源和社会保障局　　http://www.xmhrss.gov.cn/
三明人事人才网　　http://www.smbys.com/

知名招聘网站
前程无忧人才网　　http://www.51job.com/
智联招聘　　http://www.zhaopin.com/

赶集招聘网　　　http://www.ganji.com/

(二)地方人才市场招聘会

地方人才市场招聘会一般是行政组织或单位联合组织举办的活动,目的是帮助地方企业解决用工问题,帮助求职人员求职就业。这类招聘活动是用人单位与大学生双向选择,单位多、岗位多。大学生直接获得许多招聘信息,还因为供需见面,可以果断决策,甚至签订协议。去地方人才市场招聘会不只是寻找职位,还可以调查公司的情况、发现招聘人员特点、练习面试技能以及练习与人交流的技能等。

海峡人才招聘会,每周六在福建人才大厦(福州市东大路 36 号)招聘大厅举办。

福州市人力资源市场,周五免费招聘会,五里亭劳动保障大厦一楼公共就业服务大厅召开现场招聘会。

(三)校内就业工作网站

校内就业指导中心网站,一般指学校就业指导中心或提供招聘信息的相关组织网站。主要负责就业信息发布、就业手续办理、校园招聘会等。帮助大学毕业生顺利就业是学校就业指导中心的工作,学校就业指导中心发布的信息已是经过多方的了解与搜集,就业信息的可靠性与安全上可以保证。

福建商学院就业网站:https://www.fjbu.edu.cn/xgb/jygz/index.shtml。

(四)毕业实习

毕业实习单位等一般都是专业对口单位。毕业生不仅能使自己所学的知识直接用于管理、生产或其他社会服务,而且还可以更直接地了解实习单位的用工情况。同时,用人单位对毕业生也有了一定的了解,如果双方都有意向,将会是不错的选择。每年毕业生通过这种渠道就业的也不少。

(五)熟人介绍

熟人包括亲戚、朋友、同学、老师等推荐用人单位。他们提供的信息大都为了帮助企业解决用人荒,一般也是可信的、具体的,比较容易应聘成功的,但是其信息量小,没有比较、挑选的余地。

(六)电话求职或登门拜访

直接和用人单位沟通,了解招聘信息,是最直接、最准确、最及时也是最有效的方法。但需要注意的是,在登门拜访时不要让自己的父母、同学陪同前往,因为有家长、同学陪同,会给用人单位造成求职者不成熟、依赖性强的印象。

(七)传统媒体

主要包括报刊、户外、通信、广播、电视以及自媒体以外的传统意义上的媒体。

(八)职业介绍所

人才市场以中介服务机构组织的面貌出现。一般情况下,这些中介机构是经过当地政府人事部门或其他有关部门批准,专门从事人才市场中介服务的机构。当然这类人才市场是面向全社会,并不是针对大学生,而且是有偿服务,因此必须对有关信息进行甄别、筛选,例如海员招聘。

二、如何甄别网络求职信息的真实性

(一)发布招聘信息网站的权威性

一般发布招聘信息的网站都是常见的正规的网站。但是,并不是正规网站上的所有招聘信息都可以百分之百相信,所以求职者要学会判断招聘信息真伪。

(二)招聘企业的资质真实性

登入全国组织机构统一社会信用代码数据服务中心(原全国组织机构代码管理中心,网址为:https://www.cods.org.cn),或登入福建省组织机构代码(http://www.fjdm.org.cn/jgdm.do? action=doSearchDm)等,查询公司是否真实存在,是否存在经营异常、违法失信行为。注意:一定要输入公司全称。

另外,常有一些虚假信息冒充大型企事业单位,多以国字号或者重要地名开头。

(三)招聘联系方式真实与否

一般企业都有以其域名命名的招聘邮箱,如不是,需要注意126等域名的邮箱,虚假招聘信息常用这种域名邮箱。同时,要注意联系电话能否打得通,企业地址是否真实。

(四)招聘岗位描述的真实性

有些企业把想招的岗位用其他岗位替代进行招聘,如招聘客服可能说成是招聘行政文员,如招聘销售可能说成是内勤。这样的招聘信息往往只是吸引求职者眼球,因企业急缺这种岗位人才,而往往难以招聘到,故出此招。

(五)薪酬待遇与岗位是否相匹配

有些虚假信息往往夸大待遇,导致求职者在求职过程中或进入企业工作后才发现薪酬待遇不实。

(六)求职中是否要求缴费等

正规公司的招聘会在招聘信息中发布招聘流程,不会要求求职者交纳所谓的报名费、体检费等。如果要求求职者携带必备生活用品到某某地方去进行面试、实习之类的,一定要提高警惕。

(七)招聘企业名称不规范

一些招聘企业挂名"文化传播""某某科技"等，要特别警惕，这类公司可能是挂羊头卖狗肉，或者就是虚假公司。

总之，在信息未核实前，不可贸然只身前往，只有处处留心，才能最大可能地规避求职过程中存在的风险。

三、求职信息的处理

多收集招聘信息→列表整理→有效排序→了解重点单位→向意向单位发送个人资料→询问结果→防止陷阱，提高竞争力。

(一)多一条信息，多一次机会

尽可能通过多种渠道收集与自己专业相关的招聘信息。在整理搜集到的信息范围时，不能局限于"热门"单位和周边较近的地区，这样一来，会大大降低就业的成功率。同时，注意信息的实效性，一定要收集最新的信息，淘汰过时信息。即使已经进行了面试，还要继续收集，直到与招聘单位签订就业协议。

(二)列表整理，重点掌握

一些招聘单位利用不同渠道发布招聘信息，在广泛收集的基础上剔除重复性的信息，以免重复劳动，花费不必要的精力。可以将搜集到的所有就业信息进行比较，初步筛选之后，把重点信息选出，标明并注意留存，一般信息则仅做参考。

(三)有效排序，有所取舍

将招聘单位排序，选择适合自己的就业信息，最感兴趣的单位和最有可能成功的单位是自己应花较多精力和时间去积极争取的，在招聘活动有冲突时，可以有所取舍。

(四)深入了解，便于沟通

深入了解重点单位的性质、地点、招聘岗位职责和负责人姓名、职务。可以使自己的介绍更具针对性，使对方感觉你正是他们所需要的人才；了解负责人姓名和职务，在称呼时更显尊重、亲切，对接待者特点的了解，也便于顺利沟通。

(五)有针对性发送个人资料

给感兴趣的单位发送简历和求职信，求职信必须具有针对性，不能千篇一律。发信时应做记录，以免重复发信或忘记及时询问结果，从而失去被接纳的机会。

(六)用合适的方式及时询问结果

根据招聘单位要求,采用电话、电子邮件、信件或亲自登门询问的方式,在其规定时间内及时询问结果。

(七)防止陷阱,提高竞争力

要注意辨别那些工资待遇说得很高的、工作条件说得很好的招聘单位。还要根据职业信息的要求及时调整自己的知识、技能结构,提高自己的工作能力,弥补原来的不足,最终提高自己的竞争力。

求职过程中,毕业生是否会搜集、利用就业信息,在其择业过程中会起到重要的作用。搜集的就业信息越多,就业机会就越多。信息处理得好,就能事半功倍。毕业生求职的成功与否,就业的质量如何,个人的素质和能力是决定性的因素。但在人生前途选择的重要关口,机遇的发现和挖掘、机会的把握、牢牢抓住择业最佳时机等都是顺利就业的关键所在。在这个发展迅速的社会,任何事都可以创新,搜集和处理信息的方法也不是一成不变的,"没有最好,只有更好"。只要充分认识到就业信息的重要性,在认真掌握以上方法的基础上,勤奋努力,就一定能创造性地走出一条属于自己的成功之路。

四、就业求职的陷阱及对策

毕业生求职陷阱是指违法人员或犯罪分子利用毕业生求职心切而采用非法手段,侵害毕业生财产权益和人身权益的非法活动。毕业生求职陷阱通常表现为骗取毕业生的财物、个人信息、低廉或者免费的劳动甚至侵害毕业生人身自由或者其他人身权益等。

(一)中介陷阱

从事职业介绍的中介机构很多,良莠不分,有些"三无"中介机构和用人单位相互勾结,设下陷阱。主要表现为以下几个方面。

(1)中介机构的名头一般很大,如"中国××人才市场""南方××人才市场""长三角××人才市场"等等,实则是无资金、无固定办公场所、无营业执照的"三无"公司。

(2)发布信息手段比较简单,如小广告或在招聘现场放一张桌子、一张椅子和一堆不真实的材料,追求的是小投入大产出。

(3)规定 3 个月以下的试用期,且制定较为苛刻的试用条件。

(4)不出 3 个月,便会以各种理由辞退大学生,有些甚至在收取费用后马上逃之夭夭。

(5)逐步收费,让应聘者欲罢不能。通常这些中介会要求职者先交 50 元的查验各种证件的费用,过两天,再要求职者交上 200 元或更多的中介费用,并明确表明这些费用是不退的。为了骗取求职者的信任,他们会当面联系落实单位,其实电话那头不过是另一个骗子而已。

(6)不法分子以各种理由收取费用,进行诈骗,包括培训费、服装费、风险押金等。比如，以新人培训后才能上岗、培训时需缴纳相关费用等为借口，骗取毕业生的财物。

对策：遭遇上当受骗，可以向当地人力资源和社会保障行政部门进行举报。

需通过正规的人力资源服务机构、招聘网站进行求职。

正规人力资源服务机构应具有工商营业执照、固定的工作场所、年报公示情况（通过各级人社部门门户网站查询）等，切忌因贪图高薪、省事而忽略了对人力资源服务机构的了解。

【拓展阅读】

按照《中华人民共和国就业促进法》规定，用人单位不得以任何名义向求职者收取体检费、押金、报名费、手续费、存档费、服装费和保证金等费用。入职体检通常都是要求求职者自行到二甲以上医院进行，正规单位不会代收体检费用。

【案例阅读】

长春市某大学计算机专业学生张某从 10 月中旬起已投出了 60 多份简历，均石沉大海。11 月 20 日，张同学打开自己的邮箱，发现了一封来自广东省粤海电子科技有限公司的回信，信的大概意思是：企业看到她的个人简历之后十分满意，已决定录用她，并为她建立了个人档案，2006 年毕业之后，即可到该公司上班，工资待遇每月 3000 元。为了避免张同学进行多项选择，公司决定先向她收取 200 元的抵押金，并附上了公司的账号。"当时我真的太高兴了，就像看到了曙光，我一直就想到南方发展。看到要求交抵押金时，我确实犹豫了，但是转念又一想，不能因为 200 元钱而失去这么好的机会啊，所以第二天我就把钱汇过去了。当我在 23 日打那个公司的电话询问钱是否到账时，发现所有的电话不是关机就是占线。直到现在，我也没有联系到这家公司。"张同学说。

（资料来源：应届毕业生网，网址：https://www.yjbys.com/qiuzhizhinan/show-157356.html，2017 年 10 月 7 日。）

(二)培训贷陷阱

"培训贷"是指某些培训机构将高薪就业作为诱饵，向求职人员承诺培训后包就业，但须向指定借贷机构贷款支付培训费用。然而，培训结束后，该机构并不会兑现承诺，求职者还会因此欠下一大笔债务。

对策：要增强辨别和防范意识，参加培训前一要看培训机构是否具备培训资质，二要看经营范围是否包含培训内容，三要看承诺薪资是否与社会同等岗位条件薪资水平大体一致。同时，要注意保留足够的材料，一旦发现被骗，请立即向有关部门报案。

【案例阅读】

2018年1月初，南京某高职学生黄丽（化名）在网上搜寻求职信息，看到一家位于南京市新街口的科技公司正在招聘新媒体编辑。简历投出后没过几天，她就收到了这家公司的面试通知。

面试时，这家科技公司的人事经理告诉黄丽，她之前所学的专业并非新媒体类，既然如此，不如选择IT类的岗位，"做UI设计师，薪资水平高，发展前景也很好。"黄丽表示自己对计算机并不了解，但这名面试官不断给她介绍IT行业的发展前景，并承诺可以保障高薪工作。黄丽说自己没有这方面的经验，但对方却称黄丽条件很好，公司还可以为她提供培训。

这名人事经理紧接着向黄丽介绍了公司的两种人事合同：一种是在公司工作3—5年，但薪资较低，每个月3500元；另一种是先在公司工作一年，每月工资4500元，一年结束后，她可以选择留在公司或跳槽。与第一种合同不同的是，签第二种合同，需要交培训费19800元，可以分期付款。为了让黄丽安心，她还表示其他公司的这一岗位的月薪一般都有5000元—6000元，即使跳槽，以后的待遇也有保障。

听完介绍，黄丽表示自己更倾向于第二种合同。当她表示可以接受分期付款以后，就与这家公司签订了一份名为《实训及服务协议》的合同，在该公司学习一门名为UID（用户界面设计师）的课程。在对方的指导下，黄丽在其提供的表格中，详细填写了身份证号码和银行卡号等个人信息，并进行了手持身份证拍照和人脸识别等操作。黄丽记得非常清楚，当时并没有其他工作人员在场。

直到1个月后的2月15日，一名自称"宜信贷款"的工作人员打电话给黄丽，她这时才知道自己背上了高息贷款。后来，她了解到此前培训时通过这家公司一共贷款19800元，共需还款25000元，利率在10％左右。

记者在一名受害者提供的"账单"截图显示，分期金额是19800元，分期期数24期（前6个月不用还，后期18个月还清），每个月要还清1364.22元。交易时间是2018年1月。黄丽觉得利息太高无法承受，当年8月，她一次性提前还清贷款。

记者获得的一份《实训及服务协议》显示，实训周期是4个月，实训费用是19800元。在付款方式上，有"自筹资金"和"采用分期付款"两种形式。这份协议的"付款方式"条款写着，自筹资金0元，分期19800元。

她回过头翻看合同才发现，合同里并没有提到培训期间发放工资和培训结束保障工作的条款。所谓的实习合同，只是一份普通的培训协议。

（资料来源：人民网，网址：http://edu.people.com.cn/n1/2018/0921/c1006-30306680.html，2018年9月21日。）

（三）传销陷阱

传销是国家明令禁止的行为，特征是发展"下线"，通过骗取他人加入，缴纳各种形式费用来牟取钱财。有些非法的传销机构,披着合法的公司外衣,打着对外招聘的幌子,要求职者上岗后先购买公司的产品或者交纳入会费,再进行销售。

当你遇到以下情况时,请保持高度警惕——

(1)有人主动提出为你找工作或邀请你到某地游玩;

(2)有事没事给你打电话,向你炫耀他的工作如何轻松、快乐、赚钱;

(3)向你询问大量别人的电话号码或让你给他介绍人过去工作;

(4)一般对方在给你打电话时都有一定的兴奋度;

(5)若你对其介绍的工作动心后,对方会要求你独身前往,并要你辞掉目前的工作;

(6)若你问及工作的具体情况后,对方一般都尽量掩盖,并且告诉你公司里有他某个亲戚后台或十分关心自己的老总。

对策:一是树立正确的求职心态,相信通过自己的努力和学校的帮助,一定会找到工作的。

二是不要过分相信他人的甜言蜜语和夸大的不实之词,要坚信天上不会掉下馅饼,只有通过诚实劳动才能致富。

三是要通过正规渠道和正当途径获取就业信息,拒绝道听途说和网络上帖子的信息。

四是万一不幸误入传销陷阱后,要想办法尽量摆脱,必要时向学校和警方救助。

【案例阅读】

张某、吴某、李某(女)是在同一高校上大三的美术专业的同班同学。2013 年 2 月的一天,认识张某的周某从广州打来电话,说他现在是广州一家广告公司的业务副经理,近来因业务发展,急需招聘美术、广告设计方面的专业人才,希望张某和他的同学能利用寒假机会,来广州实习打工,月工资二千多元。如果觉得可以,毕业后可去该公司工作。张某便与同学吴某、李某三人一起到了广州。第二天,周某拿来合同书让他们每人填写了一份,并说:"你们现在已与公司签订了合同,明天就正式上班,但每人要交押金 3000 元。如辞职离开公司,押金随时如数退还。"三人一想,既有熟人,又有合同和承诺,便从准备交学费和生活费的钱里,拿出 3000 元交了押金。当天下午,周某就带三人开始岗前"培训"。"培训"并不是讲广告设计等工作方面的事情,而是讲怎样赚钱,怎样暴富和赚钱要不择手段以及"发展下线、金字塔"理论等等。

在这样几次的"培训""洗脑"中,主讲的这些人慢慢地就撕掉了遮羞布,"传销"的面目暴露无遗。经过几天"培训""洗脑"后,公司让他们"上班",就是打电话、动员蒙骗认识的、想找工作的人来"工作"。他们三人就这样上了"贼船"。转眼到了开学,他们也没有回校上课。学校向家里打电话寻找时,家里才知道孩子还没去学校报到,吴某、李某的家长忙从广州把二人追回送到学校。此时,他俩一分钱也没挣下,反而连押金也没有要回来,前后每人共被骗了四千多元。而张某却铁了心,死心塌地地走下去,最后被学校除名。

(资料来源:新浪博客,网址:http://blog.sina.com.cn/s/blog_5f612d660/00f17h.html,2009 年 10 月 6 日。)

（四）扣留证件陷阱

《中华人民共和国劳动法》规定：用人单位招用劳动者，不得扣押劳动者的居民身份证和其他证件，不得要求劳动者提供担保或者以其他名义向劳动者收取财物，而在现实中却普遍存在一些用人单位扣留毕业生证件的情况，理由是防止求职者干一段时间就跳槽。无论用人单位给出何种理由，这种行为都是违法的。

对策：任何单位和个人都没有权力扣留他人证件原件，证件只是作为招聘企业核实求职者身份和成绩的标准，正规企业是没有必要保留原件的。所以，去面试的时候，最好只带上证件的复印件，若招聘企业要求带原件，给招聘单位展示之后一定要拿回来。需要提供证件复印或者影印件的，要在合适位置注明具体用途。

【案例阅读】

翁女士今年五月的时候面试了福建某公司，入职的时候，公司以"办理入职手续和社保"为由，扣押了她的一些证件材料的原件，其中包括翁女士本人的"注册造价工程师资格证""二级建造师资格证""中级工程师证"和"毕业证"等等。但是，入职不到一星期，翁女士便通过同事了解到，这家公司的效益很差，经常拖欠工资，于是就不打算继续工作下去，要求把自己的证件还回来，但该公司却一直不肯归还，除非翁女士能提交5000元"违约金"。

（资料来源：厦门湖里派出所公众号，2019年2月18日。）

（五）试用期陷阱

试用期是一个敏感的阶段，应聘的大学生虽已踏进用人单位，但在成为正式员工前惴惴不安，生怕失去工作，所以对用人单位总是百依百顺答应一切要求。一些用人单位也摸透了大学生的这种心理，借机牟取非法利益。用人单位的做法主要有以下几种。

1. 试用期不签订劳动合同

试用期原本是用人单位与劳动者为相互了解对方而约定的考察期，然而却成了很多用人单位降低人工成本、使用廉价劳动力的一个堂而皇之的借口。部分用人单位在试用期不与大学生签订劳动合同，在试用期满后以各种理由辞退应聘者。这使应聘的大学生白白付出大量时间精力，也错过最佳就业期，造成很大损失。

2. 试用期内随意解除劳动合同

劳动者勤勤恳恳地在用人单位工作三个月，眼看试用期将满，没有收到转正通知，却得到因不符合录用条件而被辞退的消息。这种情况在大学生就业时也十分多见，也是用人单位不合法的用工方式。

3. "试用期"等于"白用期"

大学生对劳动法律法规不了解，以为试用期就应该拿低工资或者没有劳动报酬，这是一种误解。基于劳动关系的劳动应当得到相应的劳动报酬。

4. 试用期不提供工伤保险待遇

根据《中华人民共和国劳动法》及其相关配套法规规定，试用期包括在合同期内，故在试用期内发生工伤，也应享受工伤保险待遇。

对策：根据《中华人民共和国劳动法》规定，"劳动者在试用期的工资不得低于本单位相同岗位最低档工资或者劳动合同约定工资的百分之八十，并不得低于用人单位所在地的最低工资标准。"

大学生在求职时一定要仔细阅读劳动合同，尤其是关于劳动报酬、工作内容、合同期限和社会保障等方面的细节。同时，要注意就业协议书不能代替劳动合同，单凭就业协议书，学生正式报到就业后的劳动权利无法得到保障。所以，找工作时要特别注意企业是否准备劳动合同，避免利益受损。

【推荐阅读】

数字化背后的新机遇

《劳动合同法》第十九条规定：劳动合同期限三个月以上不满一年的，试用期不得超过一个月；劳动合同期限一年以上不满三年的，试用期不得超过两个月；三年以上固定期限劳动合同和无固定期限的劳动合同，试用期不得超过六个月。（试用期包括在劳动合同的期限中，同一用人单位与同一劳动者只能约定一次试用期。）

【案例阅读】

小罗是北京师范大学的大四学生，她四处投递简历，寻找工作的时候接到了一家小型出版社的电话，该出版社表示，如果小罗可以在出版社实习三个月并且表现得令人满意的话，双方就可以正式签约。小罗想，在求职的高峰时期去实习的话，将错过不少其他求职机会。而且，如何定义"表现得令人满意"也存在很大的问题，于是就没有答应。小罗的同学小夏听说之后，觉得机会难得，于是就联系了这家出版社。在三个月的实习中，小夏一直在出版社中忙项目、整理资料，十分认真。不过，三个月之后，出版社并没有与小夏签约。后来，小夏听说，出版社只是这段时间的工作比较多，需要她的帮忙，并没有打算正式签她。

（资料来源：应届毕业生网，网址：https://www.yjbys.com/qiuzhizhinan/show-371900.html，2017 年 11 月 10 日。）

（六）盗窃作品陷阱

由于聘请专家或者专业人才的费用较高，有些设计公司或者营销公司为了节约成本，通过大规模招聘的方式来获取好的创意或者方案。这类招聘往往要求应聘者做案例,进行创意反馈。由于这些公司并无实际岗位,求职者会因此失去了别的工作机会。

对策:求职者事先要和公司约定好策划或者创意的劳动版权问题,并声明自己的创意或者策划不得随意使用。同时,一定要留心,写完的任何东西,在提交时都要写上自己的姓名日期,如果还不放心可以拍照留存以防公司"骗才"。

【案例阅读】

小张是广告设计专业毕业生,一天在报纸上看到某广告公司招聘广告设计师的信息,于是按上面提出的要求精心设计了几份广告创意连同简历一起寄到该公司,但没有音讯。一个月后,小张突然在一本杂志上看到了自己设计的广告创意,而署名作者却是那家公司,小张这才意识到自己的创意遭到了剽窃。

(资料来源:吴秀娟、仲莹、郑栋之著,《新编大学生就业指导》,上海交通大学出版社,2018年版。)

(七)合同陷阱

1. 口头合同

签协议一定要慎重,必须把双方的约定以文字形式写下来,然后签字、盖章,"君子协议""口头协议"等都是空头支票,没有任何法律效力,一旦发生纠纷,大学生的利益无法得到保障。

2. 格式合同

格式合同是指当事人一方预先拟定合同条款,对方只能表示同意或者不同意的合同。

表面看起来,这种合同似乎无可挑剔,可是具体条款却表达含糊,甚至可以有几种解释。一旦发生纠纷,招聘方总会振振有词地拿出这种所谓规范式的合同来为自己辩护,最后吃亏的还是应聘者。

如果改变不了签订格式合同的命运,要注意的是劳动合同中有些条款是空白的,双方可以协商约定,把约定好的内容填上去。

3. 单方合同

即合同中只约定应聘方的义务,如遵守企业的各项规章制度,若有违反要承担怎样的责任;违约要交纳违约金,而合同上关于应聘者的要求几乎一字不提。

4. 生死合同

一些危险性行业的用人单位为逃避责任,常常在签订合同时,要求应聘方接受合同的"生死协议",妄图以与劳动者约定"工伤概不负责"的条款逃避责任。签订这类合同的主要是建筑、采石等从事高度危险作业的单位。这类企业劳动保护条件差、隐患多、设施不全,生产中极易发生伤亡事故。

5. 两张皮合同

一些用人单位与劳动者签订合同时，准备了至少两份合同：一份是假合同，内容按照劳动部门的要求签订，以对外应付有关部门的检查，但在劳动过程中并不实际执行；一份为真合同，是用人单位从自身利益出发拟定的违法合同，合同规定的权利义务极不平等，对内用以约束劳动者。

对策：劳动合同应当在建立劳动关系的一个月内订立。用人单位自用工之日起满一年不与劳动者订立书面劳动合同的，视为用人单位与劳动者已订立无固定期限劳动合同。用人单位未在用工的同时订立书面劳动合同，与劳动者约定的劳动报酬不明确的，新招用的劳动者的劳动报酬按照集体合同规定的标准执行；没有集体合同或者集体合同未规定的，实行同工同酬。劳动合同由用人单位与劳动者协商一致，并经用人单位与劳动者在劳动合同文本上签字或者盖章生效。

(八)高薪高职陷阱

用人单位为了吸引求职者，发布的招聘信息是高薪高职，但实际的工作岗位和薪资待遇却与招聘信息明显不符。

对策：要清楚自身实力，不要轻信高职高薪的诱惑，上岗前要签定试用期劳动合同，并明确岗位和薪酬。国有企事业单位的招聘信息都是通过单位官网、微信公众号等正规渠道公开发布的。另外，招聘职位与实际工作内容明显不符的话将构成欺诈，可以向当地劳动监察部门举报。

【案例阅读】

毕业生小林在大学时的专业是会计学，毕业的时候她去应聘某房地产中介公司的会计，招聘广告上写明了是招聘高薪会计。经过简单面试后，小林被录取了。但当她去报到时，却被告知，按照公司的规定，所有员工必须在一线先锻炼一段时间，熟悉整个公司的运作流程后方可回到本职岗位。于是小林就被分派到街区做业务员，每天的工作十分烦琐，而且公司迟迟不肯确定何时让小林回到会计工作岗位上。一段时间之后，小林无法忍受，只好提出辞职。公司以违反合约为由，要求小林支付违约金。

（资料来源：应届毕业生网，网址：https://yjbys.com/jiuyezhidao/qiuzhixianjing/993258.html,2018 年 4 月 1 日。）

(九)虚假兼职

虚假兼职，一般都不用求职者到办公地点，只需要在家完成、到时计件算钱的工作都用此套路，用人单位通过不停地"炒"试工者的"鱿鱼"，达到免费或廉价使用劳动者的目的。

对策：不要轻信既轻松又赚钱的"好差事"（比如：刷单返利），应树立正确的求职观、就业观。同时,要注意保护个人信息,不要轻易泄露银行卡、网银和支付宝密码等信息,不要随意打开陌生网址链接。

【案例阅读】

小王工作之余想做一份兼职,其中抄写员这一岗位吸引了他,没什么要求,只要会写字就行,而且能在家办公,给出的福利待遇也很诱人。小王心动了,就领到了将某份资料抄写 50 份的任务,大概抄了半个月,小王终于完成了 50 份的抄写。当小王把抄写完的稿件送到公司时,却说抄写太潦草,不合格,一分钱工资都没给小王。

(资料来源:豆丁网,网址:https://www.docin.com/p-215169442.html,2018 年 11 月21 日。)

(十)色情陷阱

对于女大学生来说,找工作时一定要注意色情陷阱,企业谎称月薪过万的"男女公关",实际的工作内容极有可能就是从事性服务,所谓的月薪过万无非就是从事性服务时客人给的小费。

对策:当遇到这种情况时,一定要提高警惕,发现情况不对就赶紧辞职离开,以免深陷其中。

【案例阅读】

在某知名大型求职网站上,北京某知名大学的行政管理专业学生小琳发现了不少招聘文秘的岗位。信息中指明要"应届大学生,相关专业出身,外表靓丽气质高雅"。高职位让小琳跃跃欲试,迅速投了简历,并附上几张生活照。惊喜的是这些"总裁秘书"职位给了回复,要求面试或 QQ 详谈。然而,求职结果却令小琳大跌眼镜。面试地点不是咖啡屋就是宾馆;QQ 详谈时,对方更是摆出一副招"小姐"的架势,亮出月薪 1 万的高待遇和好平台,却要小琳"比别人多付出一些"。

(资料来源:应届毕业生网,网址:https://yjbys.com/jiuyezhidao/qiuzhixianjing/424191.html,2018 年 3 月 22 日。)

总之,在求职前或求职过程中,应主动学习劳动法等相关法律及政策,提高自己的求职素质和独立思考的能力,把握底线,切莫急于求成、急功近利。遭受侵害时,要充分利用法律武器。最关键的是要提高自身的防范能力。

(1)从招聘广告开始防范风险。

(2)验证用人单位相关资质。"四看":看公司规模、看营业执照、看企业信用网上的企业是否存在违规经营及经营异常记录、看合同。

（3）在应聘过程中防范风险：保护个人隐私，保存好招聘信息、录用通知书、就业协议等证据。

（4）谨慎面对体检和外地上岗。

（5）权益受到侵害时及时举报。

第二节　求职材料的准备

求职材料是毕业生用来和单位取得联系，"投石问路"最常用的办法之一。在求职择业过程中，求职材料有着举足轻重的作用，推荐、面试、录用都离不开它。制作一份具有说服力、吸引用人单位的求职材料是求职过程中必要准备。

求职材料主要包括推荐材料、求职信和简历等。

一、推荐材料

（一）就业推荐表

就业推荐表是由学校毕业生就业指导中心统一印制的，是学校向用人单位推荐毕业生的书面材料。

就业推荐表填写的注意事项有如下几点。

1. 认真填写，不能涂改

就业推荐表具有代表校方的作用，有关部门加盖了公章。因此，填表的时候一定要细心、认真。个人信息、院系推荐意见等部分，一旦有涂改的地方，就可能引起用人单位的误解。

2. 叙述自己的突出优势

自己具有的一些突出优势可以在相应的栏里展示，比如发表的重要作品，或者突出的外语能力、突出的工作经历等。

3. 保证推荐表的唯一可信性

推荐表不可重新补办。毕业生在"双向选择"的过程中可以使用推荐表的复印件进行"自我推销"。只有与用人单位签订协议时，才向用人单位或人事主管部门交出推荐表的原件。因此，一定要保管好推荐表。

就业推荐信是毕业生和用人单位达成意向后，毕业生在签订就业协议前递交给用人单位的一份正式文件，用人单位应该妥善保存。毕业生如果因种种原因和用人单位解除了录用关系，应该索回就业推荐表，以便与下一个单位签约，遗失后要及时到学校就业主管部门补办手续，以免耽误求职。

(二)推荐信

推荐信是一个人为推荐另一个人去接受某个职位或参与某项工作而写的信件,是一种应用写作文体。

推荐信结构主要有以下几部分。

(1)第一部分:推荐人与申请人的关系。推荐人是在什么环境下认识申请人,以及相识多久。

(2)第二部分:推荐人对申请人资格评估。推荐人初识申请人时,对他有何特别的印象。举例证实推荐人对于申请人的评估结果。

(3)第三部分:对于申请人个人特质的评估(如:沟通能力、成熟度、抱负、领导能力、团队工作能力等),或是有哪些需要改进的地方。

(4)结论:推荐人对于申请人的整体评估。评估申请人完成学业以后,未来在个人和专业上的发展。申请人会为团队带来什么贡献等。

【拓展阅读】

推荐信范例

尊敬的领导:

您好! 首先感谢您在百忙之中抽出时间来阅读我学生××的推荐信! 这对一个即将迈出校门的学子而言,将是一份莫大的鼓励。

该学生是××大学的一名应届毕业生,专业是信息工程。我是××同学四学年的班主任,并在大二下学期担任了他专业基础课信号与系统课程实验的指导老师。

该学生在大学期间,在各方面都能严格要求自己,积极要求上进,学习踏实努力。在班级50名学生中,他一直保持前五名的好成绩,在年级250人中,也总是能排在年级前30名。他熟练掌握C语言、dreamweaver等专业软件,在实验课程中动手能力强。英语成绩优秀,在大学期间通过了全国大学英语四级(606分)和全国大学英语六级(577分)。

认真学习专业知识的同时,该学生还注重课外知识的积累。他不仅爱好文学,并且选修了多门经济学课程,如西方经济学、投资学、工程经济学等。在工程经济学课程中,组织了一次高校奶茶店联盟的校园创业设计活动,获得老师和同学们的一致好评。

在完成学业任务的情况下,该学生还积极参加社会实践和课外兼职实习。曾经担任过××公司的校园推广代理、××计算机培训机构的宣传员,参加过××通信公司的暑期实习,并且在学校教务处担任教师助理,有较强的工作能力和处事能力。

与此同时,该学生一直积极努力地提高自己的政治思想觉悟。参加了多期学校的党课培训,并且已经通过学校的考核成为一名预备党员。该学生人品端正,有爱心,责任心强,能明辨善恶是非。在个性上沉稳踏实,勤奋努力,在平时的学习生活中为人谦虚,尊师敬长，团结同学，具有很强的团队合作能力和很好的服务精神。

总之，我愿意推荐××同学到贵单位工作。同时，我也相信他能胜任以后的工作岗位！感激您对这位申请人做慎重的考虑。

推荐人：×××

××年××月××日

（资料来源：快提升学习资料公众号，2020年8月10日。）

二、求职信

求职信是求职者写给用人单位的信，目的是让对方了解自己、相信自己、录用自己，它是一种私人对公并有求于公的信函。求职信的格式有一定的要求，内容要求简练、明确，切忌模糊、笼统、面面俱到。

（一）求职信内容

1. 标题

求职信的标题通常只有文种名称，即在第一行中间写上"求职信"三个字。

2. 称谓

称谓是对收信人的称呼，写在第一行，要顶格写收信者单位名称或个人姓名。单位名称后可加"负责同志"；个人姓名后可加"先生""女士""同志"等。在称谓后写冒号。

求职信不同于一般私人书信，收信人未曾见过面，所以称谓要恰当。

3. 正文

正文要另起一行，空两格开始写求职信的内容。正文内容较多，要分段写。

第一，写求职的原因。首先简要介绍求职者的基本情况如：姓名、年龄、性别等。接着要直截了当地说明从何渠道得到有关信息以及写此信的目的。

第二，写对所谋求的职务的看法以及对自己的能力要作出客观公允的评价，这是求职的关键。要着重介绍自己应聘的有利条件，要特别突出自己的优势和闪光点，以使对方信服。

第三，提出希望和要求，向收信者提出希望和要求。如："希望您能为我安排一个与您见面的机会"或"盼望您的答复"或"静候佳音"之类的语言。这段属于求职信的内容的收尾阶段，要适可而止，不要啰唆，不要苛求对方。

4. 结尾

另起一行，空两格，写表示敬祝的话。如："此致"之类的词，然后换行顶格写"敬礼"或祝"工作顺利""事业发达"相应词语。

5. 署名和日期

写信人的姓名和成文日期写在信的右下方。姓名写在上面，成文日期写在姓名下面。

姓名前面不必加任何谦称的限定语,以免有阿谀之感,或让对方轻看你的能力。成文日期要年、月、日俱全。

6. 附件

有说服力的附件是对求职者鉴定的凭证。所以求职信的附件是不可忽视的组成部分。

附件可在信的结尾处注明。如:附件1.×××××××2.×××××××3.×××××× ×……然后将附件的复印件单独订在一起随信寄出。附件不需太多,只需要将有分量的附上。

(二)注意事项

1. 篇幅简短,重点突出

只有篇幅简短、重点突出的求职信才会引起用人单位的注意,才能收到更好的效果。

2. 匹配岗位,突出个性

面对不同的招聘单位和不同职位,求职信在内容侧重点上要有所不同,必须有很明确的针对性,切忌千篇一律,没有自己的特色。只有突出自己的个性,并很好地找到招聘岗位要求和自身条件的匹配点的求职信才能被招聘者赏识。

3. 实事求是,适度修饰

适度的谦虚会让人产生好感,但过分的谦虚则容易给人留下缺乏自信的印象;因此,陈述要客观真实,适度修饰。一般对外资企业需要充分地展示自己的能力,充满自信,而国家机关以及国有企事业单位则应适当内敛,着重介绍自己的知识和能力,语气要适度含蓄。

4. 语句通顺,文字流畅

求职信一般要求打印,做到文字工整、美观,不要出现错别字,语句流畅通顺,文字通俗易懂,切忌用华丽的辞藻进行堆砌,少讲大话、空话和套话。

5. 避谈薪酬,适度说明

如果没有被要求,不宜在求职信中谈论薪酬待遇。如果招聘者要求自己提供薪酬要求,那么就适度地说明,例如不低于×××等,或者参照行业薪酬标准的中等水平,并且注明这是可以协商的。

6. 仔细检查,修改完善

写完后认真阅读修改,请周围的人帮助修改,避免有歧义的表述,避免重点不突出或者表述层次不清等疏漏,使求职信更能准确地表达求职者的信息。

【拓展阅读】

求职信(范例)

尊敬的公司领导:

感谢您在百忙之中抽出时间来翻阅这份凝聚着我美好梦想与热切希望的求职信。我从××招聘网上获悉贵公司正在招聘外贸业务员,对此我自信能够胜任。

我叫吴静,女,21岁,毕业于福建师范大学,主修商务英语。

作为一名商务英语专业的学生,我热爱我的专业并为其投入了巨大的热情和精力。在校期间,我很好地掌握了专业知业识,考取了外贸业务员证、BEC剑桥商务英语、国际人才考试中级等,多次获奖学金,曾作为学校代表与南非理工大学开展交流会,并在会上作为宣讲人开展介绍我们学校的演讲,具有一定的实际操作能力和技术。大学期间曾学习日语,也自学了法语,有基本的读写能力。在大学生涯中,多次荣获校级"三好学生"标兵(每年全院共3人获奖)、校"优秀学生干部"称号。除了本专业的知识,我还积极参与各类创新创业大赛,"挑战杯""教职杯""祥龙杯"等,都取得了不错的国家级成绩,并获校"创新创业积极分子"。

我始终相信"一分耕耘,一分收获",我的做事理念大致为"两心一宗旨":责任心,上进心,为集体服务的宗旨。这一理念来自我的助导,她曾教导我们"学生干部不是高人一等的荣耀,而是弯腰为他人的奉献"。在校期间,担任过企划部部长、文娱部副部长、评议部副部长、班级副班长等职务。三年的学生干部经历造就了我认真负责的工作态度和善于沟通协调的能力。同时,我熟练操作各类办公软件,自学并通过全国计算机等级二级考试,有较强的组织能力与团队精神。

随信附上我的个人求职简历。怀赤诚以待明主,持经论以待明君,扬帆远航,赖你东风助力,乘风破浪,还你碧海生平,盼复为谢!

此致

敬礼!

求职人:吴静
××年××月××日

三、简历

个人简历是用于应聘的书面交流材料,它向未来的雇主表明自己拥有能够满足特定工作要求的技能、态度、资质和自信。成功的简历就是一件营销武器,它向未来的雇主证明自己能够解决他的问题或者满足他的特定需要,因此确保能够得到会使自己成功的面试。个人简历中包含求职者的基本信息:姓名、年龄、籍贯、政治面貌、学历、联系方式,以及自我评价、工作经历、学习经历、荣誉与成就、求职意向等。

(一)简历内容

1. 基本信息

必须有姓名、联系方式(手机号、电子邮箱及通信地址)和个人照片,而出生年月、籍贯、政治面貌、婚姻状况、身体状况、兴趣爱好等则视个人以及应聘的岗位情况,可有可无。

2. 求职意向

写明希望进入的单位名称及应聘职位。

3. 教育背景

用逆时的顺序写明曾就读学校及学习期间、所学专业、主要的专业课程（可选择与目标职位相关的 3—6 门课程）、一些对工作有利的辅修课程以及你的毕业设计等。如果总评成绩（GPA）优异或排名较高，可以特别注明。

4. 本人经历

用逆时的顺序写明大学期间参与的与目标职位相关的校园、实习和实践经历，比如志愿工作、学生会、团委工作、社团等其他活动。切记不要写与自己所找的工作毫不相干的经历。

5. 获奖情况

用逆时的顺序列出所获奖励的名称、颁奖单位和时间。可以突出不同领域的奖项，并体现含金量，比如前百分之几，第几等。

6. 个人技能

专业技能、计算机技能和外语技能，同时也可以罗列出获得的技能证书。

7. 自我评价

自我评价是自我意识的一种形式，是应聘者对自己思想、行为和个性特点的判断和评价，是自我概念的重要内容之一。只有当应聘者具有自我意识的能力时才能作出准确的自我评价。

8. 封面

可以在个人简历上设计封面，也可以省去封面。关于封面，有部分人力资源主管不喜欢封面，在选择封面时需慎重考虑。封面的要求一般要简洁，可以在封面上出现个人信息，方便用人单位查阅。并且封面的风格要符合应聘公司的文化和背景，也要凸显自己的个性和风格。

（二）简历制作原则

1. 十秒钟原则

就业专家认为，一般情况下，简历的长度以 A4 纸 1 页为限，简历越长，被认真阅读的可能性越小。高端人才有时可准备两页以上的简历，但也需要在简历的开头部分有资历概述。

2. 清晰原则

清晰的目的就是要便于阅读。就像是制作一份平面广告作品一样，简历排版时需要综合考虑字体大小、行和段的间距、重点内容的突出等因素。

3. 真实性原则

不要试图编造工作经历或者业绩，谎言不会让你走得太远。

4. 针对性原则

假如 A 公司要求具备相关行业经验和良好的销售业绩，你在简历中清楚地陈述了有关的经历和事实并且把它们放在突出的位置,这就是针对性。

5. 价值性原则

使用语言力求平实、客观、精练,篇幅视工作所限为 1—2 页,工作年限 5 年以下,通常以 1 页为宜;工作年限在 5 年以上,通常为两页。

注意提供能够证明工作业绩的量化数据,同时提供能够提高职业含金量的成功经历。独有经历一定要保留,如著名公司从业、参与著名培训会议论坛、与著名人物接触的经历,将最闪光的点拎出即可。

6. 条理性原则

要将公司可能雇用自己的理由,用自己过去的经历有条理地表达出来。以个人基本资料、工作经历包括职责和业绩、教育与培训这三大块为重点内容,其次重要的是核心技能、背景概括、语言与计算机能力、奖励和荣誉。

7. 客观性原则

简历上应提供客观的证明或者佐证资历、能力的事实和数据。另外,简历要避免使用第一人称"我"。

(三)制作简历的注意事项

1. 将"个人简历"换成个人姓名

建议求职者将简历上方的"个人简历"4 个字换成自己的姓名。招聘者在挑选求职者进入下一轮笔试或面试时,经常会遇到人数不够的情况。他们不可能再重新从上千份简历中找出符合条件的求职者,他们一般只会凭第一遍看简历时的印象进行筛选。如果求职者的简历上最明显的位置上写的是自己的姓名而非毫无用处的"个人简历"4 个字的话,人力资源主管就能轻松地记住该求职者的姓名,并找到他的简历。

2. 最好不超过两页纸

用人单位通常只想通过个人简历大概地了解应聘者的一些初步情况。大学生缺乏实际操作经验,他们的能力高低难以通过简历表现出来,写得再多再详细也是纸上谈兵,没有实际工作成果,不足以让用人单位信服。而且用人单位会收到许多应聘者的简历,长篇累牍式的简历让招聘者看得头昏眼花。所以建议求职简历一页纸为佳,如果经历比较丰富,第二页要超过 $\frac{2}{3}$,但最好不要超过两页纸;或者可以第一页是基础简历,第二页即是求职信。两页纸虽然简单,但那些真正用心制作的学生几乎每次投递都有机会去面试。在向外资或合资企业投递的简历中可附英文简历,国内的企业则不必附带。

3. 注意简历版式要求

(1)不宜太花哨。很多人的简历制作得不错,但太花哨,全都是密密麻麻的粗体字、斜体字和艺术字,整体一看很粗糙。因此,尽量避免一份简历中使用多种字体,少用斜体和下划线,但可以适当运用粗体强调特别突出的重要内容。而且,写完后要注意检查所有简历要素的字体是否协调一致。

(2)注意留白。不要将内容安排得太满太密,适当设置页边距留白。

（3）编排整齐。使用统一的项目符号对齐。

4. 用优质纸张打印简历

许多求职者为了节约成本，会选择便宜、粗糙的纸张打印简历。专家提醒说，求职者的简历到了公司后，公司还会再将简历进行多次复印，以供多位不同的人力资源主管或公司上层领导查看，用粗糙的纸张打印出来的简历可能最初效果还不错，但经过多次复印后就会模糊不清了。所以，简历最好选用优质纸张打印。

5. 求职意向需明确到岗位

求职意向一定要明确到岗位。一些学生职位的意向写得非常抽象或笼统，比如"企事业单位及政府机关"，还有的学生把求职意向一栏空出来到求职现场再填，这样给用人单位的印象是：你其实并不明白你要做什么、能做好什么。

6. 突出对求职有用的兴趣特长

无论行政机关还是民营企业的人力资源主管，都十分重视员工的兴趣和特长，因为一个人的兴趣和特长不仅能体现个人的性格特点，而且在必要的时候，如单位举办的球赛、演出等活动中能起到重要作用。因此，求职者一定要重视该项内容的填写。同时，还应该注意突出对求职有利的兴趣、特长，避免对求职不利的兴趣、特长。

7. 实践经验应具体明确

人力资源主管都非常重视求职者的实践经验，因此，在描述实践经历时切忌含混不清，一定要将自己的实践经验明确地描述清楚，可以运用 STAR 原则，利用数字和积极行为动词等描述清楚。但注意经历描述不要太过详细，不要像流水账一样全部附加，也不要使用长的段落，每个经历可以三个短句具体描述，前面加项目符号，力求美观易懂。

（1）运用 STAR 原则

S＝Situation　背景情况，你完成某事或者作出某决定是在怎样的背景下，当时你具有怎样的资源，面临怎样的问题。

T＝Target　目标任务，此件事情最终的目标是什么。

A＝Action　采取行动，如何行动的（利用资源、克服困难、解决突发状况等）。

R＝Result　获得结果，获得的结果是什么。如果是失败的事例，那么结果之后还需要分析失败的原因，并总结得到的经验教训。

例如：

①2020.07××学院第六届"互联网＋"大学生创新创业大赛参赛队伍负责人。

②动员班级同学参赛，组织策划创新创业项目，协调 5 名同学分工合作，改进项目计划书和答辩 ppt。

③代表团队作为项目主讲人，在决赛中表现突出，获校二等奖（本学院参加该赛事最佳成绩）。

（2）利用数字

以奖学金为例，不能只说获得一等奖学金，若在后边根据实际情况补充"全校仅有0.5％获奖名额"，这样能更加直观地说明你所获奖项的含金量。

再如自己曾组织过某次活动，可以将整个活动持续的时间、自己具体负责的工作以及对活动的贡献，如，为比赛曾争取到了一万元的赞助费等具体情况描述出来，就能起到让用人单位刮目相看的作用。

（3）运用积极行为动词

在描述实践经历时，还可以使用以下积极行为动词表达能力。

组织　评估　谈判　达到　扩大　撰写　分析　推动　安排　指导　统筹　构建　贯彻　控制　改进　制造　创造　增加　证明　论证　发起　盈利　设计　鼓舞　发展　解释　研究　指挥　发明　销售　影响　引导　鼓励　管理　支持　建立　激励　写作　监督　使适应　降低成本

8. 不违背真实原则的变通

简历的真实性原则，是指真实地填写自己的各项信息，不能杜撰个人能力和经历。在不违背真实原则的基础上也可稍做变通。比如，知识结构项中可以包括你"学"过但是没有"考"过的各种课程。有的学生在得知某企业的招聘信息后，明知其岗位要求的知识结构自己还欠缺某部分，但是可以通过自学获得，于是在简历中先填写这部分，在投送简历以后再努力学习，这样并不违背简历的真实性原则。真实性原则基础上的变通，都必须在个人的可控范围之内，他人或外在条件所控制的，是不可以乱写的。

9. 利用好求职信和推荐信

求职信在整个求职资料中占很重的分量，所以求职者可以为求职单位写一封特定的求职信。但是，针对求职者在简历中附加的求职信千篇一律，难以吸引人力资源主管眼光的这一现象，我们建议求职者干脆不写求职信，而改用推荐信。不论是本科生还是硕士研究生，如果能让自己的指导老师写一封推荐信，特别是在自己的老师还是本行业知名专家的情况下，一封内容简单的推荐信往往能起到求职信所不能达到的良好效果。

表 4-1　普通简历和优秀简历的对比

	普通简历	优秀简历
校徽	大部分都有	通常没有
标题	"简历"或"个人简历"	有自己的名字，应聘职位等
相片	形式花俏，千姿百态	实在
个人信息	极为全面，甚至像人口普查，有的像征婚启事	简单，三行搞定最主要信息，包括联系地址、电话、电子邮箱
教育背景	加上很多课程名	由近及远写毕业院校，不写课程名，注明绩点及排名
实习经历	较多，是一些事情的堆积，而没有轻重之分，也不对其进行详细介绍	实习经验有主次之分，在一家公司实习的关键事件不超过5项，按STAR法则填写
校内工作	大篇幅书写与专业无关的学生工作经验和社会实践经验	简洁明快，清晰自然
获奖情况	罗列，没有归纳	除了描述之外，还有奖项的归纳、分析

续表

	普通简历	优秀简历
个人技能	罗列,没有突出自己的特点,有人把自己不太会的也列上了	针对性强,够一定水准才写上去
个人爱好	具体描述,内容不少	选择性地添加、描述
项目经历	较多,是一些大小事情的堆积,而没有轻重之分,也不对其进行详细介绍	选择与应聘职位相关的项目经验,严格按照STAR法则填写
学术研究	长篇累牍,散乱无章	按照学术论文的书写规范,标明第几作者,EI检索/SCI收录/TEEE收录
专利成果	长篇累牍,散乱无章	注明专利名称,按STAR法则填写
竞赛实践	长篇罗列,各种性质的竞赛混在一起	针对性地选择与应聘岗位相关的竞赛,并选择关键性竞赛做详细描述
页数	两页甚至更多,放大字体和行间距,最后一页不足一半	整页,通常为一页,最多两页
文字风格	平铺直叙,大段描述	动宾短句,分点描述
真实度	一般不造假	不造假,有表达的技巧
精确度	不大使用数字	数字敏感性较高,善于使用数字做论据
排版	不讲究,有拼写、语法、字体不一致等错误	十分讲究,一丝不苟
主观感受	杂乱无章	精美悦目,有主有次

(资料来源:北森生涯学院。)

(四)如何写好自我评价

1. 凸显优势

个人简历内容要充实,至少能在一定程度上反映出应聘者的真实情况。在自我评价中不仅要凸显应聘者的优势,还要注意言语不能浮夸,要以一种真实的态度凸显自己的优势。

2. 励志表决心

一份个人简历中不能只是提到自己的优势,当然还要向用人单位表决心,说出你在未来工作中的打算,比如可以迅速地适应各种环境,以充沛的精力去努力工作,做到与公司同步发展,并尽全力为公司盈利,让自己成为用人单位的得力助手。自我评价在一份简历中是一个很大的加分项,当然要避开消极的话语,不要否定自己,没有自信。要利用自我评价的正面价值来促进人的全面发展和社会发展,还要有效地克服自我评价的可能负面作用。

3. 自我评价评析

(1)糟糕的自我评价

例:本人乐观开朗,积极好学,健谈,有自信,具有创新思想;对待工作认真负责,细心,能够吃苦耐劳,敢于挑战,并且能够很快融于集体。思想上积极要求上进,团结同学,尊敬师长,乐于助人,能吃苦耐劳,为人诚恳老实,性格开朗善于与人交际,工作上有较强的组织管理和动手能力,集体观念强。

评析:如此自我评价套话的问题在于"每个人都可以写这样的话"。

检查"自我评价"的第一个标准是:不是每个人都可以用这些话评价自己。

(2)不是那么糟糕的自我评价

例:本人时常浏览各大社交网络,掌握热点事件。精通剪辑软件 PR,并参与拍摄、剪辑多部短视频,具备独立拍摄、剪辑短视频的能力。运营私人账号,曾达到过万的浏览量。了解粉丝群体组成,能即刻掌握粉丝喜好作出正向宣传。

评析:言之有物。但整段文字的逻辑感不强、重点不够突出,显得比较乱,因此说"不是那么糟糕"。

自我评价是否合格的第二个标准:自我评价有没有突出个人的卖点。卖点必须是求职者整份简历内容的总结提炼;卖点必须与应聘方向相匹配。

(3)加分的自我评价

例一:本人对视频拍摄剪辑工作有极大的热情;精通剪辑软件 PR,并参与拍摄、剪辑多部短视频;运营私人账号,曾达到过万的浏览量;具备网络推广经验,了解粉丝群体组成,能即刻掌握粉丝喜好作出正向宣传。

评析:在第二点的基础上,这段文字的层次感就更强,表达了三个意思。第一,热爱视频拍摄剪辑;第二,有能力、有网络影响力;第三,能做好网络推广。

例二:善于用外语沟通交流。曾作为校学生代表与南非理工大学开展交流会自学能力强,勇于专研新事物,曾自学网课一个月,从网页小白蜕变成能自己编写代码,设计网页,并取得网页设计校等奖的佳绩。勇于创新,思维活跃。曾多次参加全国创新创业大赛,作为队里的主讲人上台宣讲。有较强的组织能力与团队精神。在校期间担任校企划部部长等职务,多次组织学校大型千人晚会活动。

评析:整段文字在归纳总结自我优势的同时,用事例佐证,与简历其他内容遥相呼应,有说服力,更能让面试官印象深刻。

因此,第三个标准就是:自我评价是否呼应正文,简单易懂,有说服力。

四、网申材料

网申,即网络在线申请。网申是大家进入大型企业必须面临的第一关,并且是淘汰率最高的一关。很多同学都对网申非常的担心,除了第一轮被淘汰特别丢人这一方面之外,更关键的是这一轮的不确定性很高,毕竟是系统筛选+人为考察。

(一)网申种类

网申,可以分为三种类:直接发邮件;招聘网站投递型;企业专属网申型。

第一种直接发邮件,其实现在企业比较少用,因为不利于企业在看简历内容前进行初筛和管理,但还是有不少企业使用。其他两种现在是非常普遍,主要是点击链接进入在线填写的形式。

(二)邮箱投递注意事项

1. 关键字眼匹配

如果网申时一定要通过邮件发送简历,那必须根据招聘信息调整自己原来做好的简历,比如简历内容要和招聘信息中所对应职务描述的关键字眼进行匹配。简单说,就是把一些招聘信息里的内容搬到自己简历去,如专业术语等,让人力资源主管一眼就看出你与招聘职位的匹配度。

同时,建议简历文档命名规则:"学校、专业、学历、姓名+应聘岗位"(有些招聘信息中有具体要求说明)。很多招聘网站通过系统过滤简历,如果简历中关键词不突出的话,很难被用人单位检索到。

2. 另存 PDF 格式

简历内容调整好后,建议将简历再保存一份 PDF 格式。因为不同电脑打开 word 文档时,经常出现格式错乱现象,但 word 格式也要发,方便人力资源主管需要时复制部分信息。所以,除了 word 版本,建议同步发送一个 PDF 版本的简历,注意不要用压缩包发送,最好作为两个附件单独发,因为很多人力资源主管习惯直接点击附件,在线预览。

3. 明确邮件主题

在发电子版简历到人力资源主管邮箱时,邮件主题建议命名为"学校、专业、学历、姓名+应聘岗位、联系方式"这种形式,以便于用人单位一打开邮件就能了解求职者的姓名及求职意向,如"某某大学+英语专业+李三应聘招聘专员,1365665＊＊＊＊"。这样的命名方便人力资源主管下载你的简历后可以很快进行阅读或者联系你。如果招聘单位另有邮件格式要求,按照招聘信息上的要求更改。

4. 注意邮件正文

邮箱投递除了要按要求写好邮件标题外,建议还要在邮件正文中写一小段"感谢语+应聘理由",然后就可以发送出去。给面试官的"邮件正文"切忌不写和写太长,简明扼要即可,不要大篇幅的抒发感情。把事情说清楚,不拖泥带水,是职场干练的第一步。这个给面试官的好印象,是很加分的。

(1)一句话自我介绍

邮件抬头可以写面试官、人力资源主管,如果招聘单位海报上写明了某某先生/女士,也可以直接写这样的称呼:

面试官:您好,我是××大学××专业的应届毕业生张三。

（2）一句话说明从哪里看到的招聘信息

这样不仅表明了你的来路，也有助于人力资源主管分析各个招聘渠道的效果。

例如：我在学校的就业信息网/校园招聘会/××网站……看到贵公司的招聘信息。

（3）一句话重申你的求职岗位是什么

直奔主题，写求职何岗位。有的同学在邮件中写了一大堆自己的个人成长经历。看了半天不知道你想应聘什么岗位，人力资源主管估计直接删掉你的邮件了。

例如：我想应聘××岗位。

（4）不超过三句话说清楚你的竞争优势

例如：我认为自己很适合这个岗位，理由如下。

①从专业匹配度和个人成绩来看：我专业对口，学习成绩优异，多次获得国家级奖学金和××大赛第××名，在××期刊发表过××篇文章，拥有良好的学习能力和研究能力。（提炼个人简历的核心亮点）

②从实习情况来看：大学期间，我曾在××公司××岗位实习，对该岗位的工作有一定的了解，具备良好的团队协作能力，实习期间表现优异，得到领导和同事的一致认可。（提炼实习经历或校园经历的核心亮点）

③从个人选择和岗位要求来看：毕业后我求职的首选城市就是 XX 市（公司所在地），稳定性很好，能适应出差需求……（对照招聘岗位上的职责要求写）

（5）简单结尾，表示感谢

例如：感谢您的阅读，期待您的回复。

　　　我的联系方式：159＊＊＊＊＊＊＊＊

落款：学校＋姓名

　　　日期

5. 避免重复投递

发送简历成功后，邮件会有提示，并且很多企业邮箱会通过自动回复表示已收到，因此求职者不可为了增加点击的可能性而重复发送，避免引起人力资源主管的反感。

6. 最佳投递时间

最佳投递时间：周三上午 9:30—11:00。

星期一：一周才开始，人事专员要总结上周的工作，也要安排本周的计划，基本上午开会，下午在消化。人事专员看简历的心情不是最佳。

星期二到周四，是简历到达的合适时间，其中周三到达最佳。

星期五：人事专员基本上都要做一周总结或者外出参加一些会议，而且即将周末上班心都比较散。所以周五收到的简历当天基本不看，招聘通常积压到下周一才会看，但是通过周六周日两天邮件的累积，你的简历早就被淹没在邮件列表的最后去了。

星期六到周日：人事专员休息，非工作日投出的简历很可能与周末的垃圾邮件混杂在一起，结果被周一来上班的人事专员不耐烦地点个全选，统统删了。

投递简历最好挑人事专员上班的时间，这样你的邮件通知就会在电脑的桌面上直接跳出来。其中，上午比下午效果好，而上午又以 9:30—11:00 为佳，下午以 13:30—15:30

为佳。这是因为太早了人事专员没进入工作状态，太晚了人事专员等着休息下班，早没了看简历的心情。

（三）如何应对在线网申

1. 重视网申

首先，重视网申，这是一次验证学业及未来对职业的态度。有些企业，对学校和专业基本不会过多的要求，能力就是一切，不要认为自己是名校出身就会十拿九稳，也不要认为自己是个普通学校就低人一等，北大清华的学生照样有通不过网申的，也会有普通学校的学生成功争取二面甚至最终拿到录用通知的。不要因为网申要花费较长的时间，就草草了事不重视，这样只会让你离好机会越来越远，过后看着舍友拿到录用通知才来后悔，谨记：千金难买早知道，万金难买后悔药。

2. 做好准备

多多关注各类秋招、春招信息，掌握更多网申技巧；并且，注意一定要认真仔细地阅读企业发出的网申攻略，包括细到使用的浏览器等，细节往往决定成败。

网申有它的技巧，更重要的就是同学们的态度与硬实力的比拼，细看企业发出的要求，另外，如果能上传自己的简历更好，这份简历一定要花些心思，它也是后面争取更多机会的基础。但上传时，要认真检查是否符合企业的筛选规则和岗位的匹配，注意要根据不同的企业及岗位对简历内容进行修改、完善。

3. 找准定位

对于一些对自己的就业方向还是一片茫然的同学，该怎么办？第一步从专业入手，第二步问问自己到底喜欢什么，为什么喜欢，凭什么，搞清楚这些再去匹配自己的职业。

搞清楚自己的方向后，就可以通过招聘网站或校招管家查询企业校招信息，愉快地进行投递了。记住，用优势和兴趣去就业就是好的定位！

4. 抓住黄金时间

一个大型企业发布校招公告的同时就会开放系统接受网申，而网申的有效期一般会是15—30天。建议是在网申开放日到截止日之间的30%—70%这段时间去网申，这段时间称之为黄金时间。以一个月为例，第7—23天，即中间两周。

为什么是这段时间？说网申越早越好，并不是指网申开放后第一二天就网申，系统刚开放，可能很多人涌入，开放五六天后再去会比较好。然后，你还可以通过各种渠道向前面已经网申的同学了解情况，留给自己几天时间去准备。

一定要谨记的是，千万不能在最后几天才去网申。因为企业筛选网申简历，不是等截止日期到了，等你们交齐了才开始筛选的，从开始网申后几天就开始筛选了。而企业网申筛选是有通过人数的，例如今年公司想筛选1万人进入笔试，那选够了，后面的人他就不看了。

5. 匹配关键词

现在很多网申筛选都是"机选＋人选"结合，人选的重点是看实习经历、开放性问题等，而机选主要通过学校、专业、绩点、英语等关键词进行打分，关键词分等级。

网申过程中，个人资料的填写至关重要，很多信息可以在已准备好的简历中复制，但要根据其网申职位的工作特点作出修改，特别是一些与岗位相关的关键词。比如申请管理培训生岗位，一般要在简历资料中出现"领导、管理、团队、合作、沟通、表达、学生干部、优秀、奖学金"等关键词，这样主要是为了增加简历顺利通过筛选的概率。

网申参考关键词有以下几方面。

(1)学校

基本可以按985/211/普通本科/专科来划分，学校全名不要写错，很重要。

(2)学历

按照博士、硕士、大学本科、专科划分。

(3)专业

如果应聘岗位有写明专业要求，则一定要准确填写自己的专业，突出匹配度，专业所得相关认证也可填写。

(4)英语

一般按照雅思/托福、专八/专四、四六级这样划分，企业一般对四六级有要求。

(5)绩点/专业排名

大学学习水平的标准是绩点，所以如果你绩点高，一定要写，在专业排名前30％的都可以写上这些成绩比例。

(6)实习经历

这个主要看公司大小、实习岗位、实习时长，如果你的实习企业跟所应聘企业属于同类企业，是500强企业，并且实习岗位与所应聘岗位匹配，得分就很高。可分为500强企业同类岗位、小公司同类岗位、大公司不同岗位，实习时长越长也会更好，可分为半年、三个月、一个月。

(7)学生干部经历

分为主席/书记、副主席/副书记、部长/副部长，还可分为校级、院系级。等级越高，得分越高。

(8)曾获奖励

大学时，同学们都会参加一些比赛/评选，有国家级、省级、市级、校级、院系级。不同等级得分不同。

(9)技能证书

有些岗位有些专业是要求证书的，例如会计，有分初级会计师、中级会计师、注册会计师等。如果你应聘此类岗位，要附上相关证书。

(10)岗位关键词

上面9类关键词应该都是比较显而易见的，而岗位关键词则是大多数人都会忽略的。岗位关键词是指从你所应聘岗位的岗位要求、岗位职责中提取出来的，每个岗位的关键词都不一样，要靠你自己提炼总结，并在网申中写出这些关键词。

例如：联想8月14日启动网申了，去它官网找了销售管理培训生的岗位要求，具体要求是这样的。

我们需要求职者是:

①优秀应届大学本科或硕士毕业生;

②专业不限,对营销及销售充满兴趣,乐于应对挑战、注重结果、享受成功;

③勤奋刻苦、诚信正直、心态积极、追求卓越;

④杰出的人际交往技能,善于团队合作。

（资料来源:求职研究院公众号,2020-02-22。）

那么从上面这个要求,除了看到学历关键词,其实热爱营销、注重结果、勤奋刻苦、人际交往、团队合作等等都是这个岗位的关键词,这些关键词,你都要尽量在实习经历、社团经历、开放性问题等模块的撰写时体现出来,这非常重要。如果前面的9大关键词你缺了一些,那么岗位关键词就是你能弥补的!

6. 保持完整度

网申内容模块分为大概十部分,网申时,有些系统会显示目前内容完整度的比例,有些没有。如果想增加网申通过概率,那一定要尽量填满各个部分,能写多的尽量写多一点,尤其是重要的部分必须填,例如实习经历。内容越完整,通过概率则越高。企业在筛选时,完整度很低的根本就不看,完整度低于60%的,机选时就刷掉了。

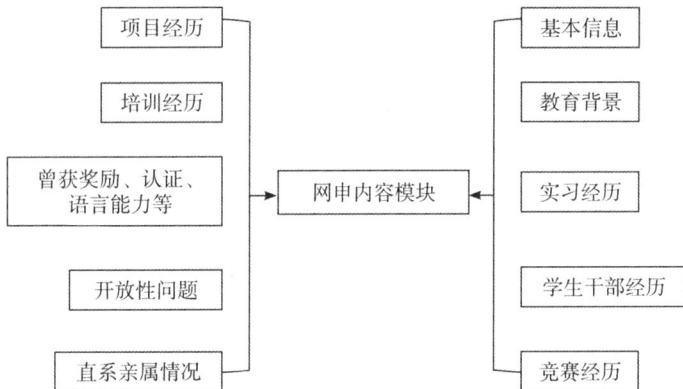

图 4-1 网申内容模块

7. 如何应对网申测试

做自己就行,千万不要撒谎,因为测试的题目里面很可能含有测谎的陷阱。

以宝洁公司为例,参加宝洁公司的网申就会遇到两个测试——性格测试和图形推理测试(类似公务员的行测)。

(1)性格测试

不需要准备,如实回答。这种性格测试通过大量的题可以测出你是不是在说谎,同一个问题在不同的地方重复出现,如果你前后不一致就说明你没有说实话,肯定会被淘汰的。

同时,提前了解一下该公司的企业文化和员工风格。有些公司喜欢个性张扬的,有主见的,有些喜欢低调沉稳。比如普华永道就比较偏爱张扬一点的,雀巢喜欢低调一点的。

（2）图形推理测试

一共 15 题，每题有 150 秒的时间，每两分半钟一题，到时间自动跳到下一题，而且没法往回走，测试时要注意网速和时间控制，因为保存选项也需要一点时间，所以最好在剩下 15 秒的时候就按"下一题"。

怎么准备？很多人是上网搜集和下载宝洁公司的图形推理 99 题，考的时候 85% 的题都在里面，反复做了再去考的把握就很大。还有一个办法就是：多找几个同伴一起做，遇到难题迅速统一最可能的答案。

8. 如何应对开放性题目

网申时，每道开放型问题都有其独特的考查点和目的。"你的职业规划是什么""大学中你印象最深刻的经历"等问题，很多大学生应聘者觉得思绪万千却又无处下手。具体来说，这些问题侧重考查个人的合作能力和技巧，工作的抗压能力，是否有不利于工作的性格缺陷等等。从你的回答中人力资源主管可以判断出你的价值观，即在你眼里什么最重要。

在网申前，也可以多在网络上搜索一些攻略，多学习一些"标准答案"的回答思路及逻辑。填写时，也可以与身边的同学一起交流一下答案，吸收一些同学的建议，这样更快提高回答技巧。

（1）摸清题目套路

很多公司的开放式问题都大同小异，大致有申请理由、列举事例、个人兴趣等。下面列举一些常见的题目，供大家参考。

● 典型例题 1：你为什么申请这个职位？

这几乎可以算作常见的开放式问题，回答时可以结合自身性格、强项、企业文化、职位要求等来回答。尽量突出你适合该职位的特质和做好这份工作的信心。

● 典型例题 2：请说出你遭遇到……方面成功/失败的事例。

考查你分析，解决问题的能力，回答此类问题有一个基本思路，即一个 STAR 法则的小模式。例子专业一些，比如从社会实践中找例子，一般比从朋友父母圈子中找例子要好。

● 典型例题 3：请谈谈你未来 3—5 年的规划。

对于一个未踏进职场的学生而言，有非常明晰的职业规划也不大现实。人力资源主管之所以这样问是希望挖掘你应聘的深层次动机，看你是否具有稳定性。建议回答不要过于具体，如"3 年成为主管，5 年成为经理"等，在不清楚对方职位等级和晋升条件的情况下，此类过于具体的回答都不甚明智。

● 典型例题 4：请谈谈你喜欢的休闲方式，体育/活动/书……

考查你生活中体现的状态如何，是否能平衡工作与娱乐，你的性格是否适合该项工作等。

（2）推敲弦外之音

不要认为直接把自己的事例往上套就可以了，一定要看清楚题目背后的用意！弄懂题目是问你哪方面的能力素质，是沟通能力、领导能力、抗压能力还是团队协作能力，一定要在回答中表现出公司所要求的那些素质。此外,还可以根据公司文化来调整你回答问题的角度。

- 典型例题 1:你认为大学时代成功/失败的一件事是什么?

旨在了解到你的个人价值观,即对你来说,什么才是成功,进一步来讲就是什么对你来说是重要的。

- 典型例题 2:举例说明你是如何说服一个难以说服的人。

了解你的沟通能力和影响能力。

(3)做好备份

备份内容包括哪家公司、具体问题、自己的回答。因为网申提交后可能服务器就直接跳转到结束页,就看不到自己做过的页面了。做备份可以方便以后回答类似问题,如果网申通过,开放式问题的内容在后面的面试中很可能被问到,一定要记得自己都写了些什么。

(4)条理清晰

标示重点或纲领以利于人力资源主管阅读。一定要有逻辑,有条理。

(5)控制字数

对于字数限制,既不要超出也不要大大的节省。一般来说,注明需要用 300 字来回答的问题,只写一百个字恐怕很难符合要求。

(6)利用电子文档

写在电子文档里,一个好处是可以保存答案,即使断电断网,也可以把电子文档中保存好的答案再贴上去。

(7)格式检查

用电子文档写完之后建议复制到记事本里,可以看出格式有没有问题。直接从电子文档贴到网申表格里可能会出现格式变化,而记事本里出现的格式和网申表格中的是一样的。

【案例阅读】

逆袭│梦想就在路上

你想知道一个二本生是如何获数家世界 500 强录用通知(offer)的吗? 考研战败后是如何逆袭为公司最年轻的主管吗? 又是怎么在 3 个月内 Interviewee 变 Interviewer 的吗?

求职前状况:二本生,考研战败,非家境显赫。

就职后现状:2 个月破例转正(国企一般实习期为 3—6 个月),毕业后 2 个月升职为公司(世界 500 强)最年轻的主管。

求职第一步:树立信心,勇于挑战

为何有人能获得大公司的 offer，但为什么不是你？

我可能只是一个平淡无奇的人，但是我始终相信我值得更好的！

拿一个很简单的例子来说，你们知道建发吗？厦门的世界五百强企业，今年排名 234 位。据说进去的百分之八十都是厦大的，又名"厦大的后花园"。

我开始求职的时候，因为考研错过了秋招，只能去捡春招所剩无几的名额。但是我还是不信邪，我知道能拿到建发的面试机会非常难，但是我也知道只要我有面试机会我就一定会通过。

凭借着我机智的小脑瓜推测了一番，去把厦大的公众号翻了个遍，果然看到了一个建发的内招群。进群后有回答问题的环节，如果你回答地快且好，就可以拥有面试的资格。

后来得知，我是那届里面唯一一个，不是 985、211，不是研究生，却一路通过 5 轮春招面试，拿到 offer 的普通二本学生。

这只是一个例子，求职有很多方法，最重要的是，你千万不要觉得自己比名校的学生差，多去挖挖渠道，你就有机会把很多不可能变成可能！

求职第二步：搜集信息，观察市场

求职软件和手机应用，市面上多如牛毛，如何甄选，如何使用？

①选大流；②重本地；③判公司。

一、选大流：前程无忧，智联

这里面有中国 500 强，世界 500 强的排名，且可以点进去查看是否在本地招聘。

二、重本地：厦门人才网/福州×××，本地高校的就业指导网

里面有很多本地优秀国企，民企的招聘信息。且可以百度"某某地百强企业"（例如：厦门百强企业），榜上有名的企业一般薪资待遇都不错。

重要的事情说三遍，一定要在"厦门人才网"放简历，你别看它的官网花里胡哨的，看着就像十八线小明星的广告网。但是它真的巨有用，放个简历，每天都有公司给你打电话，而且一般质量不会很差。

三、判公司："企查查"，看准

网站"企查查"：用于审核该公司的注册资金、经营情况、法律风险等。宏观官方的数据有些人可能看的一脸懵，我说个最简单的，注册资金小于 1000 万的基本不考虑。怎么判断的呢？举个例子，现在市面上普通一套房子都是百来万的，没有 1000 万意味着公司的资金流很有限，至于员工的生存，两个字"看命"。虽然说公司的钱不是你的钱，但是一旦公司没钱，你哪来的工资呢？尤其是一个很现实的大背景，疫情期间经济下滑，多少工厂一夜间说倒就倒。

求职第三步：内外兼修，方能成功

外："人要衣装，佛要金装"。

第一个门面：得当的简历。

小技巧 1　附上微信的二维码，方便企业快速联系到你

（对我心仪的高级面试官，有的当场就加了我的微信，直接现场认定我通过面试，这时候都帮领导省事，也是对你印象好的第一步。）

小技巧 2　彩色打印,蓝色透明文件夹塑封简历

(我现在的上级对我印象最深刻的就是这个细节,来来往往的面试者没有一个人给他们这种"运筹帷幄"的感觉。)

试想一下:一份彩色打印、蓝色透明文件夹塑封简历,和一份皱皱巴巴的简历,你对哪一个印象更好?

小技巧 3　精简文字,突出重点

哪些是你的优势,哪些是你想向面试官展示的,哪些是你想让面试官第一眼就看到的,一定记得字体加粗突出。

第二个形象:着装正式。

没有强制要求正装,但是请不要随便穿个 T 和破洞牛仔裤就来面试。都是要步入社会的成年人,商务礼仪是你要学的第一步。

内:"没有金刚钻,就别揽瓷器活儿"。

(作者简介:吴静,女,2020 届毕业生,就职于国药集团厦门生物平台,现任业务主管。寄语:看过一个视频,同一水平线两颗弹球,起点终点一样;一个跌宕起伏,一个一路平坦;最后竟然是跌宕起伏的球先到终点,且更有弹力、走得更远。我想自己应该是跌宕起伏的那个,我也希望自己是跌宕起伏的那个。依旧相信自己的人生海浪学,起起伏伏,一切都是最好的安排。)

第三节　笔试的准备与技巧

笔试是用人单位选才实践中最古老的手段之一,也是最基础的手段之一,即使在日新月异的当代,笔试仍然被用人单位所青睐。求职者力图在笔试中获得较好的成绩,除了明确笔试的种类与题型外,还应充分做好笔试准备,掌握笔试的复习技巧与答题技巧,保持良好的心理状态,希望在考场上出色发挥,进而从众多的求职者中脱颖而出。

一、笔试的种类

(一)智力测试

对用人单位来说,智力作为最基础和通用的能力,一方面决定着人才其他能力的高低和培养的快慢,更重要的是智力高的人才其学习和工作效率高、潜力大,因此,智力高的求职者普遍受欢迎,所以智力测试是用人单位常用的笔试种类。比较常用的比奈—西蒙量表、韦克斯勒成人智力量表、瑞文标准推理测试、斯坦福—贝纳特测验、差别性智力测验与雇员智力测验等。

（二）知识测试

知识是通过后天的实践和学习获得的，其中通过自己的实践活动获得的知识是直接知识，通过学习研究他人的知识所获得的知识是间接知识；它是求职者对客观世界和专业领域的主观认知能力的体现。总的来说，知识面广而深的求职者可以在较短的时间适应岗位需求，完成从求职者向岗位人的转变，融入用人单位中，节省用人单位在培训人员方面的时间与成本，所以用人单位需对求职者的知识掌握程度进行测评，主要包括综合能力测试与专业知识测试两种。

综合能力测试，主要考察应聘者各方面的综合素质及能力，涵盖语言能力、数字处理能力、逻辑推理能力、综合分析能力等等。一般国内企业通常使用行政能力测试，大型外企则偏爱英语阅读能力 SHL（外企笔试常见试题）。

专业知识测试，主要就是考核应聘者在担任某一岗位时所需要的专业知识以及胜任该岗位所能用到的各种专业能力，例如公检法等岗位的招聘的笔试往往是考核应聘者的法律知识；机械维修类岗位的笔试考核往往就是考核应聘者的机械维修知识。

（三）技能类笔试

技能类笔试主要是用人单位来测试应聘者的实际工作能力和岗位的专业操作能力。这样的笔试一般都是针对特定的岗位来进行的，例如用人单位招聘一名会计，就会对会计的专业技能进行测试。

（四）职业性格测试

很多企业会让求职者进行相应的职业评测，针对他的选项来判断这个人的职业倾向、基本素质，以此评估求职者是否符合公司岗位的需求，并进行人员的合理配置。比方说，某位求职者不易妥协、常说"应该"及"不应该"、黑白分明、对自己和别人要求甚高，综合起来就反映出此人具有追求完美的性格特征，企业就可能安排此人担当原则性较强的工作，而不适宜担当灵活性要求较大的营销员。通过性格测试，可使用人单位进步确保人力资源优化配置，实现人与岗位的合理匹配，体现人才优化、岗位优化，从而有利于建立起一支精干、稳定、高素质的员工队伍。比较常见的性格测试方法有卡特尔 16 种人格测试与MBTI 职业性格测试等。

（五）兴趣测试

兴趣是指个体以特定的事物、活动及人为对象，所产生的积极的和带倾向性、选择性的态度和情绪。由于兴趣规定了个体积极探索事物的认识倾向，因而为认知和行动提供了动力，如果一个人所具有的兴趣同工作内容相一致，那么他在工作中会表现出强烈的工作动机，从而成功的概率就大大增加。用人单位根据求职者的兴趣配置职位，有利于发挥人的才能，创造健康的心理氛围和稳定的工作情绪，保证了工作绩效，所以职业兴趣测试也是用人单位经常使用的测评方法之一。目前最经常使用的是库德职业兴趣调查表、霍兰德职业兴趣调查表和斯特朗—凯贝尔兴趣调查表等测试工具。

(六)价值观测试

职业价值观就是一个人对职业的认识和态度以及他对职业目标的追求和向往,是种具有明确的目的性、自觉性和坚定性的职业选择的态度和行为,对一个人职业目标和择业动机起着重大的影响作用。不同求职者的价值观不相同,同一个用人单位内制定了同一个规章制度,如果两个员工的价值观相反,那么就会采取完全相反的行为,将对组织目标的实现起着完全不同的作用。用人单位为了保证员工价值观与其组织的主流价值观保持一致,也经常进行价值观测试。

二、笔试的准备

正所谓"凡事预则立,不预则废",求职者为了能在笔试时能发挥水平,并为用人单位所青睐,在笔试前就要做充分的准备,主要包括以下三点。

(一)丰富自身知识技能储备

古语云"书到用时方恨少,事非经过不知难",笔试是考察求职者的知识技能的积累情况,这是考试前"临时抱佛脚"所不能达到的。为了应对笔试,求职者一方面在平时就应加强自身知识储备,既注重掌握专业知识,也留意通用知识;既要学习课堂知识,也要补充课外知识;还应注意理论结合实践。

(二)收集与笔试相关的信息

对笔试进行全面的了解,是开展笔试准备工作的前提,求职者应通过各种渠道对笔试的测试目的、测试内容、测试方式、测试工具及应聘岗位需求等进行全面分析,事先还应对笔试时间、地点、具体要求(如文具、计算器、身份证明等)及其他注意事项了然于胸。以不同省市的公立中小学教师招考为例,虽然招聘的都是教师岗位,但笔试的内容差距甚大,有的省强调教师教学操作技能,有的看重相关专业学科知识,有的看重教师基础理论水平。如果求职者未做准备,笔试场上将手足无措。

(三)保持良好的身心状态

1. 身体状态

调整饮食结构,注意食品卫生,笔试前科学补充营养,以满足笔试时大量脑力劳动的需要;调整休息时间,保证正常的睡眠时间,以保持参加笔试时的充足体力和精力;此外还应参加适度体育锻炼。

2. 心理状态

树立自信心。在笔试中自信心的多少往往会决定一场考试的成败。当应试者将自信心始终保持于心中时,会在每场考试中都对自己充满信心;而这种良好的心理状态会激发出一个人的某种能力，挖掘潜在的能力，从而有更为出色的表现。

克服怯场心理。在参加笔试过程中，由于考场的情绪与紧张气氛的强烈刺激，引起应试者考试情绪高度紧张与胆怯，使正常的答题及思维中断，这种心理现象称为考试的怯场现象。预防怯场主要是消除紧张的情绪，因此考生在考试前要客观、正确地评价自己；树立自信心，克服自卑心理，做到扬长避短，为考试做好心理上的充分准备。

三、笔试的题型与答题技巧

笔试作为人才测评的重要工具，随着近年来各类专家不断深入而细致的研究，其科学化水平逐渐提高，标准化程度亦日益提高，特别适合大规模人才选拔。用人单位本着公平、公正、公开的原则，为大众普遍接受，这是其他测评技术无法比拟的。为了增加笔试信度与效度，丰富内容，减少枯燥性，在传统问答题的基础上，笔试增加了许多题型，以适应当代笔试的现实需要，这些题型包括填空、选择、判断、材料解析、论述及作文等。总的来说，尽管笔试题型多变，但其基本原则仍适用。

(一)笔试的基本原则

1. 考前充分准备

部分求职者在考试结束后后悔莫及，有的忘了写名字，有的填错了考号，这其实都是没做好考前准备的缘故。为了避免不必要的失误，进入考场后要做好以下三件事情：一是须按要求摆放好物品；二是核对所填写姓名、联系方式等考生身份资料；三是查看试卷是否存在严重的质量问题。

2. 保持卷面整洁

无论答案正确与否，一份工整漂亮的答卷一定会给评分人留下良好的第一印象，让对方觉得求职者处事有条不紊，从而在评分时手下留情，特别是少部分有一定书法功底的求职者常在笔试评分时得到"加分"，占据优势。反之，如果字迹潦草，会让评分人觉得求职者办事糊涂，缺乏计划性。所以在答卷时一定要使用黑色蓝色钢笔或签字笔；以正楷书写，字迹清晰，尽量少做修改。

3. 审清题意

部分求职者在答题过程中经常马马虎虎，未看清题目就开始作答，这样做增加了答错的风险，浪费了宝贵的时间。所谓"磨刀不误砍柴工"，对题目一定要认真对待，才能事半功倍。首先要多读几遍，读懂题意，不要产生不必要的误解；其次应该抓住题目要点；再次，结合出题者的本意，联系知识点，这样才能得出正确结果。

4. 控制时间

许多求职者不会控制笔试的时间。为了控制好时间，建议笔试时一定要带上手表或时钟等计时工具。作答前记住考试结束的时间，先浏览一遍试卷，根据试题的容量与分值规划每部分作答的时间，按计划答题，最后还要留下少量时间检查答案。在答题时按先易后难，先简后繁的顺序，在较难的题目上不要花太多时间。特别是国家公务员考试中的

"行政职业能力测试",实际上就是速度和准确率测试,有的题目可能花较长时间一定能得出正确答案,殊不知这样便浪费的时间,而这些时间可能可以得到更多的分数,真是"丢了西瓜捡了芝麻"。

5. 不留空白

空白的答卷意味着丢分,其实只要时间允许,答卷时一定要将能想到的答案写到考卷上,不一定要得出最后的正确结论,特别是像选择题或判断题之类题型,更不能随意空白。因为这种题型具有"运气"成分,主观题也不能空白,这样做让评分人觉得考生是经过思考的。即使错误,也是错误思考的结果,不是"没有思考"的结果,情感上将得到少许的分数。

6. 适当记号

对于部分没把握或没时间完成的题目,可以依据喜好,加上一些不同的标记,与其他题目区分开来,以便之后的检查时,专门针对这些题目进行进一步处理。

7. 注意细节

答题时一定要注意尽量减少语法、文字、逻辑及标点符号等细节方面的错误。在用人单位看来,细节决定成败,求职者来说,平时就应该养成良好的书写习惯。笔试结束前还需认真检查,减少不必要的失误。

(二)具体题型的答题技巧

1. 填空题

一是熟记的基本事实(时间、地点、人物、事件等)、数据、公式、原理、基本概念;二是特别注意要点、易混淆点;三是前后联系,采用联想的办法;四是把握文意,先易后难,逐个突破。

2. 选择题

一是审清题目,注意分值;二是分析题干,确定选择的范围与对象,分析题干的内涵与外延的规定性;三是当不确定答案时,采取排除法,提高准确率;四是选择的结果要明确,不要模棱两可。

3. 判断题

一是题目中常有一些不易发现的小错误,要仔细寻找;二是部分判断题属于反扣分的,如果实在没把握,特殊情况可以留空;三是书写明确,尽量避免"√"和"×"两个符号混淆;四是注意"负负得正"的表述方式,不要被误导。

4. 材料解析题

一是通读材料,把握中心思想;二是看问题,分析问题间的内在联系;三是带着问题再认真阅读材料,寻找关键词句、重要概念等;四是要根据中心思想展开论述,不能偏题;五是论点既要扣紧题意,又要高屋建瓴。

5. 问答题

一是针对性强,论点明确;二是全面阐述,层次分明;三是论证严密,论据充分;四是结构严谨,思维逻辑强;五是主次分明,先主后次。

6. 案例分析题

一是不可身置其境,应用第三者眼光客观分析;二是恰当选择合适的理论或原理作为论点;三是理论结合实际,有理有据;四是结论明确,切中"要害";五是扣紧案例,以点带面。

7. 作文题

作文题应做到主题鲜明、构思独特、中心突出、文笔润色、引经据典、数据准确、论证科学、实事求是、思维清晰。

第四节　面试的准备与技巧

"面试需要的是一种双赢的局面。在这过程中,求职者应该更多关注的,是用人单位的买点,而非自己的卖点。"面试作为用人单位选才的重要形式,每一名即将毕业的大学生只有了解和掌握了它,才能为求职的顺利进行提供良好的保证。对于用人单位而言,面试可以从众多候选人中选拔最适合的人选,完成本单位人力资源的优化配置,节省企业的人力资源成本,实现社会效益与经济效益的最大化;对于大学生而言,面试可以更多地了解自己,了解用人单位,寻找人职匹配的最佳结合点。

一、面试的种类及技巧

面试作为用人单位考核求职者最重要的工具之一,形式多种多样,方法不拘一格。总的来说,主要有以下四种方法。

(一)按问题的标准化程度来划分,有结构化面试、半结构化面试和非结构化面试

1. 结构化面试

这是在工作分析的基础上精心设计与工作有关的问题和各种可能的答案,并根据被试者回答的速度和内容对其作出等级评价的面试;是一种比较规范的面试形式,有效性和可靠性较高。但不能进行设定问题外的提问,局限了面试的深度,而且问题均为事先安排好的,整个过程显得不自然,且提问可能显得唐突。

主要有三个方面的内容:

(1)面试程序结构化,即主考官对于要做些什么、注意些什么、要达到什么目的,都有明确而具体的准备。

(2)面试题目结构化,即在面试过程中主考官要考查应试者哪些方面的素质,围绕这些要素提何问题、何时提、如何提等提前做好设计。

(3)面试结果的结构化,即主考官对求职者在面试中的表现如何评定等级或分数,在面试前均设计了统一标准。结构化面试是用人单位特别是大中型单位比较普遍采用的面试方法。

2. 非结构化面试

这是指在面试中事先没有确定测评要素,也不对求职者使用有确定答案的固定问题的面试形式。这种面试形式主要是一些小型用人单位经常采取,部分大中型用人单位在

对候选人进行初筛时(如大型人才招聘会)也经常使用。

3. 半结构化面试

这是指介于结构化面试与非结构化面试之间的一种面试形式。

(二)按主考官与求职者人数来划分,有个体面试、小组面试及群体面试

1. 个体面试

即由一名主考官与一名求职者面对面交谈,从中进行考察的面试形式,这种较常见,主考官掌握面试的主动权,具有较强的主观性。

2. 小组面试

即由两人以上的考官组成考官团队,根据已准备的各类问题,通过对求职者提问而进行考察的面试形式。小组面试中一般用人单位事先确定一个主考官,主要由主考官提问,求职者回答,其他考官则充当观察者与考核者的角色,不参与提问,偶尔与主考官交流后,由主考官补充提问。比较典型的小组面试是在国家公务员或事业单位考试中出现。针对有工作经验的求职者,小组面试很可能采取不同考官连续向同一求职者发问或追问的方式。这种面试形式往往给求职者带来较大的压力。

3. 群体面试

即两人(含两人)以上的主考官面对两名(含两名)以上的求职者,通过讨论、游戏、分析案例、回答提问或发表演讲等方法,对求职者进行考察的面试形式。这种形式经常是用人单位时间紧迫或求职者人数众多时所采用,主要考察求职者的整体能力。

(三)按面试情景性划分,有无领导小组讨论、案例分析、分角色小组讨论、"文件筐"测验、模拟面谈等

1. 无领导小组讨论

指将一定数目的求职者组成一组,进行与工作有关问题的讨论,讨论过程中不指定领导,让求职者自行安排组织,主考官通过观察来综合评价考生之间的差别。该面试方式主要考核求职者的组织协调能力、口头表达能力及辩论的说服能力等,能力和素质是否达到拟任岗位的要求,以及进取心、自信程度、反应灵活性、情绪稳定性等个性特点,是否符合拟任岗位的团体气氛。考核标准主要包括语言表达能力、逻辑思维能力、参与有效发言次数、说服他人的能力、提出见解的水平及倾听和尊重他人意见的素养等。

2. 案例分析

指主考官给予求职者与工作相关的实际案例并给出一定要求,由求职者提出解决方案的面试形式。

3. 分角色小组讨论

指将一定数目的求职者按拟任职位,模拟扮演不同角色,要求通过团体协作以完成团体目标的面试形式。

4. "文件筐"测验

指由求职者扮演某一领导角色，在规定时间内负责处理各类信件、通知、下级报告与上级指示等，以测评求职者综合能力的面试形式。

5. 模拟面谈

指求职者以拟任职位的身份，与主考官所指定一名遵循标准化行为的助手进行面谈，主考官通过求职者在面谈中的反应对其进行评价的面试形式。

（四）按面试所使用的媒介来划分，有现场面试、电话面试及网络远程面试等形式

1. 电话面试

当招聘者面对较多简历无法一一面试的时候，会先通过电话面试来筛选求职者。电话面试短则 5 分钟，长的会有 20—30 分钟，取决于招聘者对求职者的判断。招聘者通过电话来了解求职者的大体情况，对求职者的状况进行基本了解，如教育经历、工作经历等。在整个电话面试的过程中，求职者应保持自信，语速适中，态度表现职业化，这无疑是成功的关键。

2. 视频面试

视频面试是指用人单位与求职者足不出户利用连通了互联网的电脑，通过视频摄像头和耳麦，用语音、视频、文字等方式进行即时沟通交流的招聘面试行为。跨地域的招聘工作，通过视频，可以节省大量的差旅费用。传统的招聘是求职者到达用人单位与用人单位进行沟通，而视频面试可以直接与远方的求职者进行沟通，不会因为距离远而放弃面试。此外，视频还可以同步影像及声音传送于对方，让招聘单位对求职者的了解进一步加深，也就提高了求职面试的效率。

二、面试的内容

面试的目的是对求职者能力进行综合性测评，内容一般包括通用能力（任何职位都需要的能力）和专业能力（针对特定职位或特殊用人需要而具备的能力）。

（一）通用能力

（1）个人信息。这指的是求职者的个人基本情况，包括姓名、性别、年龄、学历、主要学习与工作情况等。

（2）仪表风度。这指的是求职者的体格外貌、穿着举止以及精神风貌等。

（3）工作经验。这指的是求职者在以往曾经做过的工作或担任过的职务、取得的成就、工作的满意度、工作的收获、人际关系等。

（4）工作态度与求职动机。这指的是求职者对工作的积极性与主动性，既考察求职者对现在学习工作的态度，也考察求职者对未来工作的期望。

（5）进取心。这指的是求职者对于未来的职业发展有明确的规划以及能提前确定事

业发展的目标并为之付出不懈努力的精神状态。

(6)语言表达能力。这指的是求职者对语言的逻辑性、感染力、影响力、清晰度与准确性等内容的控制能力。

(7)应变能力。这指的是求职者的思维敏捷性以及机智程度。

(8)综合分析能力。这指的是分析、概括、归纳以及把握问题实质的能力。

(9)情绪稳定性。这指的是求职者对自身思想行为的自控能力以及忍耐性。

(10)人际交往能力。这指的是求职者的社会交往能力以及人际关系处理能力。

(二)专业能力

(1)专业知识。主要指考察求职者对专业知识了解的广度和深度。

(2)专业技能。主要指求职者在专业方面的实际操作能力。

三、常见面试类型及应对技巧

(一)结构化面试技巧

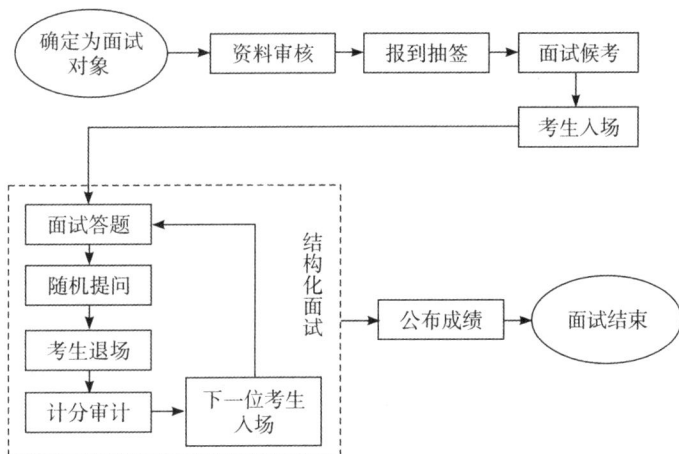

图 4-2　结构化面试流程

1. 谦逊有礼的态度

考生从进入面试考场到面试完毕都要礼貌待人,给考官留下良好印象。进入考场时,考生应主动向考官问好,但礼貌的表达要适度,过于拘谨,会显得紧张或不自信;过于夸张则会显得言不由衷,都会影响考官对考生的看法。

2. 正确有效地倾听

优秀的谈话者都是优秀的倾听者。虽然面试中发问的是考官,考生的答话时间比问和听的时间多,但考生还是必须要做好倾听者的角色。因为考官讲话时留心听,是起码的礼貌,考官刚发问就抢着回答,或打断考官的话,都是无礼的表现,会令考官觉得你不尊重他。

3. 冷静客观地回答

面试的主要内容是"问"和"答",在面试中,考官往往是千方百计"设卡",以提高考试的难度,鉴别单位真正所需要的人才。

在具体面试时,考生若遇到不熟悉或根本不懂的问题时,一定要保持镇静,不要不懂装懂,牵强附会,最明智的选择就是坦率承认自己不懂,这样反而能得到考官的谅解。

面试中,考生也会遇到一些过于宽泛的问题,以致不知从何答起,或对问题的意思不甚明白。此时,考生决不能"想当然"地去理解考官所提的问题而贸然回答,一定要采取恰当的方式搞清楚,请求考官谅解并给予更加具体的提示。

4. 合理控制时间

超时是严重的"犯规"(考官通常不会允许),时间剩余太多则会显得回答不充分,因此要科学部署时间。通常每个问题的时间在 5 分钟以内,最好的时间分配是,准备作答控制在 1 分钟以内,回答 3 分钟左右;当然,具体的时间分配还要根据每个题目的要求来定。例如在考试中可能出现如下试题:"请做自我介绍,时间 1 分钟""请以'奋斗'为题作 5 分钟的演讲""请介绍一下你自己,时间 3 分钟"。

5. 增进交流,把握言语技巧

结构化面试实际上也是考生和考官面对面的交流,所以在回答考官问题时,怎样将话说得体非常关键。

(二)无领导小组讨论技巧

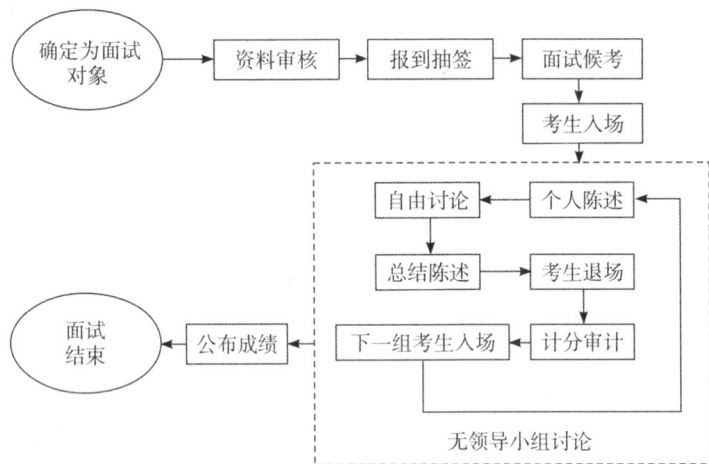

图 4-3　无领导小组流程图

1. 各个角色的分工

表 4-2　无领导小组各角色及其攻略

角色类型	角色职责及特征	扣分项	突围攻略	其他注意事项
领导者	抓住关键,提出整体思路;组织协调,控制进度;把握方向,防止走偏	不能服众思路紊乱强势压阵	◆注重互动与反馈 ◆发现成员闪光点并适度引导 ◆让每位成员都拥有发言机会 ◆进行阶段性总结,保证讨论方向一致,并及时发现漏洞	◆主动参与,积极发言,条理清晰 ◆充分展现职业素养,举止谈吐从容,语速及语气得体,不做很多不自然的或者潜意识的小动作,说话要注意语气、音量 ◆不要太强势,仔细倾听他人意见并给予反馈 ◆尊重队员,善于肯定他人,不刻意打断别人讲话,礼貌插入观点 ◆注重发言质量,表达出自己的思想,给出标新立异的解决方案 ◆有较强的时间意识
时间管理者	划分时间管理时间推进议程	呆若木鸡:死盯着手表,不参加讨论,纯粹打酱油忘乎所以:忘记时间记录	◆引导大家合理利用时间,使讨论效果达到最大化 ◆使所有人在有限的时间都能说上话 ◆适当打断发言超时、啰唆、偏题的同学 ◆为总结者预留好演练时间	
记录者	记录观点归纳整理	装模作样,乱涂乱画颠三倒四丢三落四	◆科学记录、条理清晰 ◆莫遗漏重点 ◆若最后还没有总结者则顺势争取总结者角色	
建议者	"点子王"思维活跃富有创意对某个领域很熟悉	沉默寡言提出的观点皆为无效观点	◆有观点一定要提出,并让面试官记住你是该观点的提出者 ◆珍惜每一次的发言机会,逻辑清晰	
总结者	语言表达能力强有全局意识;抓住重点逻辑清晰	长篇大论错误连连磕磕巴巴	◆厘清小组讨论脉络:简洁、精辟、准确 ◆时间若有富余,可问团队成员是否有补充 ◆感谢团队成员	

2. 问题分析

（1）开放式问题

这类问题的答案范围可以很广、很宽。主要考察应试者思考问题时是否全面,是否有针对性,思路是否清晰,是否有新的观点和见解,本身并无标准答案。例如:你认为什么样的领导是好领导？

关于此问题,应试者可以从很多方面如领导的人格魅力、领导的才能、领导的亲和力、领导的管理取向等方面来回答,可以列出很多的优良品质,开放式问题不容易对应试者进行评价,因为此类问题不太容易引起应试者之间的争辩,所以考察应试者的能力范围较为有限。

(2)两难问题

所谓两难问题,是让应试者在两种互有利弊的答案中选择其中的一种。主要考察应试者分析能力、语言表达能力以及说服力等。例如:你认为以工作取向的领导是好领导呢,还是以人为取向的领导是好领导?

一方面此类问题对于应试者而言,不但通俗易懂,而且能够引起充分的辩论;另一方面对于评价者而言,不但在编制题目方面比较方便,而且在评价应试者方面也比较有效。但是,此种类型的题目需要注意的是两种备选答案一定要有同等程度的利弊,不能是其中一个答案比另一个答案有很明显的选择性优势。

(3)多项选择问题

此类问题是让应试者在多种备选答案中选择其中有效的几种或对备选答案的重要性进行排序,主要考察应试者分析问题实质,抓住问题本质方面的能力。此类问题对于评价者来说,比较难于出题目,但对于评价应试者各个方面的能力和人格特点则比较有利。

表4-3 无领导小组讨论评分表

选拔职位:

测试指标		分析能力 (20分)	领导能力 (20分)	应变能力 (15分)	沟通能力 (15分)	合作能力 (15分)	组织协调能力 (15分)
评分等级		15~20	15~20	10~15	10~15	10~15	10~15
	优	理解问题准确、迅速,见解独到;能镇定自若、有风度地回答对手的提问和反驳	活跃气氛,带动组内其他成员积极参与讨论,并将有分歧的观点引向自己的观点,最终得到支持	能积极灵活地应对各种变化和意外情况;善于提出新的可行的见解和方案;能对他人提出的质疑或反驳及时准确地给予回应	表达意思清晰简洁,善于运用语音、语调、目光和手势;在他人发言时,认真倾听;强调自己观点时有说服力	大局着手,关注整个小组讨论的统一结论;甚至最终放弃个人结论,服从小组意见	能积极与小组内部人员进行有效沟通,达成统一意见

续表

		8～14	8～14	6～9	6～9	6～9	6～9
评分等级	中	理解问题到位、适当，能心平气和地发言和提问	努力统一观点，最终统一	可以应对变化和意外情况，可以提出新的可行的见解和方案，并在一定程度上反驳对方的质疑	表达思路清晰，能将自己的观点顺利表达处理，能听取别人的意见	积极维护个人所在一方的观点，但有时会有过激行为	能和同组人进行沟通
		0～7	0～7	0～5	0～5	0～5	0～5
	差	思路混乱，不知所云，情绪激动，爱打断别人的发言，甚至出言不逊，辱骂对方	喋喋不休，却没有自己明确的观点	不能灵活应对各种变化，无法提出可行的见解和方案	不善言谈，思维和观点混乱或模糊	对别人攻击自己一方的观点无动于衷，置身于外	不和别人交流，不参与讨论

【推荐阅读】

经典案例一：海上救援（世界500强企业面试题）

现在发生海难，一游艇上有八名游客等待救援，但是现在直升机每次只能够救一个人。游艇已坏，不停漏水。寒冷的冬天，刺骨的海水。游客情况：

①将军，男，69岁，身经百战；

②外科医生，女，41岁，医术高明，医德高尚；

③大学生，男，19岁，家境贫寒，参加国际奥数获奖；

④大学教授，50岁，正主持一个科学领域的项目研究；

⑤运动员，女，23岁，奥运金牌获得者；

⑥经理人，35岁，擅长管理，曾将一大型企业扭亏为盈；

⑦小学校长，53岁，男，劳动模范，"五一劳动奖章"获得者；

⑧中学教师，女，47岁，桃李满天下，教学经验丰富。

请将这八名游客按照营救的先后顺序排序。

（3分钟阅题时间，1分钟自我观点陈述，15分钟小组讨论，1分钟总结陈词。）

经典案例二：成功的领导者是怎么样的？（国考面试题）

做一个成功的领导者，可能取决于很多的因素，比如：

善于鼓舞人	有亲和力
能充分发挥下属优势	有威严感
处事公正	善于沟通
能坚持原则又不失灵活性	熟悉业务知识
办事能力强	善于化解人际冲突
幽默	有明确的目标
独立有主见	能通观全局
言谈举止有风度	有决断力

请你分别从上面所列的因素中选出一个你认为最重要和最不重要的因素。

答题要求：

首先，给你 5 分钟时间考虑，然后将答案写在纸上，亮出来。

接下来，你们几位用 30 分钟时间就这一问题进行讨论，并在结束时拿出一个一致性的意见，即得出一个你们共同认为最重要和最不重要的因素。

然后，派出一个代表来汇报你们的意见，并阐述你们作出这种选择的原因。

如果到了规定的时间你们没有得出一个统一的意见，那么你们每一个人的分数都要相应地减去一部分。

3. 操作性问题

操作性问题，是给应试者一些材料或者道具，让他们利用所给的这些材料，设计出一个或一些由考官指定的物体来，主要考察应试者的主动性、合作能力以及在实际操作任务中所充当的角色。如给应试者一些材料，要求他们相互配合，构建一座铁塔或者一座楼房的模型。

此类问题，在考察应试者的操作行为方面要比其他方面多一些，同时情景模拟的程度要大一些，但考察言语方面的能力则较少，同时考官必须很好地准备所能用到的一切材料，对考官的要求和题目的要求都比较高。

4. 资源分配问题

此类问题适用于指定角色的无领导小组讨论，是让处于同等地位的应试者就有限的资源进行分配，从而考察应试者的语言表达能力、分析问题能力、概括或总结能力、发言的积极性和反应的灵敏性等。

例如，让应试者担当各个分部门的经理，并就数量有限的资金进行分配，如果要想获得更多的资源，必须要有理有据，必须能说服他人。所以此类问题可以引起应试者的充分辩论，也有利于考官对应试者的评价，但是对讨论题的要求较高，即讨论题本身必须具有角色地位的平等性和准备材料的充分性。

(三)电话面试注意事项

1. 环境准备

保持通话环境的安静:最好找一间安静的办公室。

2. 硬件准备

准备好所需要的设备,提前做好测试。随时有电、随时有信号,话费充足。

3. 材料准备

了解岗位描述和所应聘的公司,提前预测可能会遇到的问题,准备好应对典型的面试题目,比如能否马上上岗或对薪资的预期值。电话面试时,最好保证有简历或网申材料在,以保证自己的回答与人力资源主管手里的资料一致。同时,第一时间拿出笔和纸做记录,提前约定面试时间、询问联系方式(分机号)和联系人。

4. 保持微笑,注意身体姿势

坐直姿势,面带微笑回答问题。不要以为电话面试,就可以斜坐在沙发上,跷着腿回答问题,一定要以重视、严谨的态度来对待电话面试。也不能一边使用电脑上网,一边回答电话面试。

5. 注意礼貌用语

礼貌用语也是职业化的一种表现。接听电话时要用"您好"等礼貌用语,绝不能说"喂",这样印象分就会打折扣。要学会用"你好""谢谢"等礼貌用语。

电话面试结束时,要感谢对方来电,感谢对方的认可,表达进一步合作的愿望,比如可以这么说:"感谢您的来电,谢谢您对我的认可,我希望能有机会与您面谈,您有任何问题请随时来电。"(如果对方直接约定面试,一定要拿笔记下时间地点。)

6. 注意语速和音量

电话面试时的语速不必太快,无论对方在电话面试时是语速很快,还是不紧不慢,应聘者的回答语速都不必太快,主要是口齿清晰,语调轻松自然。如果你太紧张,可适当用深呼吸来调节情绪,使自己放松下来,冷静、自信是电话面试的成功关键之一。

7. 积极回答问题

人力资源总监在问了你一堆问题后,也会反问你是否有什么需要了解的情况。你不问问题不好,显得你并不太关心这个职位。问得太多也不好,你可以问下一步的招聘流程、面试时间、岗位期望的上岗时间等。此时,最好不问薪酬,在双方合作的意向还没有进入实质性阶段时,问薪酬显得过于功利。

如实回答问题,如果没有听清问题,可以再问一次,对问题要尽量如实回答,如果觉得说得不好,可以再重复总结一次。在总结的时候,加入1、2、3这样的要点。如,对方让你进行自我介绍,你也没有拿着简历,回答了之后觉得不太好,可以再总结:"总之,我主要的优势是:1. 在相关行业同类岗位有3年工作经验;2. 在大学期间,我就一直关注这个专业领域;3. 我认为自己具备岗位要求的责任心与沟通能力。"这个补充的总结会给招聘者留下条理清楚、自信的印象。

(四)视频面试注意事项

1. 环境的准备

选择一个网络信号强、安静、没人打扰的房间。网络远程面试时，透过摄像头，展现出的一个整齐洁净的背景关系到面试官对你形成的第一印象。你若面试教育类岗位，可以选择摆放整齐的书架为展示的背景；你若应聘设计类、技术类岗位，可以选择摆放着艺术作品，特别是你自己设计的成果作品的展示柜为背景。若都没有，则可选择丁净的白墙为背景。总之，选择可以为你面试加分的背景为佳，切不可选择卧室中的床幔等松软的背景，或堆放零乱的杂物柜为背景。

2. 设备的准备

一是事先了解面试的平台(QQ、钉钉、微信、企业微信等)，下载好相应软件，并熟悉运用；二是网络信号要好，有线网络比无线网络好，千万不可出现网络卡顿；三是谨防万一断电导致没信号，从实践反馈来看，首选笔记本电脑，依次是台式电脑(带摄像头)、手机、平板电脑；四是在面试接通前，调整好摄像头的位置，找准能展现美感的最佳角度；五是耳麦的准备，最好戴上耳机，不放扩音。

所有设备提前测试是否流畅，提前3—5分钟准备好。为避免出现技术上的问题，在面试一开始的时候马上礼貌性询问面试官是否能清楚看到你、听到你。如果出现技术问题建议面试暂停，否则面试官将会因为听不清问题而难以给你回复，导致面试失败。

3. 个人形象准备

任何一个公司在面试的时候都不会透过你邋遢的外表和不合理的言语行为来看清你内在的才华，个人形象礼仪极其重要。

一修仪容，干净整洁有型的头发占据了形象的制高点，女生要略施粉黛，男生要剃须刮胡子，男生女生均要呈现出健康、活力的脸色气色。

二修仪表，尽量选择跟单位文化相符合的服饰，如果实在拿捏不准，就选正装，即西装、套装，表达出你对这次面试的重视，万万不可上面西装，下面睡裤，万一摄像头一转，"露馅"就尴尬了。

4. 材料及问答的准备

除了要准备好笔、纸、个人设计作品、荣誉证书、身份证件等外，还要准备一些可能要被问到的问题。

(1)自我介绍。

(2)专业学习情况、核心技术技能、在校成绩、担任学生干部职务、实习工作等情况。

(3)关于求职单位方面的信息：通过公司官网、官微，搜索公司相关的新闻和介绍，了解行业的趋势；通过职位的岗位描述和岗位要求，思考公司为什么要招这个岗位，从而匹配性准备。

(4)关于职业方面的问题：你的职业价值观，能否适应出差，为什么要选择这家单位，你的个人职业发展规划(毕业生在求职前一定要对这样的问题有所考虑，并不仅仅是因为面试时可能被问到，对这个问题的思考有助于为个人树立目标)。

(5)准备询问面试官的问题:晋升路径、培训安排等。

四、面试注意事项

1. 厘清思路,多维答题

(1)冷静思考,厘清思路

一般来说,考官提出问题后,应试者应稍做思考,不必急于回答。即便是考官所提问题与你事前准备的题目有相似性,也不要在考官话音一落,立即答题,那给考官的感觉可能是你不是在用脑答题,而是在背事先准备好的答案。如果是以前完全没有接触过的题目,则更要冷静思考。磨刀不误砍柴工,匆忙答题可能会不对路、东拉西扯或是没有条理性、眉毛胡子一把抓。经过思考,厘清思路后抓住要点、层次分明地答题,效果要好一些。

(2)辩证分析,多维答题

辩证法是哲学的基本原理和方法。应试者应具备一定的哲学知识和头脑。回答问题不要陷入绝对的肯定和否定中,应多方面进行正反两面的考虑。从以往面试所出的一些题目来看,测评的重点往往不在于应试者答案的是与非,或是观点的赞同与反对,而在于分析说理让人信服的程度。所以要辩证地分析问题,解决问题,而不要简单地乱下结论,有时还要从多个角度去思考,具体情况具体分析。

2. 面试中,忌不良用语

(1)急问待遇。"你们的待遇怎么样?"工作还没干,就先提条件,何况还没被录用呢!谈论报酬待遇无可厚非,只是要看准时机,一般在双方已有初步意向时,再委婉地提出。

(2)报有熟人。"我认识你们单位的××""我和××是同学,关系很不错"等等。这种话主考官听了会反感,如果主考官与你所说的那个人关系不怎么好,甚至有矛盾,那么你这话引起的结果就会更糟。

(3)不当反问。主考官问:"关于工资,你的期望值是多少?"应试者反问:"打算出多少?"这样的反问就很不礼貌,很容易引起主考官的不快。

(4)不合逻辑。考官问:"请你告诉我一次失败的经历。""我想不起我曾经失败过。"如果这样说,在逻辑上讲不通。又如,"你有何优缺点?""我可以胜任一切工作。"这也不符合实际。

(5)本末倒置。例如,一次面试快要结束时,主考官问应试者:"请问你有什么问题要问我们吗?"这位应试者欠了欠身,开始了他的发问:"请问你们的单位有多大?招考比例有多少? 请问你在单位担当什么职务? 你会是我的上司吗?"参加面试,一定要把自己的位置摆正,像这位应试者,就是没有把自己的位置摆正,提出的问题已经超出了应当提问的范围,使主考官产生了反感。

3. 树立对方意识

应试者始终处于被动地位,考官或主持人始终处于主动地位。他问你答,一问一答,正因为如此,应试者要注意树立对方意识。首先要尊重对方,对考官要有礼貌,尤其是考官提出一些难以回答的问题时,应试者脸上不要露出难看的表情,甚至抱怨考官或主持人。当然，尊重对方并不是要一味地逢迎对方，看对方的脸色行事，对考官的尊重是对他人格上的尊重。其次在面试中不要一味地提到"我"的水平、"我"的学识、"我"的文凭、"我"的抱负、"我"的要求等。"我"字太多，会给考官目中无人的感觉。因此，要尽量减少"我"字，要尽可能地把对方单位摆进去，"贵单位向来重视人才，这一点大家都是清楚的，这次这么多人来竞争就说明了这一点。"这种话既得体，又确立了强烈的对方意识，考官们是很欢迎的。最后是考官提问，你才回答，不要考官没有提问，你就先谈开了，弄得考官或主持人要等你停下来才提问，既耽误了时间，同时也会给考官或主持人带来不愉快。另外，面试完后，千万不要忘记向考官或主持人道声"谢谢"和"再见"。

五、应试者消除紧张的技巧

由于面试关系到求职者的前途，所以大学生面试时往往容易产生紧张情绪。有些大学生可能由于过度紧张而导致面试失败。因此必须设法消除过度的紧张情绪。这里介绍几种消除过度紧张的技巧，供同学们参考。

1. 面试前可翻阅一本轻松活泼、有趣的杂志书籍

这时阅读书刊可以转移注意力，调整情绪，克服面试时的怯场心理，避免等待时紧张、焦虑情绪的产生。

2. 面试过程中注意控制谈话节奏

进入面试场所致礼落座后，若感到紧张先不要急于讲话，而应集中精力听完提问，再从容应答。一般来说，人们精神紧张的时候讲话速度会不自觉地加快，讲话速度过快，既不利于对方听清讲话内容，又会给人一种慌张的感觉。讲话速度过快，还往往容易出错，甚至张口结舌，进而强化自己的紧张情绪，导致思维混乱。当然，讲话速度过慢，缺乏激情，气氛沉闷，也会使人生厌。为了避免这一点，一般开始谈话时可以有意识地放慢讲话速度，等自己进入状态后再适当增加语气和语速。这样，既可以稳定自己的紧张情绪，又可以扭转面试的沉闷气氛。

3. 回答问题时，目光可以对准提问者的额头

有的人在回答问题时眼睛不知道往哪儿看。经验证明，魂不守舍、目光不定的人，使人感到不诚实；眼睛下垂的人，给人一种缺乏自信的印象；两眼直盯着提问者，会被误解为向他挑战，给人以桀骜不驯的感觉。如果面试时把目光集中在对方的额头上，既可以给对方以诚恳、自信的印象，也可以鼓起自己的勇气，消除自己的紧张情绪。

4. 正确对待面试中的失误和失败

面试交谈中难免因紧张而出现失误，也不可能面试一次就一定成功。此时，切不可因此而灰心丧气。要记住，一时失误不等于面试失败，重要的是要战胜自己，不要轻易地放弃机会。即使一次面试没有成功，也要分析具体原因，总结经验教训，以新的姿态迎接下一次的面试。

【案例阅读】

面试干货

本人经历：成功面试过 20＋厦门百强企业，获 10＋中国五百强企业 offer，获 5＋世界五百强企业 offer。

（在没有找到合适的公司之前，一直坚信自己属于更好的！）

Level 1：各地百强企业

1. 可以百度上搜索所有该专业、该就业岗位的面试题目，笔试＋口试，因为百强企业一般都是百度直接筛题来面试，我不止一次遇到过自己准备的原题！

2. 对面试的公司，岗位有一定的了解和理解。了解公司在于能用简短的 100 字左右叙述该公司做什么、有何成就、什么领域、未来发展方向等，岗位的理解在于把岗位的工作内容拆分成自己的语言，因为基本面试必考你对这个岗位的理解。举个例子，我面试外贸业务员，我会说："我对该岗位的工作内容大致分为两个方向：一是对人，二是对事。'人'是指最重要的通过网络、专业展会等方式和客户的沟通，以及可能涉及工厂、货代、报关行、保险、银行以及公司内部各部门的交流。'事'是专指处理一些外贸文件，例如报关单、报检单、投保单、提运单等，在于把公司对外张贴的岗位工作内容加以自己的理解，形成自己的该岗位的理解"。分点，会让人听的比较有逻辑感。

3. 一定要准备向企业问的问题。说到这个，不要单单只会问薪资待遇，这个固然重要，但是最好放在最后问，因为第一个问题的质量，往往也是面试官对你的一个考验，这是面试时主动权少有回到你手上的时候，一定要好好把握。建议问培养机制、考核机制以及专业培养的一些问题（外贸业务员一般可以问公司参展的次数，新人有没有机会参展之类的），当然，薪资待遇，底薪无责任制，加班问题，这些坑也一定要落实清楚。民企尤其小心！

Level 2：中国 500 强/世界 500 强

首先，你要知道，如果你选择了面试这样的公司，你一定要有心理准备，落选是难免的，这样的公司在岗位紧缺的时候，第一步是靠简历筛人，也就是网上流传的非 985、211 不要。

但是，只要你觉得自己够优秀，机会总是靠自己挖掘的。

1. 智联、前程无忧等网站的中国 500 强/世界 500 强的名单刷起来。一般在秋招、春招的时候，系统会自动推送，注意查收或是翻历史记录；再不济的话，就是自己百度名单，先看本地的，因为一般本地起家的 500 强，在本地招聘的人数都会更多。厦门本地起家的世界 500 强（指总部在厦门的）：建发、国贸、象屿，比较好的中国 500 强或是本地国企：金鹭、海投、生科、宏发、天马等。

2. 除了上述的网站，还有一个最重要的渠道，就是各公司春招秋招的群。里面会有专门的公司内部人员来回答你对公司对岗位的任何问题，同时也会有一些小福利。例如每天整点的抢答问题环节,一般多为逻辑题或是公司的信息题,第一个答对的可以获得面试直通卡,有的甚至是直达最终轮面试。文章第一个讲到的案例也是这类的,还可以搜一搜当地985、211高校公众号的信息,里面可能有内推群,这种群又比秋招群更高一个级别了,里面简直是福利满满,还可以结识很多同级的高才生。

3. 简历内容的顺序。举个例子,你要想,和你竞争的人里大部分都是985、211,那你在哪方面会没有那么有优势呢,当然是成绩呀。所以像我这种大学没有专注学习,只有二三等奖的"学渣"就不要像往常一样把成绩放在第一栏了,我的做法是用四小点概括了我自身的优势并用一句话讲述一个例子进行佐证。原因:其一,面试官看成绩那种数字在第一栏的简历已经看得头晕眼花了;其二,大家都喜欢看故事,简而言之,例子会勾起面试官的兴趣。

4. 简历通过之后,只是胜利了10%,重头戏还是在后面。先说好,面试该类公司,整个面试周期比较长,也可以理解。一是和你竞争的人都那么多,公司应聘人还是需要一定的审核时间的。二是此类公司通常有3~5轮的面试环节,主要有笔试(专业知识的考核)、心理测试、行测逻辑题、人事部的面试、应聘部门的面试等。

5. 行测逻辑题主要是公务员和500强企业必考的题目,这个可以专门花几天的时间研究以下,蛮有意思的,因人而异,实在没兴趣的可以靠蒙,就是正确率会比较低,那你要保证在其他环节多拿一点分就好,这个环节的占比没有很大。

6. 最最最重头的面试环节。首先肯定是自我介绍,这点非常重要,千万不要用百度上那种听出茧子的自我介绍,如果你都有幸挤到最后的面试环节了,麻烦你一定要认真对待! 这时候最最重要的就是独出心裁,想面试官所想!

我的策略是结合该公司的企业精神或是文化品格(大公司官网一搜就有),做自我介绍。(插一句,这时候和Level 1的策略不同在于你必须让面试官觉得你和该企业相对匹配,你就是他们要找的那个人!)

例如,象屿集团的精神是合作,务实,高效,创新,文化品格是追求卓越,勇担责任,开放包容。

我会先背出这些象屿的精神,让面试官觉得我对该公司有做相关的功课(疫情期间,我是参与线上面试,我还为面试官准备了一个针对我自我介绍的简易图表,为了方便面试官在听不清的情况下,还能大概知道我讲了什么)。我会针对这些精神和品格,匹配我自己的案例,去佐证我有这样的精神品格。

总而言之,面试就是一场你站在面试官的角度想,你会希望遇到什么样的面试者,为对方省力就是给自己加分!

我自己做事的风格就是:一定要与众不同,独出心裁。如果我和所有人都做得一样,这样事情我就失去了做的意义,可能这也是我面试每家企业都顺利通过的原因吧。(很多公司的领导在面试后对我印象好,还会主动加微信,因为我总有令他们眼前一亮的细节。)

最后,祝看到这份求职心得的你们,都能如愿找到心仪的工作,未来可期,一起加油!

(资料来源:新浪博客,网址:http://blog.sina.com.cn/s/blog_4cfa74fd0100ch2n.html,2009年4月7日。)

第五节 就业流程

对大学生来说,一个完整的就业流程,主要包含两种情况:一、准备找工作的毕业生,至少包括搜集信息、自我分析、确立目标、就业准备、参加招聘会(投递材料)、参加笔试、参加面试、签订协议、走上岗位等环节。二、毕业生在找到工作后,常规的就业流程主要包含:毕业生和用人单位双向选择;毕业生和用人单位达成录取意向;领取就业协议书;与用人单位签订就业协议;单位盖章,毕业生签字;办理报道证;办理转档手续;办理离校手续,在规定时间内去用人单位报到。走好就业的每一步,对成功实现自己的职业理想十分重要。本节主要探讨毕业生找到工作后需要办理的相关业务及其流程。

一、就业推荐表

就业推荐表,是"毕业生双向选择就业推荐表"的简称,是学校向用人单位推荐毕业生的书面材料。其主要包括了基本情况、学业情况、本人简历、本人特长、爱好、社会表现及社会活动能力、在校奖惩状况、本人就业意愿、学校推荐意见、备注等信息,是用人单位选择人才的重要依据,直接关系毕业生的切身利益。一般情况,就业推荐表为各学校统一规定模式,再交由学生根据自己实际情况填写表格内信息,完善表内信息后,需有学校盖章方为有效。就业推荐表原则上只进行一次审核后加盖一次公章,并由毕业生所在学院把关核实,所以同学们在将表交到学院盖章前要认真检查核对,以免造成不必要的麻烦。

二、签订协议

用人单位通过自荐材料和供需见面、笔试、面试等招聘活动,选拔出自己合意的毕业生后,便向被录用的学生发放录取通知书。毕业生在接到录取通知书后,如果愿意到该单位工作,则双方签订就业协议书。全称是"全国普通高等学校本专科毕业生就业协议书",它是毕业生和用人单位在签订劳动合同前,双方确定就业意向和权益的依据,是明确毕业生、用人单位和学校在毕业生就业工作中权利和义务的书面三方协议,由教育部高教司统一制表,一式四份,毕业生人手一套。因丢失、污损、违约等各种原因需要重新领取协议书的毕业生,持相关证明材料到到校就业指导中心直接领取。

协议书签订后,用人单位、毕业生、学院、学校各执一份。就业协议书具有民事合同的性质及相应的法律责任与权利,但不等同于劳动合同。就业协议书一旦签订,就不得随意更改。如果有一方提出毁约,须征得另外两方同意,并缴纳违约金。在慎重选择、认真考虑的基础上,与用人单位和学校签订三方协议书。具体程序是:毕业生本人填写完协议书并经有人事接收权的用人单位签字盖章后,再到就业指导中心签字盖章。协议书由毕业生本人、用人单位、学校各持一份。同时,毕业生与单位商定的其他条款需在协议书备注栏中标明。在学校规定的时间内上交协议书。领取报到证,办理档案、户口、党、团组织关系等相关离校手续,按时到接收单位报到。

三、报到上班

与用人单位签订好协议,并得到学校、政府教育主管部门的审核同意后,接下来大学生要做的事便是以优异的成绩完成学业,等待发放就业报到证,做好毕业离校的各项准备工作。至此,毕业生的求职择业程序完成,毕业生可在领取报到证,办理离校手续后,按照报到证规定的时间期限和指定的地点去单位报到上班。就业报到证:即派遣证。由各省市大中专毕业生就业指导中心签发,是毕业生就业时到用人单位报到及报到后办理各类保险的重要材料;同时也是办理户口迁移和档案转移的重要凭证,报到证一式两联,毕业生持蓝联报到,档案中存放白联作为普通大中专院校毕业生身份(干部身份)的证明。通过报到证(派遣证)派遣毕业生是我国高校毕业生就业的基本方式,也是落实国家计划和实现国家宏观调控的保证手段。

四、相关注意事项

①大学毕业和就业报到需要办的手续有:档案转寄、户口迁移、党团组织关系转移、毕业证学位证、报到证的领取。

②在毕业后两年内,如果发生未能转正就找新工作的情况,可以申请改派。

③在正式签订协议书以前,请慎重考虑。协议书丢掉、破损都会造成损失。

④协议书签订前,请仔细阅读协议书上的条款。

⑤签订协议书时,请仔细检查,要求用人单位详细填写档案接收地址(以备邮寄档案时用,地址务必详细、准确)。

五、不同就业类型

(一)省内单位签约

1. 毕业生注册

毕业生在注册时须提供个人身份证号,因部分毕业生未能按时填写相关信息,其身份证号由就业中心填写18位代码代替,如在注册过程中出现身份不对的错误,请持个人身份证件到就业中心查询。

2. 填写生成个人简历

使用注册的用户名密码登录后,页面左侧将出现功能菜单,使用其中的"简历中心"——"新建简历"功能填写相关信息,并生成个人简历。简历生成后可使用"简历维护"功能对相关信息进行修改。"外发简历"功能是用来向未在福建省毕业生就业信息网注册的用人单位发放电子简历的,请不要使用此功能向已注册单位发放电子简历,使用此功能也无法完成签约手续。

3. 搜索职位

可使用职位搜索中的几种搜索方式搜索需求信息。如已经与已注册用人单位签订书面就业协议,可使用"快速搜索"功能直接使用单位名称进行搜索。

4. 向单位发送简历

在找到用人单位后选择相应的职位并点击"发送简历"按钮向用人单位发送个人简历,发送简历后请及时与用人单位联系。此时,单位登录后将能看到毕业生发来的电子简历。

5. 单位发起签约邀请

若单位觉得毕业生符合用人要求,则会向毕业生发出签约邀请。

6. 毕业生应约

在单位向毕业生发出签约邀请后,毕业生须登录并点击"应约"按钮,完成电子协议的签订(在向签约单位发出电子简历后须经常登录查看单位是否发出签约邀请)。

7. 主管部门鉴证

就业协议书经过就业主管部门鉴证后,网上就业协议正式生效。

8. 单位打印就业协议书

经过就业主管部门鉴证后,用人单位可以打印就业协议书,用人单位和毕业生分别在打印的协议书上盖章签字后,书面协议正式生效。

9. 将协议书送至学校就业指导中心,完成派遣

毕业生送已签的协议书到学校学校审核存档就业协议书,签约完成。协议书不交者将扣发其报到证。

(二)省外就业

省外就业前两步"毕业生注册"和"填写生成个人简历"与省内单位一致,不再重复,现将不同部分叙述如下。

1. 申请省外就业

如毕业生到福建省外地区就业,则需要使用"省外就业"—"省外就业申请"向学校提出省外就业申请,申请时需说明具体签约单位。

2. 学校审核通过,锁定省内签约状态

学校审核通过后,发给毕业生省外就业需要的就业协议书,并同时冻结该毕业生在信息网上的签约功能(省内状态)。

3. 与用人单位签订三方协议

与用人单位签订一式四份协议书，单位、学校、院系、本人各留一份。

4. 录入省外协议书

签约完成后可使用"省外就业"—"录入外省就业协议书"功能录入协议书内容，录入后学校将对协议书内容进行审核存档，无省外协议书将不能通过审核；省外就业者未录入就业信息网者将无法派遣到签约单位。拒绝录入省外协议书者学校将实行强制录入，实行强制派遣，以维护单位和学校利益。

注意：录入省外协议书时力求档案邮寄地址、报到地址准确，否则无法进行准确落户和档案接收。

5. 学校审核纸质省外协议书与网上录入协议书内容

学校按照纸质协议书审核就业信息网录入的协议书内容，并进行存档。省外就业毕业生派遣准备工作完成。

（三）灵活就业

灵活就业指毕业生相关手续派往生源地人事部门而学生在某单位工作获得收入的就业类型。如果用人单位无法落实户口、档案等手续而只接受毕业生到单位工作，则可向学校提出灵活就业申请，申请时须填写具体工作单位并向就业中心提供与单位签订的协议书。在得到学校审核通过后，其报到户口迁移证将开往生源所在地的人事部门。

灵活就业不算正式就业率，但算入总体就业率之中，某学校灵活就业率的高低直接决定这个学校的总体就业高低。

(1)灵活就业证明：签约省内单位但不接受户口档案。

(2)劳动合同：以人力资源和社会保障局落款的为正规。

(3)非派遣省外就业：签约省外单位但不接收户口、档案。

六、违约及其他情况处理

为了体现毕业生就业协议的严肃性和权威性，维护高校和全体毕业生的诚信声誉，巩固用人单位与学校建立的友好联系，遏制和约束违约行为，对违约问题及其处理程序规定如下。

（一）适用范围

(1)用人单位在就业协议上签字或盖章，无论学生本人和所在学院、校就业指导服务中心是否签字或盖章，毕业生提出不到该单位就业，需要另选单位的，均属违约行为。

(2)毕业生因录取研究生或考上国家公务员与原所签协议发生冲突，毕业生已经征得原用人单位同意并出具书面证明的，不属于违约。

(二)程序与步骤

(1)毕业生向学院递交书面申请报告,并首先办理完毕与用人单位的解约手续,且不得有任何法律争议。

(2)凭用人单位同意解除协议的证明原件,三日内由毕业生本人到学校就业指导中心领取毕业生就业协议书申领表,交回已构成违约的原协议,并登记备案。

(3)毕业生必须如实填写申领表内容,三日内由毕业生所在学院核查违约原因,学院辅导员、主管就业领导签署意见、盖章确认。

(4)学院审核后,持申领表到学校就业指导中心,经由中心主任审核、签字后,毕业生可领取重新编号的就业协议书。

(5)办理以上手续,学校除了收取新发协议书的工本费外,不再收取毕业生违约金及其他任何形式的费用。

(6)新协议发放后原协议随即作废,由此产生的一切后果由申请人负责。

(三)考取研究生的本科毕业生登记程序

(1)考研未签约的毕业生将空白协议书送各学院并登记。

(2)考研已签约的毕业生凭用人单位解除协议的证明到学院修改就业方案。

(3)已签约但注明考取研究生协议自动作废的毕业生,凭原协议修改就业方案,由学生本人通知用人单位。否则,学校将按签约进行派遣。

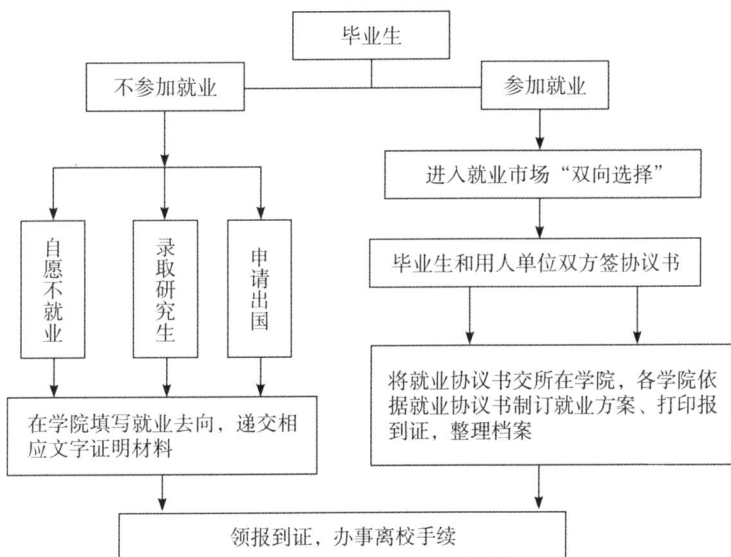

图 4-4 毕业生就业流程图

```
                          ┌──────────┐
                          │  毕业生   │
                          └────┬─────┘
          ┌────────────────────┴──────────────┐
┌──────────────────────┐          ┌────────────────────┐
│  就业协议书污损、遗失    │          │       违约           │
└───────────┬──────────┘          └──────────┬─────────┘
            │                    ┌────────────────────────────┐
            │                    │ 开具与用人单位解除协议证明    │
            │                    └──────────┬─────────────────┘
┌──────────────────────────────────────────────────────────┐
│ 写出申请，到所在学院领取、填写"就业协议书申领表"，            │
│ 学院辅导员核实情况、主管就业领导签署意见、盖章确认            │
└──────────────────────┬───────────────────────────────────┘
            ┌──────────────────────────┐
            │ 带齐所有材料，到就业指导     │
            │ 中心登记、备案；中心主任     │
            │ 审核、签字                 │
            └──────────┬───────────────┘
            ┌──────────────────────────┐
            │ 领取新的就业协议书           │
            └──────────────────────────┘
```

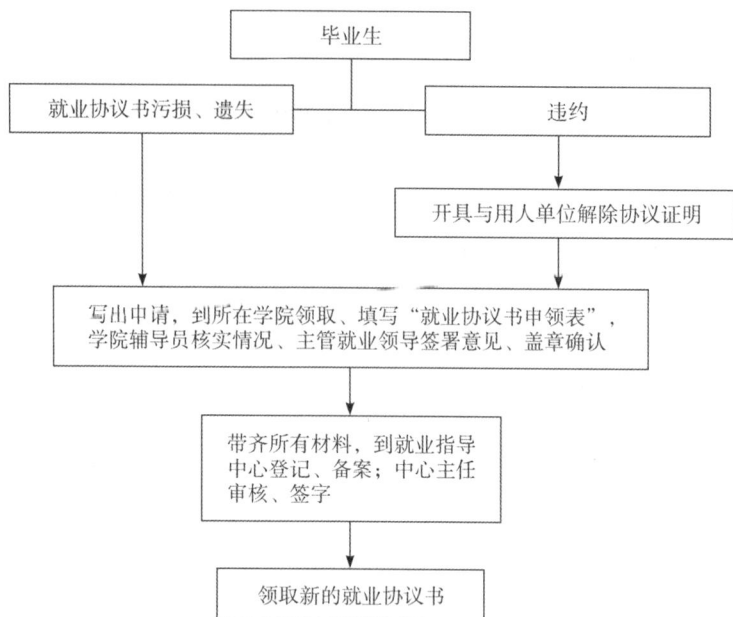

图 4-5　毕业生补办就业协议书流程图

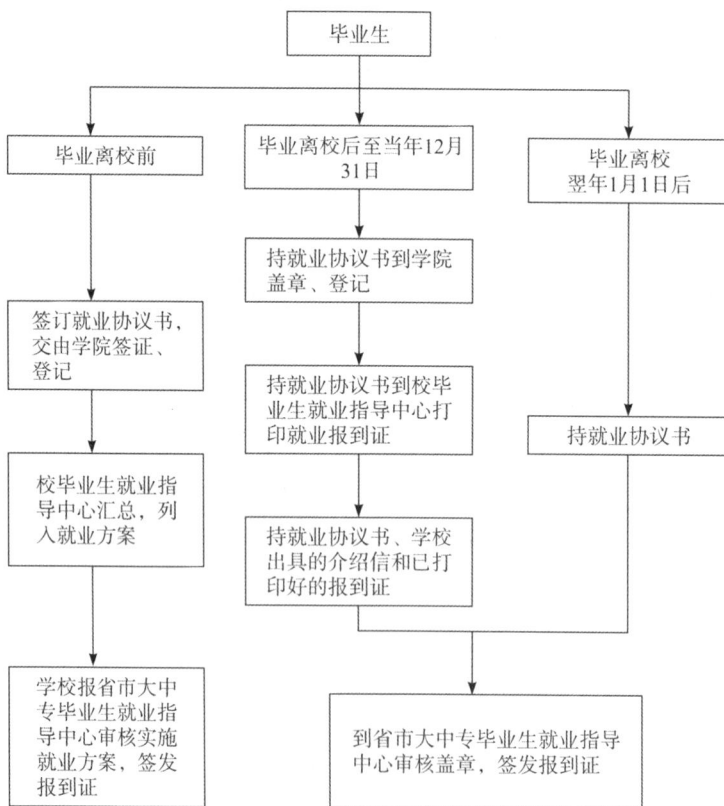

```
                          ┌──────────┐
                          │  毕业生   │
                          └────┬─────┘
    ┌──────────────────────────┼───────────────────────────┐
┌──────────┐      ┌──────────────────┐        ┌──────────────┐
│ 毕业离校前 │      │ 毕业离校后至当年12月 │        │ 毕业离校       │
└────┬─────┘      │ 31日              │        │ 翌年1月1日后   │
     │            └────────┬─────────┘        └──────┬───────┘
┌──────────────┐  ┌──────────────────┐               │
│ 签订就业协议书，│  │ 持就业协议书到学院   │               │
│ 交由学院签证、 │  │ 盖章、登记          │               │
│ 登记          │  └────────┬─────────┘               │
└────┬─────────┘  ┌──────────────────┐        ┌──────────────┐
┌──────────────┐  │ 持就业协议书到校毕  │        │ 持就业协议书   │
│ 校毕业生就业指 │  │ 业生就业指导中心打   │        └──────┬───────┘
│ 导中心汇总，列 │  │ 印就业报到证        │               │
│ 入就业方案     │  └────────┬─────────┘               │
└────┬─────────┘  ┌──────────────────┐               │
┌──────────────┐  │ 持就业协议书、学校   │               │
│ 学校报省市大中 │  │ 出具的介绍信和已打   │               │
│ 专毕业生就业指 │  │ 印好的报到证        │               │
│ 导中心审核实施 │  └────────┬─────────┘               │
│ 就业方案，签发 │  ┌──────────────────────────────────────┐
│ 报到证        │  │ 到省市大中专毕业生就业指导             │
└──────────────┘  │ 中心审核盖章，签发报到证              │
                  └──────────────────────────────────────┘
```

图 4-6　毕业生办理报到证(派遣)流程图

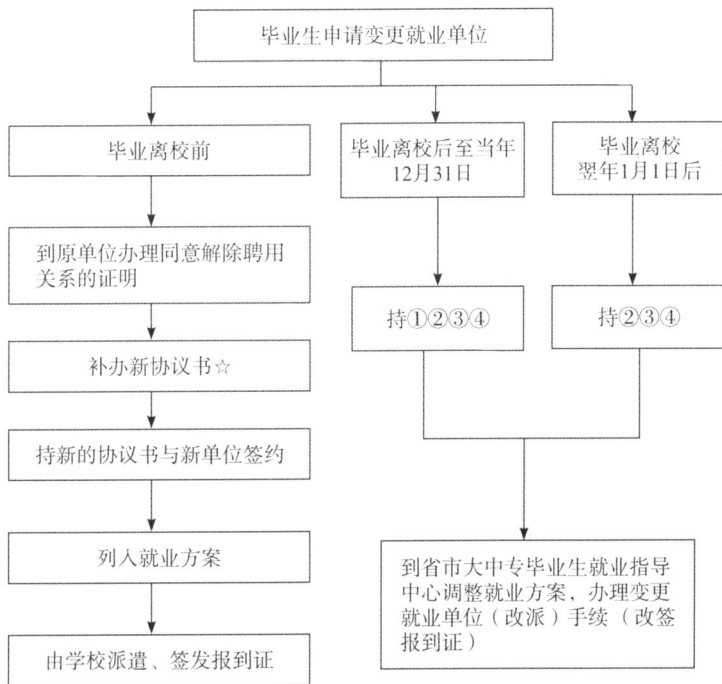

图 4-7 毕业生变更就业单位(改派)流程图

注:

①学校出具同意变更单位证明(介绍信);

②毕业生与新用人单位签订就业协议书或录用证明、劳动合同原件;

③原用人单位同意解除聘用关系的证明原件(退函);

④原报到证原件。

☆补办新协议书,参见图 4-5。

思考题:

1. 如何甄别网络求职信息的真实性?

2. 简历应包括哪些内容? 简历制作的原则是什么?

3. 你认为在签订三方协议书要注意哪些地方?

4. 案例分析:应届毕业生李军参加了一家他心仪已久的公司的笔试。事前他已经做好了充分的准备,复习了相关的专业知识,并通过网络查阅了招聘公司大量的资料。在笔试开始的时候,他信心百倍地走进了考场。然而,意外还是发生了。写到一半,李军的钢笔没有墨水了,真是千虑一失。尽管在参加笔试前他做了大量的准备,但却忘了给钢笔上足墨水。虽然最后监考官给了他一支笔让他完成了笔试,但不用说李军本人在考场非常尴尬,而且也给监考官留下了做事马虎的印象,结果他没能通过笔试这一关。

阅读上述案例,请思考下列问题:

(1)你认为上述事件是一个意外吗? 请说明理由。

(2)你是否赞同监考官的做法? 为什么?

(3)如果你是李军,你会怎么妥善处理这件事?

第五章

就业权益保护

> 没有无义务的权利，也没有无权利的义务。
>
> ——马克思
>
> 法律是治国之重器，法治是国家治理体系和治理能力的重要依托。全面推进依法治国，是解决党和国家事业发展面临的一系列重大问题，解放和增强社会活力、促进社会公平正义、维护社会和谐稳定、确保党和国家长治久安的根本要求。
>
> ——习近平

第一节　就业权益保护的内容

《中华人民共和国劳动法》对劳动者所享有的就业权益作出了明确规定，但却并没有针对大学生就业特点和对大学生就业权益及其保护进行明确而具体的规定，与此同时，大学生就业维权意识的欠缺、高校就业指导服务工作不到位、社会对用人单位的监督不足等，也都是导致大学生就业权益被侵犯的重要原因。在此背景下，对大学生就业权益维护作出探索具有重要的现实意义。

大学生就业权益主要包括以下几方面。

(一)平等就业权

这一权益体现为大学生在就业过程中获得公平的就业环境和公正的对待，不会因为性别、信仰等因素而受到排斥与歧视。维护大学生的平等就业权，能够让大学生在就业过程中获得同等的机会与资源，促使大学生专业素养、工作能力成为就业竞争力中的核心因素。

(二)就业选择权

即大学生在就业过程中可以对工作岗位进行自主选择，高校、用人单位等均不能对大学生的选择行为进行干涉。当然,大学生就业选择权的实现需要以符合法律法规、就业政策为基本前提。

(三)就业信息知情权

在大学生就业过程中,大学生具有了解就业方案政策、区域经济发展状况、用人单位发展实际与岗位要求等信息的权利,这些信息对于大学生择业产生着重要的影响。为此,政府部门、用人单位等不仅需要做到信息公开,而且需要确保学生能够及时、全面地了解与自身就业相关的信息。

(四)接受就业指导权

在大学生就业过程中,大学生具有通过高校获得就业指导服务的权利,当然,大学生也可以选择接受社会机构所提供的有偿就业指导服务,这些就业指导服务对于大学生做好就业定位并合理择业具有重要意义。

(五)获得就业推荐权

在大学生就业过程中,高校有义务向用人单位推荐大学生,而大学生也具有获得推荐的权利。就业推荐工作直接影响着用人单位对大学生的印象和态度,因此,高校需要做到如实推荐、公平推荐与择优推荐。

(六)就业签约权

在大学生就业过程中,大学生享有与高校、用人单位签订就业协议以及与用人单位签订劳动合同的权益,这是明确各方权责、为大学生就业权益维护提供依据的重要基础。

(七)违约求偿权

在大学生与用人单位签订劳动合同之后,如果用人单位单方违约,则大学生有权要求用人单位提供赔偿。

(八)隐私保护权

在大学生就业过程中,用人单位需要了解大学生的部分信息,但是这些信息只能够用于招聘过程。如果没有经过大学生同意而对大学生进行随意使用,用人单位则构成了侵害大学生隐私保护权。

大学毕业生就业权益指的是大学毕业生依据有关法律规定应当拥有的从事有报酬或预期收益的社会劳动的基本人身权益,也可概括为抓住机会把自身的生产技术和社会生产资料相结合以获利的权益,是大学生在求职过程中享有的各项权益的统称,也是大学生权益的重要部分。除了以上的八大就业权益,此外,根据相关法律规定与不同地区现实情况差异,毕业生还依法享有户口档案保存权等各类基本就业权益。

但是,大学生刚毕业即步入社会,难免会遇到一些就业问题,受到社会职场的挫折,甚或遭受被歧视等就业权益的侵害。就业形势的日益严峻使得用人单位占据着主动地位，应届毕业生在就业中受到的侵权现象不断增多，提高毕业生就业维权意识，保障他们的合法权益，使毕业生顺利完成从校园到社会的过渡，不仅是保障毕业生就业权利的客观需要，也是维护社会和谐稳定的重要内容。

【推荐阅读】

　　坚持人民主体地位，必须坚持法治为了人民、依靠人民、造福人民、保护人民。要保证人民在党的领导下，依照法律规定，通过各种途径和形式管理国家事务，管理经济和文化事业，管理社会事务。要把体现人民利益、反映人民愿望、维护人民权益、增进人民福祉落实到依法治国全过程，使法律及其实施充分体现人民意志。

——习近平《加快建设社会主义法治国家》，《求是》杂志 2015 年第 1 期

　　就业权益的保护在大学生就业过程中尤为重要，保护大学生合法的就业权益，既是我国实施依法治国战略的应有之义，也是高校就业指导课程教学的一项重要内容。为了保障大学生合理的就业权益不受侵犯，必须充分依靠劳动法、劳动合同法等法律法规来调整，只有这样，才能为大学生顺利、成功就业提供坚实的法律保障。

第二节　就业权益保护的相关法律法规

　　法律法规是大学生就业权益维护最强有力的手段。大学生在求职过程中之所以经常会出现合法权益被侵犯的现象，原因有很多，其中一个重要原因是很多大学生在求职择业的过程中缺乏法律意识。法律法规的权威源自人们的内心拥护和真诚信仰，依法维护大学生就业权益的前提是了解与就业有关的法律法规以及纠纷解决程序。只有通过相关法律教育，不断增强大学生的法治观念和意识，做到人人懂法，才能真正发挥法律法规在大学生就业权益保护中的积极作用。与大学生就业维权有关的法律法规有很多，在此重点介绍《劳动法》《劳动合同法》和《就业促进法》。

一、《劳动法》

　　我国的《劳动法》是《中华人民共和国劳动法》（以下简称《劳动法》），于 1995 年 1 月 1 日施行，截至目前经历了两次修正。劳动法保护的是劳动者的合法权益，是调整劳动关系以及与劳动关系密切联系的社会关系的法律规范总称，旨在建立和维护适应社会主义市场经济的制度，促进经济发展和社会进步。

(一)劳动者享有的权利内容

我国《劳动法》第三条规定：劳动者享有平等就业和选择职业的权利、取得劳动报酬的权利、休息休假的权利、获得劳动安全卫生保护的权利、接受职业技能培训的权利、享受社会保险和福利的权利、提请劳动争议处理的权利以及法律规定的其他劳动权利。同时，《劳动法》第十二条，劳动者享有不受歧视权利，即劳动者在就业过程中，不因民族、种族、性别、宗教信仰的不同而受到别人的歧视、不公平的待遇。

(二)保护劳动者权益的规范文本

劳动者在就业过程中，与用人单位达成协议后，依据法律规定需要签订书面的规范文本，即为劳动合同。这一规范文本能够保护劳动者基本的权益，明确了劳动者与用人单位之间的权利与义务，双方均受到规范上的约束，亦如坚固的外在铠甲，能够抵挡伤害，避免用人单位变相压榨劳动者，进而损害劳动者的基本权利。如果用人单位实施扣押工资等违反合同约定的行为，劳动者就能穿上"铠甲"，维护自己的权利，有理有据地向权力机关或者其他组织提出诉求，从而遏制用人单位的违法行为，同时获得一定的赔偿金或者补偿金等来弥补损失或伤害。由于签订劳动合同的环节也是大学生就业过程中必须经过的，尤为重要。因此，大学生应该主动学习劳动合同相关规定，并学会通过劳动合同来保护自身权益。

在劳动法中对于劳动合同方面的规定也较为详细，大致如下：首先，形式条件上，劳动合同的订立需要书面形式。内容条件上，双方订立的劳动合同内容要含有合同期限、工作内容、劳动保护和劳动条件、劳动报酬、劳动纪律、劳动合同终止的条件、违约责任等等。

(三)劳动者与用人单位签订劳动合同的基本内容

根据《劳动法》规定，劳动合同的基本内容含有合同期限、工作内容、劳动保护和劳动条件、劳动报酬、合同终止条件、违约责任等。其中，根据《劳动法》第二十条至二十三条规定，劳动合同的期限，即劳动合同成立到解除或终止的期间。我国劳动合同的期限有三类，即有固定期限、无固定期限和以完成一定的工作为期限。有固定期限，即劳动者和用人单位明确规定了开始至终止的期限，该期限可长可短，属于不定期。无固定期限，即双方只约定了开始的期限，但终止的具体日期没有约定。但是无固定期限合同可以约定终止条件，在履行过程中不出现约定终止条件或者法定的解除条件，劳动关系就会一直存续，除非退休等原因终止。完成一定的工作为期限，即劳动者与用人单位双方自愿协商把完成某项工作、工程的时间规定为合同终止条件所在的期限。工作内容，即双方约定劳动者从事的哪种工作，例如在单位任何职或者负责某项劳动工作。大学生毕业刚步入社会，缺乏很好的保护意识，部分用人单位往往会对工作内容进行模糊化，将大学生当"全能手"，呼来唤去，负责杂乱的多项工作事务。因此，这部分工作内容，在签订的时候，大学生应该多加注意，查看是否有明确岗位及应负职责部分。劳动保护和劳动条件，即该部分是对劳动者权益保护的详细内容，占《劳动法》较大篇幅。劳动保护主要为《劳动法》规定的劳动安全保护和劳动卫生保护等内容，例如《劳动法》第六章对于劳动安全卫生的规定，对劳动者开展劳动安全卫生教育，减少被感染为尘肺病等职业的危害。同时，《劳动法》对于女职工等特殊群体的保护、劳动者享有的五险一金等社会保障福利内容也是对劳动者进行保护的体现。

除此上述法定的基本内容之外，在符合不违反法律的前提下，劳动者与用人单位可以自愿协商确定其他内容。大多数毕业生很难判断合同哪些约定符合法律规定，从而遭受被欺诈等伤害。因此，大学生应该在日常多关注些就业政策及法律规范，例如熟悉民法的不得违反公序良俗、诚实信用等基本原则，做到心中有数，避免被用人单位所蒙蔽，误达成了损害自身利益的协议内容。

(四)《劳动法》关于试用期的相关规定

试用期是用人单位和劳动者相互了解、相互约定的考察期。在试用期内，用人单位考察员工的工作能力，员工也考察用人单位的情况，是双方互相试用的过程，试用期作为劳动关系的特殊阶段，也是易发生劳动争议的部分。《劳动法》第二十一条规定："劳动合同可以约定试用期，试用期最长不得超过六个月。"试用期间可以无理由退工、无理由辞职。即根据《劳动法》第二十五条规定，在试用期内用人单位必须有证据证明劳动者不符合录用条件时，方可单方解除劳动合同，也就是说，用人单位承担的是完全的举证责任，在劳动者有明显过错的情况下，依法解除劳动合同。根据《劳动法》第三十二条规定，劳动者在试用期内可以随时通知用人单位解劳动合同，无须提供任何理由。

(五)劳动者的工作时间及休息休假相关规定

根据《劳动法》第四章的规定，我国实行劳动者每日工作时间不超过八小时、平均每周工作时间不超过四十四小时的工时制度。用人单位应当根据以上规定，合理确定计件工作者的劳动定额和计件报酬标准，保证劳动者每周至少休息一日。企业因生产特点不能实行以上规定的，经劳动行政部门批准，可以实行其他工作和休息办法。用人单位在下列节日期间应当依法安排劳动者休假：元旦、春节、国际劳动节、国庆节以及其他休假节日。用人单位由于生产经营的需要，经与工会和劳动者协商后可以延长工作时间，一般每日不得超过一个小时：因特殊原因需要延长工作时间的，在保障劳动者身体健康的条件下延长工作时间每日不得超过三个小时，但是每月不得超过三十六个小时。

(六)劳动者劳动报酬的相关规定

我国《劳动法》第五章对于劳动者的报酬，即工资的原则和方法等做了具体规定，大致为工资分配原则上要遵循按劳分配，实行同工同酬。劳动报酬的给付方式为按月以货币形式支付给劳动者。不得克扣或者无故拖欠劳动者的工资。劳动者在法定休假日和婚丧假期间以及参加社会活动期间，用人单位应当依法支付工资等等。

(七)劳动者权益救济的相关规定

我国《劳动法》第十章、第十一章及第十二章的规定,较为详细地介绍了劳动者权益的救济。第十章关于劳动争议的规定,指明了救济的渠道或者方法,例如劳动者受到工资被克扣等权益受损的情况,可以向劳动仲裁庭提出仲裁,或者可以向人民法院提起诉讼,或者私下协商和解等。第十一章关于监督检查的规定,对于劳动权益救济予以强力保证,即行政机关积极对用人单位开展监督检查,杜绝或者惩罚用人单位损害劳动者权益的违法行为。例如,用人单位提供的劳动车间存在卫生差等安全隐患,当地劳动行政部门可以责令用人单位进行改正。第十二章关于法律责任的规定,是用人单位违反法律规定而实施损害劳动者权益行为应承担的法律后果的规定,即是对劳动者权益救济内容进一步的明确。例如,用人单位无故辞退劳动者,需要额外支付赔偿金等赔偿性金额,起到惩罚作用及弥补劳动者受损的权益。

二、《劳动合同法》

我国的《劳动合同法》是《中华人民共和国劳动合同法》(以下简称《劳动合同法》),于2008年1月1日施行,2012年经历了一次修正。《劳动合同法》是明确劳动合同双方当事人权利和义务的法律规范,旨在保护劳动者的合法权益,构建和发展和谐稳定的劳动关系。大学生作为劳动者与用人单位之间签署的协议,自然属于《劳动合同法》的范畴,能够保障大学生的合法权益。根据《劳动合同法》的规定内容,其中与大学生息息相关的部分主要如下。

(一)劳动者的权利

同工同酬的权利。同工同酬是《劳动合同法》确立的一条原则。所谓同工同酬,是指在相同或者相近的工作岗位上,付出相同的劳动,应当得到相同的劳动报酬。《劳动合同法》规定,用人单位与劳动者约定的劳动报酬不明确或者对劳动报酬约定有争议的,按照集体合同规定的标准执行;被派遣劳动者享有与用工单位的劳动者同工同酬的权利;用工单位无同类岗位劳动者的,参照用工单位所在地相同或者相近岗位劳动者的劳动报酬确定。

获得劳动报酬的权利。及时获得劳动报酬是劳动者的基本权利之一。《劳动合同法》第十八条规定:劳动合同中缺少"劳动报酬"条款的,由劳动行政部门责令改正;给劳动者造成损害的,由用人单位承担赔偿责任;用人单位拖欠或者未足额支付劳动报酬的,劳动者可以依法向当地人民法院申请支付令,人民法院应当依法发出支付令;用人单位未照劳动合同的约定或者国家规定及时足额支付劳动者劳动报酬的,由劳动行政部门责令限期支付劳动报酬;劳动报酬低于当地最低工资标准的,应当支付差额部分;逾期不支付的,责令用人单位按应付金额百分之五十以上百分之一百以下的标准向劳动者加付赔偿金等。

保障劳动者安全及自由的权利。为了保障劳动者安全及自由的权利的实现,《劳动合同法》第三十二条规定,劳动者拒绝用人单位管理人员违章指挥、强令冒险作业的,不视为违反劳动合同。劳动者对危害生命安全和身体健康的劳动条件,有权对用人单位提出批评、检举和控告。第三十八条还规定,用人单位以暴力或者非法制人身自由的手段强迫劳动者劳动的,或者用人单位违章指挥、强令冒险作业危及劳动者人身安全的,劳动者可以立即解除劳动合同,无须事先告知用人单位。

获取经济补偿的权利。《劳动合同法》延续了《劳动法》的有关规定,赋予了劳动者要求用人单位依法支付经济补偿的权利,并对应当给予经济补偿的情形和补偿标准进一步作了具体的规定。

(二)用人单位应尽的主要义务

保障劳动者的知情权。《劳动合同法》第八条规定,用人单位招用劳动者时,应当如实告知劳动者工作内容、工作条件、工作地点、职业危害、安全生产状况、劳动报酬,以及劳动者要求了解的其他情况。

招聘时不得扣押劳动者的证件和收取财物。《劳动合同法》第九条规定,用人单位招用劳动者,不得扣押劳动者的居民身份证和其他证件,不得要求劳动者提供担保或者以其他名义向劳动者收取财物。

劳动合同解除或者终止后对劳动者的义务。在解除或者终止劳动合同后,劳动关系便不存在了。但为了切实保护好劳动者合法权益,促使劳动者尽快重新找到工作,《劳动合同法》第五十条规定,用人单位应当为劳动者出具解除或者终止劳动合同的证明,并在十五日内为劳动者办理档案和社会保险关系转移手续;用人单位依照本法有关规定应当向劳动者支付经济补偿的,在办理完工作交接时支付。

三、《就业促进法》

我国的《就业促进法》是《中华人民共和国就业促进法》(以下简称《就业促进法》),于2008年1月1日施行,截至目前经历了一次修正。《就业促进法》是规范就业、促进就业的重要规范,旨在促进就业,促进经济发展与扩大就业相协调,促进社会和谐稳定。每年各高校的毕业生都要走向社会,均面临着就业的问题,该法的颁布施行对大学生就业具有重要的作用。

(一)端正大学生就业观念,创新就业模式

《就业促进法》第七条规定,国家倡导劳动者树立正确的择业观念,提高就业能力和创业能力;鼓励劳动者自主创业、自谋职业。大学生是社会的智力型人力资源,引导更新观念,自主创业,不仅能缓解我国当前存在的就业结构性矛盾,在宏观上形成更有利于促进大学生就业的整体环境,而且通过适当的政策扶持,智力型人才的自主创业还能孵化出高素质的经济实体,吸纳更多人员就业,推动整个国民经济可持续发展。为此,《就业促进法》把对创业的金融支持以法律的形式确定下来,在第十九条特别规定,对自主创业人员

在一定期限内给予小额信贷等扶持,显示了国家在促进大学生创业和提升国民经济质量的决心。

(二)保护平等就业权,减少就业歧视

《就业促进法》的重要目的就是创造公平的就业环境,第三章共有七条内容对公平就业做了详细规定。第二十五规定,各级人民政府创造公平就业的环境,消除就业歧视,制定政策并采取措施对就业困难人员给予扶持和援助;第二十六条规定,用人单位招用人员、职业中介机构从事职业中介活动,应当向劳动者提供平等就业机会和公平就业条件,不得实施就业歧视。此外,《就业促进法》还把就业歧视的法律救济途径写进第六十二条,指出违反本法规定,实施就业歧视的,劳动者可以向人民法院提起诉讼。《就业促进法》最大的突破意义就在于,当劳动者遭遇就业歧视时,可以根据法律通过诉讼维护自己公平就业的权利。

(三)施行就业援助制度以帮扶特殊群体的就业

对于因身体状况、技能水平、家庭因素、失去土地等原因难以实现就业,以及连续失业一定时间仍未能实现就业的人员,《就业促进法》将其界定为就业困难群体。对这部分群体和"零就业家庭",法律特别规定了就业援助制度。《就业促进法》第二十一条规定,各级人民政府应当统筹做好城镇新增劳动者就业、农村富余劳动者转移就业、失业人员再就业工作。各级人民政府应当根据妇女、残疾人、高等学校和中等职业学校毕业生、退役军人等不同就业群体的特点,采取相应措施,鼓励社会各方面通过开展有针对性的创业培训、就业服务等活动,提高其就业能力和创业能力,并依法给予扶持和帮助。城镇新增劳动力的主力就是青年,其中包括未就业的大学生。

第三节　就业协议书与劳动合同

就业协议书与劳动合同,既是高校制定毕业生就业方案和统计专业就业率的重要凭证,也是保障大学生就业权益的重要依据。因此,大学生应该充分了解签订就业协议书与劳动合同的重要意义及相关注意事项,并学会运用二者维护自身的正当就业权益。

一、就业协议书

(一)什么是就业协议书

就业协议书是明确毕业生、用人单位和学校在毕业生就业工作中权利和义务的书面表现形式。它是全国普通高等学校毕业生用于和就业单位签订工作意向合同的正式版

本，是毕业派遣、签发报到证的重要依据。就业协议是由学生、学校、用人单位三方共同签订，确定就业意向和相关权益，就像是一种"订婚协议"，只能保护学生毕业前的权益。但是学生毕业后，学校脱离三方关系，毕业生和用人单位双方就只能通过劳动合同相互约束。毕业生就业协议书是毕业生、用人单位、学校三方在毕业生就业工作中，为了确定录用或就业关系，依法协商达成的明确权利义务的书面协议，它是合同的一种形式。

（二）就业协议的主要内容

毕业生应按国家法规就业，向用人单位如实介绍自己的情况，了解用人单位的使用意图，表明自己的就业意见，在规定的时间内到用人单位报到，若遇到特殊情况不能按时报到，需征得用人单位同意。

用人单位要如实介绍本单位的情况，明确对毕业生的要求及使用意图，做好各项接收工作。

学校要如实向用人单位介绍毕业生的情况，做好推荐工作，用人单位同意录用后，经学校审核列入建议就业计划，报主管部门批准，学校负责办理派遣手续。各方应严格履行协议，任何一方若违反协议，应承担违约责任。

（三）就业协议书的订立原则

订立的原则是指三方在订立就业协议时必须遵循的基本准则，具体如下。

主体合法原则。签订就业协议的当事人必须具备合法的主体资格。对毕业生而言，就是必须要取得毕业资格，如果学生在派遣时未取得毕业资格，用人单位可以不接收而无须承担法律责任；对用人单位而言，用人单位必须具有从事各项经营或管理活动的能力，单位应有录用毕业生计划和录用自主权，否则毕业生可解除协议而无须承担违约责任；对高校而言，高校应根据用人单位的要求如实介绍毕业生的在校表现，也应如实将所掌握的用人单位的信息发布给毕业生。

平等协商原则。就业协议的三方在签订就业协议时的法律地位是平等的，一方不得将自己的意志强加给另一方。学校也不得采用行政手段要求毕业生到指定单位就业（不包括有特殊情况的毕业生）用人单位亦不应在签订就业协议时要求毕业生缴纳过高数额的风险金、保证金。三方当事人的权利义务应是一致的。除协议书规定的内容外，三方如有其他约定事项可在协议书"备注"内容中加以补充确定。

（四）就业协议书订立的步骤

就业协议的订立一般要经过两个步骤，即要约和承诺。要约，即毕业生持学校统一印制的就业推荐表或其复印件参加各地供需洽谈会（人才市场），进行双向选择，或向各用人单位寄发书面材料，应视为要约邀请，用人单位收到毕业生材料，对毕业生进行考察后，表示同意接收并将回执寄到高校毕业生就业工作部门或毕业生本人，是为要约。毕业生收到用人单位回执或通过其他方式得到用人单位答复后，到学校毕业生就业工作部门领取就业协议书，与用人单位签订协议，即为承诺。

（五）就业协议书无效的情形

无效协议是指欠缺就业协议的有效要件或违反就业协议订立的原则而不发生法律效力的协议,无效协议自订立之日起无效。在就业工作中,凡属如下情况之一者,均为无效协议:非毕业生、结业生本人签订的协议;用人单位没有录用权力或者没有录用计划的协议;不符合国家就业政策、就业规定或就业范围的协议;采取欺诈、隐瞒、作假等手段签订的协议;未经用人单位及其主管部门签署意见并加盖公章的协议;其他违反法律法规或就业政策和规定的协议。

（六）违约后果

就业协议书一经毕业生、用人单位、学校签署即具有法律效力,任何一方不得擅自解除,否则违约方应向权利受损方支付协议条款所规定的违约金,从实际情况来看,就业违约多为毕业生违约。毕业生违约,之所以需要支付违约金,是因为这种行为损害了用人单位和学校的利益,主要表现如下。

（1）用人单位往往为录用某毕业生做了大量的工作,有的甚至对毕业生将要从事的具体工作也已经有所安排。一旦毕业生因某种原因违约,势必会使用人单位的录用工作付之东流,用人单位若另起炉灶,选择其他毕业生,时间上已经不允许了,最终给用人单位的工作造成被动。

（2）用人单位往往将毕业生违约行为视为学校的行为,从而影响学校和用人单位的长期合作关系。从历年情况来看,一旦有毕业生违约,该用人单位会在几年之内都不愿到该学校来挑选毕业生。毕业生违约还会影响学校就业计划方案的制定和上报,并影响学校派遣工作的正常进行。

（3）用人单位到学校挑选毕业生,一经与某毕业生签订就业协议,就不可能再录用其他毕业生。若日后该毕业生违约,有些当时希望到该用人单位的其他毕业生,由于录用时间等原因,也无法补缺,必定造成了就业信息的浪费,影响了其他毕业生的就业。

（七）违约责任

违约责任即违反合同的民事责任,是指合同当事人一方不履行合同义务或者履行合同义务不符合约定时,依照法律规定或者合同约定所承担的法律责任。依法订立的有效合同,对当事人双方来说,都具有法律约束力。如果不履行或者履行义务不符合约定,就要承担违约责任。承担违约责任的方式有多种:继续履行、采取补救措施、赔偿损失、支付违约金等。这几种违约责任的形式,可以单独适用,也可以互补结合适用,运用的方式是比较灵活的。违约金是就业协议当中适用最广泛的一种违约责任形式,在当事人违反合同约定的情况下适用违约金责任应注意以下几方面问题。

（1）有违约行为。只有在一方当事人违反合同的情况下,另一方当事人才有权要求其支付违约金。一般来说,各种违约的形态,如不履行、不适当履行、迟延履行等,都可以导致违约金的支付,但是当事人在就业协议中仅就某种具体的特定违约行为规定了违约金的，如仅就不签订劳动合同的违约行为规定了违约金，则应以就业协议具体规定的特定的违约行为作为支付违约金的条件。如果当事人虽有违约行为，但仍然订立了劳动合同，则不应依据就业协议的规定请求支付违约金。

（2）违约当事人必须具有过错。因为违约金在性质上兼具惩罚性和补偿性双重性质，因此，应以违约当事人主观上具有过错（含推定过错）作为违约金支付的重要条件。只有将过错作为违约金的支付条件，才能使违约金责任起到一种制裁违约行为、维护合同严肃性的作用。将过错作为违约金的支付条件意味着，在特殊情况下，可以根据过错程度确定违约金的具体数额。特别是对于故意和重大过失违约的，不能减少违约方应承担的违约责任。由此可见，过错程度对违约金的支付是有影响的。

（3）在履行就业协议的过程中，并不是所有的不履行就业协议的行为都会必然导致违约责任的产生。还有很多情况下，当事人不应对自己的违约行为承担违约责任，具体如下：大学生和用人单位对不能签订劳动合同均负有过错的，双方都丧失请求对方承担违约金责任的权利；大学生或者用人单位有正当理由不履行签订劳动合同义务，应认定大学生或者用人单位无过错，不承担违约责任。此处的正当理由应当是法律明确规定的情形如：不可抗力。不可抗力是指不能预见、不能避免并不能克服的客观情况。根据《合同法》第一百一十七条的规定，在不可抗力的情况下，根据不可抗力的影响，部分或者全部免除违约责任；正当行使履行抗辩权。

如果大学生和用人单位在就业协议中约定有免责事由的，在免责事由出现时，当事人可相应免除违约责任。

当事人因对劳动合同的条款不能达成一致，而导致劳动合同不能订立的，不承担违约责任。因为就业协议只是一份用人单位向大学生发出的订立本合同的预约，其法律效力仅仅只是使当事人负有将来要订立本合同的义务。大学生只要在毕业后根据就业协议约定的条款和日期，并且有和用人单位签订劳动合同的意图且真实地履行了其意图，则其行为实际上是履行了就业协议为其约定的义务。至于劳动合同双方有分歧无法达成协议，则属于另一法律行为，和就业协议没有必然的关系。签订劳动合同本身是一个独立的法律行为，当事人在合同的条款上当然可以反复磋商，如果由于合同的条款意见不一致，可视作无法达成一致而无法签约，这并不影响就业协议的法律效力。因为当事人已经履行了就业协议约定的签约义务，只是因为双方就有关条款存在争议而无法达成一致协议，根据当事人意思表示一致是合同成立的核心条件，当事人当然有放弃签约的权利。

学校对毕业生权益的保护最为直接。学校可通过制定各项措施来规范毕业生就业指导和就业推荐，对于用人单位在录用毕业生过程中的不公平、不公正行为，学校有权予以抵制以维护毕业生公平受录用权。对于用人单位与毕业生签订不符合有关规定的就业协议，学校有权不予同意，未经学校同意的就业协议不发生法律效力，不能作为编制就业计划的依据。

（八）就业协议书签订注意事项

如实填写，姓名、学制、学历。专业名称、家庭地址要详细填写，避免造成不必要的麻烦。联系电话一定要填写清楚,电话号码变更要及时告知所在系或本班辅导员,一旦有事学院或用人单位便于通知。

检查用人单位名称是否与用人单位的有效印鉴名称一致;单位联系人、电话、通信地址及性质要写清楚;档案转寄地址一栏,一定要将人事档案保管单位的全称和地址填写清楚,有人事档案保管权的单位可填写单位地址,无人事档案保管权的单位应填写其委托保管档案的地址,如某人才市场、人才交流中心等。

双方应将毕业生就读本科考取专升本、体检等特殊要求、违约的责任及违约金以及其他有关事项经协商达成的附加条款填写清楚,落实在协议书应聘意见或用人单位意见栏里,或者另备一份补充协议,避免将来出现麻烦。

在与用人单位签订协议书时,一定要注意用人单位级别和主管部门,不要以为只要有接收单位公章就万事大吉,也不要以为"反正有单位同意接收我,无所谓",其实,用人单位除有单位性质之分,还有级别之分,一定要将所有需要的公章盖全,避免不必要的麻烦(用人单位上级主管部门意见"有用人自主权的单位此栏可略")。

部分省市为控制人事编制或控制人口增长的户口问题,对毕业生有特殊要求,在与这些省市单位签约时,要注意这些特殊要求,即该省市提供的进入该省市工作的就业审批表。

凡毕业生与用人单位签约时,均应使用省教育厅印制的《普通高等学校毕业生就业协议书》(一式四份)。协议书人手一份,专人专号,遗失不补,复印无效。毕业生考研成功,《就业协议书》须上交校毕业生就业指导中心。毕业生在就业过程中,可与多个用人单位洽谈,但最终只能与用人单位签订协议,协议书一旦签订生效,协议双方必须履行协议所规定的义务,原则上不得违约。对使用他人协议书、一人签订两个以上协议、协议书遗失、涂改的,不论何种原因,一律按违约处理。

签协议前,毕业生一定要全方位地了解用人单位的相关情况。例如企业的发展趋势、企业招聘的岗位性质、企业的员工培养制度、待遇状况、福利项目等系列内容,不但要掌握资料,更要实地考察。并且还需要重点了解单位的人事状况,了解企业是否具有应届毕业生的接收权。

毕业生在签约时要按照正常程序进行。毕业生与用人单位达成就业意向后,先由毕业生、所在系在协议书上签署意见后交给用人单位,由用人单位签署意见后再交给学院,学院签字盖章后纳入就业计划,协议书生效。有的毕业生为省事,要求学院先签署意见(盖章),但这样做使学院无法起到监督、公正的作用,不便于维护毕业生的合法权益,最可能受害的将是毕业生本人。

签署协议书时,一定要认真、真实地填写协议书内容。如果准备升学,应事先向用人单位说明,并在协议书中注明。以往有毕业生向用人单位隐瞒这些情况,而后遭到违约处理。

双方确认填写内容无误后,用人单位代表在甲方处签字,毕业生在乙方处签字,此时就业协议已经生效,无特殊情况,双方不可随意更改。

用人单位应当认真学习《劳动法》等相关法律法规的内容,在和谐的劳动关系中,实现招就双方的真正平等。其中包括：双方签订就业协议后，不得随意毁约；用人单位不得将毕业生的个人信息外泄，保护毕业生的个人隐私；用人单位需严格按照程序办事，不得对新入职毕业生随意压榨等，将毕业生就业中遭受侵权可能性降至最低。

二、劳动合同

(一)什么是劳动合同

劳动合同是指劳动者和用人单位经过相互选择和平等协商，就劳动合同条款达成的协议，是确立劳动关系和明确相互权利义务的规范文本。如何确定合同内容；有的国家则对如何确定合同当事人和合同内容都同样重视，我国现阶段立法亦如此。

(二)劳动合同订立的原则

《中华人民共和国劳动合同法》第两条规定："订立劳动合同，应当遵循合法、公平、平等自愿、协商一致、诚实信用的原则。"根据这一规定，订立劳动合同应当遵循以下原则。

1. 合法原则

所谓合法，是指劳动合同的订立不得违反国家法律、法规的规定。合法原则要求；首先，劳动合同的当事人必须具备合法的主体资格。劳动者应达到法定最低就业年龄并符合其他就业条件；用人单位应具有法人资格。其次，劳动合同的内容要合法，当事人不得订立内容违法或损害公共利益的劳动合同。最后，劳动合同的订立程序和形式应当合法，如，必须要经过要约与承诺，合同应当采用书面形式等。

2. 公平原则

所谓公平，是指劳动者和用人单位在合同的内容上对双方都是公平对待的。

3. 平等自愿原则

所谓平等，是指劳动者与用人单位在订立劳动合同时处于平等的法律地位，享受平等的法律待遇和法律保护。所谓自愿，是指劳动者与用人单位订立劳动合同，应出于各自真实的意思表示，不得有强迫、胁迫行为。平等自愿是订立劳动合同的基础。

4. 协商一致原则

所谓协商一致，是指劳动者与用人单位在签订劳动合同时，应就主要条款充分讨论，达成一致，当事人双方就合同的主要条款达成一致意见后劳动合同才能成立和生效。

5. 诚实信用原则

所谓诚实信用，是指劳动者和用人单位双方要以平等自愿为基础，诚实信用，互利互惠，不能虚假蒙骗。只有遵循了上述原则订立的劳动合同才是合法有效的。

(三)劳动合同的效力

劳动合同的生效。所谓劳动合同生效，是指劳动合同具有法律效力的起始时间。如前所述，当事人双方就劳动合同内容协商一致，即完成要约与承诺的过程，劳动合同即宣告成立。但是,劳动合同的成立,并不意味着劳动合同一定能生效。一般情况下,只要是依法订立的劳动合同,其生效时间始于合同签订日;如果需要鉴证或公证的,其生效时间始于鉴证或公证之日。

劳动合同的无效。无效的劳动合同,是指当事人违反法律、行政法规的规定,订立的不具有法律效力的劳动合同。它虽然是当事人双方协商订立的,但因违反了法律、行政法规的规定,因此,国家不予承认,法律不予保护。无效的劳动合同,从订立的时候起,就没有法律约束力。

全部无效。《劳动法》第十八条规定:"下列劳动合同无效:违反法律、行政法规的劳动合同;采取欺诈、威胁等手段订立的劳动合同。"所谓违反法律行政法规,是指违反法律、行政法规明令禁止的行为,不能作任意扩大的解释,采取欺诈手段订立的劳动合同,是指当事人一方隐瞒或曲解事实真相,致使对方当事人信以为真,同意签订劳动合同,采取威胁手段订立劳动合同,是指当事人一方要接对方迫使对方同意签订劳动合同。

部分无效,即主要指劳动合同部分条款违反法律、行法规的规定如工资、工作时间、劳动保险等,这些条款违反了法律、行政法规,只是这些条款无效,但不影响其他合同条款的履行。因此《劳动法》第十八条第二款规定:"确认劳动合同部分无效的,如果不影响其余部分的效力,其余部分仍然有效。"

确认合同无效的机关。无效合同的确认机关是劳动争议仲裁委员会或人民法院、劳动合同被仲裁机关和人民法院确认全部无效后,合同规定的双方当事人的权利义务关系自然终止,终止履行合同,尚未履行的不得履行。被确认部分无效的,由仲裁机关或法院监督改正并赔偿损失。

(四)劳动合同的订立程序

劳动合同的订立就是劳动合同当事人就合同条款通过协商达成一致的过程。

要约,即指一方当事人以订立合同为目的向另一方合同主要内容作出的表示,因而,要约的发出人和接受人均须特定,且要约的内容足以构成合同的主要条款,同时应作出要约的表示,否则不算有效要约。如果仅有订约的意思而未就合同主要内容作出表示,只能称为要约邀请,不能产生要约的效力。要约仅在要约的有效期内对要约人具有法律拘束力,要约期满其效力自动解除,因而,用人单位如果仅在招工启事或广告或简章中介绍自身情况,并发出招工信息,并未就合同主要内给予说明,该行为只能算是要约邀请,不构成有效要约,而如果用人单位在招工简章中对合同条件给予明确说明,则属于要约,一旦应招者承诺,用人单位有义务与劳动者签订劳动合同。如应招者不同意所列条件,而提出新的条件,则属于反要约,用人单位可以承诺,也可不予承诺而不成立合同。

承诺。即指受要约人完全无条件地接受要约以成立合同的意思表示。承诺必须由受要约人本人在有效期内作出,且应当完全接受要约条款,如果接受的意思与要约不一致而改变了要约的实质性内容,则只能视为反要约,不构成有效承诺。劳动者或用人单位一旦同意对方的要约而作出承诺,劳动合同即告成立。

(五)劳动合同订立的意义

明确双方权利、义务及责任。劳动者与用人单位之间签订劳动合同，借以在它们之间形成一定的劳动法律关系，劳动法律关系同其他法律关系一样，是以合同当事人双方的权利、义务为其内容的。究竟双方当事人享有什么样的权利，应该履行怎样的义务，必须借助于劳动合同给予明确。也即是说，通过签订劳动合同，一方面把法律所赋予劳动合同当事人的抽象的法律上的权利给以具体化，另一方面也需要依据当事人双方的平等协商创设一些法律未予明定但将给予承认并保护的权利，正是在这意义上我们说劳动合同的签订是劳动合同成立的前提。

对双方当事人产生法律拘束力。劳动合同经双方当事人意思表示一致而成立，当事人双方即应严格按照合同的规定履行，任何一方未经合同另一方的同意，不得擅自变更或解除劳动合同，但法律赋予一方当事人在特定情况下享有单方解除权的除外。

劳动合同的效力体现在受法律保障的强制执行力，法律也正是通过要求当事人严格履行合同，并对违反合同的当事人课处法律责任的方式，维护劳动合同的严肃性。

处理劳动合同争议的依据。劳动合同当事人在履行合同的过程中，基于对劳动合同条款的不同认识，或者因为其他原因，难免发生争议。在处理这些劳动争议时，处理机关就应当在查明事实真相的情况下，依照合同和法律的规定，判断是非曲直，明确当事人的责任。

(六)劳动合同的变更

劳动合同的变更是指劳动合同依法订立后，在合同尚未履行或者尚未履行完毕之前，经用人单位和劳动者双方当事人协商同意，对原劳动合同内容作部分修改、补充或者删减的法律行为。劳动合同的变更是原劳动合同的派生，原劳动合同未变更的部分仍然有效。变更后的内容就取代了原合同的相关内容。新达成的变更协议条款与原合同中其他条款具有同等法律效力，对双方当事人都有约束力，是双方已存在的劳动权利义务关系的发展。

劳动合同由用人单位与劳动者协调一致，并经用人单位与劳动者在劳动合同文本上签字或者盖章生效。此劳动合同一经依法订立，即具有法律约束力，受法律保护。双方当事人应当严格执行，任何一方不得随意变更劳动合同约定的内容。但当事人在可立合同时，有时不可能对涉及合同的所有问题都作出明确的规定；合同订立后，在履行劳动合同的过程中，由于社会生活和市场条件的不断变化，订立劳动合同所依据的客观情况发生变化，使得劳动合同难以履行或者难以全面履行，或者合同的履行可能造成当事人之间权利义务的不平衡，这就需要用人单位和劳动者双方对劳动合同的部分内容进行适当的调整。否则，在劳动合同与实际情况相脱节的情况下，若继续执行，有可能会对当事人的正当利益造成损害。因此，《劳动合同法》允许当事人在一定条件下变更劳动合同。双方当事人可以依据有关法律法规的规定，经协商一致，就劳动合同的部分条款进行修改、补充或者删减，通过对双方权利义务关系重新进行调整和规定，使劳动合同适应变化发展了的新情况，从而保证劳动合同的继续履行。

劳动合同可变更的情形。其一，用人单位与劳动者协商一致。在一般情况下。只要用人单位与劳动者协商一致，即可变更劳动合同约定的内容。首先，劳动合同是劳动关系双方协商达成的协议，当然也可以协商变更；对于劳动合同约定的内容，只要是经双方当事人协商一致而达成的，都可以经协商一致予以变更。其次，对变更劳动合同，用人单位和劳动者之间应当采取自愿协商的方式，不允许合同的一方当事人未经协商单方变更劳动合同。一方当事人未经对方当事人同意任意改变合同内容的，在法律上是无效行为，变更后的内容对另一方没有约束力，而且这种擅自改变合同的做法也是一种违约行为。再次，劳动合同的变更只是对原劳动合同的部分内容做修改补充或者删减，而不是对合同内容的全部变更，对劳动合同所要变更的部分内容，当事人双方通过协商后，必须达成一致的意见。如果在协商过程中，有任何一方当事人不同意所要变更的内容，则该部分内容的合同变更就不能成立，原有的合同就依然具有法律效力。最后，在变更过程中必须遵循与订立劳动合同时同样的原则，即遵循合法、公平、平等自愿、协商一致、诚实信用的原则。其二，客观情况发生重大变化。根据《劳动合同法》第四十条第三款的规定，劳动合同订立时所依据的客观情况发生重大变化，致使劳动合同无法履行，经用人单位与劳动者协商，未能就变更劳动合同内容达成协议的，用人单位在提前三十日以书面形式通知劳动者本人或者额外支付劳动者一个月工资后，可以解除劳动合同。由此可以确定，劳动合同订立时所依据的客观情况发生重大变化，是劳动合同变更的一个重要事由。所谓"劳动合同订立时所依据的客观情况发生重大变化"，主要是指订立劳动合同所依据的法律、法规已经修改或者废止。或者，例如用人单位发生转产、调整生产任务或者生产经营项目情况。在这种情况下，有些工种、产品生产岗位就可能因此而撤销，或者为其他新的工种、岗位所替代，原劳动合同就可能因签订条件的改变而发生变更。或者，例如劳动者的身体健康状况发生变化、劳动能力部分丧失所在岗位与其职业技能不相适应、职业技能提高了一定等级等，造成原劳动合同不能履行或者如果继续履行原合同规定的义务对劳动者明显不公平，或者，还有不可抗力等客观方面的原因。

（七）劳动合同的解除

劳动合同的解除，是指劳动合同订立后，尚未全部履行前，由于某种原因导致劳动合同一方或双方当事人提前消灭劳动关系的一种法律行为。劳动合同的解除分为法定解除和约定解除两种。根据劳动法的规定，劳动合同既可以由单方依法解除，也可以由双方协商解除。劳动合同的解除，只对未履行的部分发生效力，不涉及已履行的部分。

劳动合同解除的主要情形。其一，双方协商解除劳动合同。用人单位与劳动者协商一致，可以解除劳动合同。协商解除劳动合同没有规定实体、程序上的限定条件，只要双方达成一致，内容形式、程序不违反法律禁止性、强制性规定即可。若是用人单位提出解除劳动合同的，用人单位应向劳动者支付解除劳动合同的经济补偿金。其二，劳动者单方解除劳动合同。即具备法律规定的条件时，劳动者享有单方解除权，无须双方协商达成一致意见，也无须征得用人单位的同意。具体又可以分为预告解除和即时解除。其三，用人单位单方解除劳动合同。具备法律规定的条件时，用人单位享有单方解除权，无须双方协商达成一致意见。主要包括过错性辞退、非过错性辞退、经济性裁员三种情形。过错性辞退，即在劳动者有过错性情形时，用人单位有权单方解除劳动合同。过错性解除劳动合同在程序上没有严格限制，用人单位无须支付劳动者解除劳动合同的经济补偿金，若规定了符合法律规定的违约金条款的，劳动者须支付违约金。非过错性辞退，即劳动者本人无过错，但由于主客观原因致使劳动合同无法履行，用人单位在符合法律规定的情形下，履行法律规定的程序后有权单方解除劳动合同。非过错性解除劳动合同在程序上具有严格的限制。

（八）劳动合同签订的注意事项

签订劳动合同前应熟悉相关法律。劳动合同是用来约束劳动者和用人单位行为，以及处理纠纷的重要法律依据。劳动合同的每个环节都需要劳动者有一定的法律常识，所以劳动者在签订劳动合同之前最好先了解一下都有哪些法律可以保护劳动者的合法权益。我国有关保护劳动者合法权益的法律法规很多，其中以《劳动法》的规定最为全面，是规定劳动关系的主要法律，此外，有关劳动合同的法规还有劳动部制定的《关于实行劳动合同制度若干问题的通知》《违反和解除劳动合同的经济补偿办法》《违反劳动法有关劳动合同规定的赔偿办法》等。

合同形式、内容要合法。一份具有法律效力的劳动合同，首先签订合同的程序应符合法律规定，并且应当用书面的形式予以确认，合同至少一式两份，双方各执一份，劳动者应妥善保管自己的劳动合同。在劳动合同的内容上，劳动者一定要先确定自己签订的劳动合同是否具备产生法律效力的条件，包括用人单位应是依法成立的劳动组织，能够依法支付工资、缴纳社会保险及提供劳动保护条件，并能承担相应的民事责任等。

警惕合同陷阱。部分用人单位为了实现自己的利益最大化，千方百计地在劳动合同中设立各种陷阱，侵害劳动者的合法权益。主要包括，在合同中设立押金条款；不与劳动者协商；在合同中规定逃避责任的条款；对于劳动者工作中的伤亡不负责任；准备了至少两份合同，一份是假合同，内容按照有关部门的要求签订，以对外应付有关部门的检查，但真正执行的是另一份合同等。

当前，毕业生社会经验不足，法律知识缺乏，供需关系失衡，这些因素导致毕业生在择业就业和建立劳动关系时完全处于弱势地位，大学生求职者要明晰自己在求职过程中享有的权利，并在合法权益受到侵害时学会好利用法律武器来保护自己的权益。

【拓展阅读】

大学生在就业过程中不可忽视的档案

大学生就业是一个系统工程，在这一过程中经常会提到几个关键词：毕业生就业推荐表、就业协议书、劳动合同、报到证和档案。这五个内容与每一位毕业生的切身利益息息相关,是大学生实现就业成功、职业发展和权利维护的重要材料,因此,每一位毕业生都应该认真对待。

就业协议书与劳动合同、以及报到证在前面内容中已做了全面介绍,在此重点补充介绍档案。

一、什么是档案

当学生毕业时,学校会按相关规定要求帮助毕业生整理档案,档案的主要内容包括:①高校阶段材料;②招生录取材料(一般是录取通知书);③毕业生基本情况表;④毕业生登记表;⑤学习成绩卡;⑥毕业生体检表;⑦党团材料;⑧在校奖惩材料;⑨实习鉴定表;⑩综合积分测评表等。

当学生毕业后,学生档案投递到人事管理机构以后,该生的档案正式成为人事档案。人事档案,与本人一生息息相关,是保障个人权益的重要依据。在工作、学习和生活中都要利用到人事档案,如职称评定、转正定级、各种政审、办理养老等社会保险、确认工龄、家庭亲属关系证明,以及开具出国、考研有关证明等,都要用到人事档案。

二、档案的重要性

毕业生档案是个人第一学历档案,今后任何档案都是在此基础上建立的。所以档案非常非常重要。

1. 档案是用人单位全面了解毕业生并持续补充的资料

对用人单位来说,为了全面、准确的了解聘用人员,档案中的思想言行、业务水平、个人素质、历史情况、学业及思想表现等是重要依据。而在用人过程中形成的定级、调资、任免、晋升、奖惩等方面的相关材料都需要汇总并归入本人档案,作为考核依据。

2. 档案是毕业生办理各类手续、保障权益的重要资料

毕业生档案的实际价值有:学籍证明、机关事业单位必备条件、国有企事业单位核定待遇的依据、享受社会保障福利的重要资料、职业起点的初始记录、出境政审的重要材料、转移人事关系的前置条件、从业登记必须提供的重要证明、进修深造的前期学籍材料等。

3. 毕业生落实档案去向的意义

当毕业生进入有管理档案权限的单位时,档案可直接发往该单位,由单位负责管理。但有些单位没有管理档案的权限,这种情况千万不要把档案放在自己手上或留在学校。在人才市场办理档案挂靠后,可以放心到市内外一切非国有单位或无人事主管部门的单位工作,而毕业生的合法权益同时得到保障;应届大学生档案挂靠后,可免费为得到以下服务:

(1)人事关系、人事档案管理、党团关系管理;

(2)连续计算工龄(关系到工资级别及以后的退休工资级别);

(3)办理晋升档案工资、转正定级(即按规定转成干部身份);

(4)出具证明材料(即出具与个人档案相关的证明材料);

(5)有些考试考证需要"人事关系所在地",就是档案挂靠的地方,例如教师资格证考试;

(6)有些大城市如广州、天津免费办理落户手续,并推荐就业。

三、档案的去向

根据《档案法》相关规定，档案不允许个人保存。因此，毕业生需要办理档案转递手续，主要有以下五种情况。

1. 已就业（毕业前已与用人单位签订就业协议）

（1）有档案管理权限的单位。若就业单位具备档案接收管理权限，档案直接发往就业单位，如毕业生去机关、事业单位、国有企业就业的，由单位直接接收、管理档案。

（2）无档案管理权限的单位。若就业单位不具备档案接收管理权限，但档案在相关人才机构代理，档案直接发往该人才机构；若就业单位不具备档案接收管理权限，也无相关人才机构代理档案，即单位不要档案的，档案发往生源地公共人才服务机构。

2. 待就业（毕业前未落实工作单位）

未签工作的毕业生档案，发回原籍所在地人才市场，须毕业生提前与对方联系，确认接收地址、部门、接收人、电话信息。

3. 升学

档案接收单位应该是考取高校的具体学院或研究生招生办公室，以各高校调档函要求为准。

（1）考取外校的毕业生档案，持相关材料办理手续后由学校发往录取单位；

（2）考取本校的毕业生档案，应与本校就业指导中心联系办理手续。

4. 出国

准备出国的毕业生档案，档案接收单位可以是原籍人力资源和社会保障局或教育部留学服务中心，须毕业生提前与对方联系，确认接收地址、部门、接收人、电话信息。

5. 自主创业、自由职业

自主创业、自由职业的毕业生档案，档案接收单位可以是原籍人力资源和社会保障局或者其他人才交流服务中心，须毕业生提前与对方联系，确认接收地址、部门、接收人、电话信息。

第四节　就业权益保护

一、就业过程中常见的侵权行为

在就业过程中，往往会遇到很多问题，甚或出现就业者的权利受侵害的现象。防范胜于未然，本节总结以往出现过的侵权行为，提醒大学生等就业者在求职过程中规避风险，免受他人带来的伤害。

（一）歧视行为

大学生在就业求职中经常会遇到一些歧视现象，常见的就业歧视有性别歧视、学历歧视、健康歧视、经验歧视、户籍歧视等。在大学生实际就业过程中,就业歧视随处可见,严重地侵害了其平等就业权益。性别歧视是女大学生最常遭遇的一种就业歧视。一些企业在招聘中不招收女性或提高同一岗位对女性的要求,变相对女性设置就业障碍,有些用人单位为了节约运营成本,利益最大化,考虑到女职工存在生育等特殊情况,故意提高应聘条件和入职门槛,严重侵害了女性的平等就业权,《劳动法》规定,女性劳动者和男性劳动者享有平等的就业权利。再比如有些用人单位为了提高公司的知名度、显示员工的综合素质高,招聘条件限定为985院校、211院校、双一流院校,或者通过行业资格证书,以此来限制大学生的应聘。户籍制度也是较为常见的就业歧视,每个地方对于户籍的管理有所不同,有些地方为了保护本地户籍政策,通过提高入户条件要求限制外来人口的流入,从而限制了劳动者在平等基础上自主择业的权利。就业歧视的现象屡见不鲜,大部分毕业生只能面对现实,无奈地接受了。

【案例阅读】

大四一到,陈某就开始奋战在杭城各大招聘会上,希望能在毕业前敲定一份合适的工作。某日,她在一场校园招聘会上看到杭州某烹饪培训学校(以下简称"烹饪学校")招聘两名文员的消息,便向该校投了简历。

在读大学期间,陈某社会实践经验丰富,成绩也不错,她觉得自己各项条件都符合岗位要求。但投简历之后,左等右等,始终没等到任何回复。心急之下,她打电话到烹饪学校人事处询问应聘情况,但得到的结果是,该职位"仅限男性"。但当时招聘信息并没有标明对性别的要求。由于陈某一心想做策划和创意方面的工作,在综合考虑自己的多方因素,觉得自己除了性别之外都非常适合该份工作,于是又与烹饪学校的招聘人员联系,希望对方可以给自己一个公平的面试机会,但最终该校方的招聘人员还是拒绝了她。

这种明显的性别歧视,让陈某一气之下决定以平等就业权和人格尊严权被侵犯为由,将招聘单位告上法庭,要求这所学校赔礼道歉并赔偿精神损失。在庭审中,校方辩称自己并不存在歧视女性行为,相反,是充分尊重和照顾女性。由于本次招聘的岗位具有特殊性,除早晚常态加班外,还需经常陪同校长去外地出差、应酬,出差周期长、应酬次数多。而学校出差管理制度明确,为节约单位成本,两人以上(双数)出差住宿的,必须同住一个标准间,否则超出部分不予报销。本校校长为男性,基于公序良俗、男女有别原则和单位制度规定,招聘女性的确不适合,希望陈某可以考虑其他岗位。面对校方这样的辩称,陈某的诉求能够得到支持吗?

我国不少法律都有关于反对就业性别歧视的阐述和规定。如《劳动法》第十三条规定,妇女享有与男子平等的就业权利。但这些规定都是一些政策,太过原则和笼统,没有技术层面的可操作性,因此广大女性面对性别歧视束手无策。而《就业促进法》不仅规定了政府在保障公平就业方面的职责和用人单位与职业中介机构不得性别歧视的义务,还规定了一个极具可操作性的内容——如果自己遭受到就业歧视,可以向人民法院提起诉讼。也就是说，凡劳动者遇到就业歧视，如前述性别歧视外，还有民族、种族、信仰、年龄、身体（如身高、相貌、残疾）、地域、学历等各种五花八门、或明或暗的就业歧视，都可以向法院提起诉讼，通过司法途径获得救济，由法院根据法律规定和具体情况作出裁决，责令用人单位改正或作出赔偿。

（资料来源：临安新闻网，网址：http://www.lanews.com.cn/mqrx/content/2015-06/28/content_5810550.htm，2015 年 6 月 28 日。）

（二）虚假广告

据新华社、《中国青年报》等媒体报道，当前就业市场招聘乱收费现象时有发生。一些不法企业存在虚假招聘，如有意隐瞒公司的某些实情，夸大公司的发展实力，虚假宣传，故意拔高工作岗位含金量，以高薪酬、高福利为诱饵来诱骗毕业生。部分企业在招聘时违法操作，巧立名目，违法收费等，此类违法行为在就业市场上屡见不鲜。各种违规性的收费充斥招聘市场，以内推、考试费、报名费、培训费、保录取费等名目收取高额的费用，使毕业生落入只"试用"不聘用，或试用期无条件延长等陷阱。更有些不法企业打着招聘的幌子，骗取毕业生钱财后逃之夭夭。

一些企业在招聘会上为了招到条件较好的毕业生，会夸大或隐瞒自己的某些情况，如果在这种企业上浪费了时间，可能会错失良机，错过真正适合自己的好公司或岗位。

（1）侵害知情权。面试时企业会向求职者提出各种问题了解情况，而当求职者提出问题询问企业情况时，企业就会回避问题甚至迁怒于求职者，这些都侵犯了求职者的知情权。如果求职者是应届毕业生，在与企业签订劳动合同之前，可能会签订涉及学校、学生、企业三方的就业协议书，即"三方协议"，正式的劳动合同可能是学生毕业前签订毕业后生效，也可能是毕业后签订、立即生效。在签订时，合同条款并非不能更改，要双方平等协商、达成一致后方可签字生效。有些企业的"合同是统一格式，无法更改"的说法是不正确的。

（2）试用期过长。试用期是用人单位和劳动者相互考察、了解对方而约定的期限。如果试用期过长，则是侵犯权益的行为，《劳动合同法》中关于试用期期限的具体规定为：劳动合同期限 3 个月以上不满 1 年的，试用期不得超过 1 个月；劳动合同期限 1 年以上不满 3 年的，试用期不得超过 2 个月；3 年以上固定期限和无固定期限的劳动合同，试用期不得超过 6 个月；同一用人单位与同一劳动者只能约定一次试用期，以完成一定工作任务为期限的劳动合同或者劳动合同期限不满 3 个月的，不得约定试用期。

【案例阅读】

毕业生小王与某教育培训机构签订了两年期的劳动合同，合同约定试用期半年后在入职第四个月，公司以小王不能胜任工作为由，要求延长试用期三个月，双方由此产生纠纷。

试用期在规定的时间内不能延长。根据《劳动合同法》明确规定,试用期与双方劳动合同约定的用工期限相挂钩,劳动合同期限三个月以上不满一年的,试用期不得超过一个月;劳动合同期限一年以上不满三年的,试用期不得超过两个月;三年以上固定期限和无固定期限的劳动合同,试用期不得超过六个月。因此,小王劳动合同期限是两年,属于一年以上不满三年的范畴,则试用期不得超过两个月,不可以延长。此外,约定试用期有次数限制,同一用人单位与同一劳动者只能约定一次试用期。此处的同一用人单位包括了关联企业,以防用人单位为规避此项规定而采取由关联企业续签的情形。此外,试用期包含在劳动合同期限之内,用人单位如果仅在劳动合同中约定了试用期,则视为无试用期,该"试用期"属于劳动合同期限。

(资料来源:百家号,网址:https://baijiahao.baidu.com/s? id=16734472828092166817&wfr=spider&for=p,2020 年 7 月 28 日。)

(三)合同基本条款缺失

劳动合同至少应具备合同期限、工作内容、劳动条件和劳动保护、劳动报酬、劳动纪律、合同终止条件、违反劳动合同的责任,特别要注意的是劳动条款,一些企业提供的合同上规定劳动报酬"不低于本市最低工资",这实际上等于未做任何规定。此外,用人单位岗位是劳动合同的重要内容,在岗位约定方面,求职者应注意避免根据需要随时变更劳动合同的条款。

(1)违反协议或合同的违约金。按照相关规定,劳动合同或协议中可以规定违约金的数额,但这是有上限的。还要注意的是,劳动合同中只规定单方违约是不公平的,企业照样要负责任。

(2)合同文本中有违法条款。有些企业规定"女工 3 年内不得结婚",这显然是违反《婚姻法》的;有些企业声明给予高工资,但是以不给职工上社会保险为条件,这也是违法的。另外,用人单位不得以劳动者携带乙肝表面抗原为理由,拒绝招用或者辞退乙肝表面抗原携带者。为保护乙肝表面抗原携带者的个人隐私,用人单位也不允许在入职、在职体检中,将乙肝病毒血清学作为体检指标,各级各类医疗机构不得将乙肝病毒血清学检查作为用人单位招工、用工体检的常规项目,除特殊工种外,对用工单位的不合理体检要求要坚决拒绝。

【案例阅读】

在某高校论坛的求职版上,一条图文并茂的帖子引人注目:"寻一名与照片相像者,有要事相求,事成酬谢 1000 元。"该帖子的发布人是即将毕业的研究生小李,刚找到一份工作,单位要求进行全面的入职体检,这让他的神经紧绷起来,因为他是乙肝病毒携带者。

知道过不了血液检测关,情急之下,他只好找一个和自己外表相像的人当"替身"。据了解,小李很是优秀,每次求职,面试都能顺利通过,可到了体检这一关就没戏了。"难道一个人与乙肝沾上了边,就与美好的事业绝缘了吗?"小李陷入深深的苦恼之中。

据不完全统计,我国目前约 1.4 亿人是乙肝病毒携带者。其实,根据有关医学资料,一般的乙肝病毒携带者传染性很小,对健康危害也不大,但不少单位仍会以健康为由将他们拒之门外。《就业促进法》虽然没有提到乙肝病毒携带者的具体字眼,但在第三十条却作了概括性规定,用人单位招用人员,不得以是传染病病原携带者为由拒绝录用。但是,经医学鉴定传染病病原携带者在治愈前或者排除传染嫌疑前,不得从事法律、行政法规和国务院卫生行政部门规定禁止从事的易使传染病扩散的工作。可见,只要全国人大及其常委会制定的法律、国务院制定的行政法规或国务院卫生行政部门的规定没有禁止,用人单位就不得以乙肝病毒携带者为由拒绝录用。换言之,除了前述规定,其他任何机关或单位禁止录用乙肝病毒携带者的规定均是违法的、没有效力的。

(资料来源:360DOC 个人图书馆,网址:http://www.360doc.com/content/18/1202/09/943329_798702793.shtml,2018 年 12 月 2 日。)

(3)用人单位否认劳动关系的存在,损害在校大学生的权益。现在各高校存在部分在校大学生,还没毕业之前就在社会上的公司等单位里正常工作上班,一心想毕业后留在公司就业。但是,往往公司等单位以在校大学生的身份认为他们属于兼职工作,与公司不存在劳动关系。而这种区别,直接影响着薪资报酬、离职补偿等金额的大小,密切关系到大学生的切身利益。

【案例阅读】

范某 2012 年 9 月就读广东某大学。自 2016 年 1 月 14 日始,范某到广州某信息科技有限公司(以下简称信息公司)工作。双方于 2016 年 4 月 28 日签订了《普通高等学校毕业生、毕业研究生就业协议书》,约定范某在信息公司从事销售工作,服务期 3 年,试用期两个月,从 2016 年 5 月 1 日起计,收入为 3200 元/月,试期满后收入为 4000 元/月等。2016 年 6 月 28 日范某毕业后,继续在信息公司就职,服从信息公司的管理,提供劳动(包括出差),领取报酬。双方没有订立书面劳动合同。2016 年 7 月 31 日范某离职。

现行法律规定并没有将在校大学生排除在劳动法适用主体之外,因此,劳动者的学生身份并不必然成为其作为劳动主体资格的限制。在校大学生为完成学习任务或因勤工俭学到用人单位提供劳动的,双方不构成劳动关系。但如果在校大学生以就业为目的进入用人单位,双方用工关系符合劳动关系实质特征,应认定为劳动关系,不应以大学生尚未毕业而否认双方存在劳动关系。本案中,范某以就业为目的入职信息公司,范某入职时已经满 18 周岁,双方签订的就业协议书明确了岗位、服务期、试用期以及报酬等情况,范某接受信息公司的管理,从事信息公司安排的劳动,信息公司按月向范某支付工资并报销差旅费,双方用工关系符合劳动关系的基本特征,应认定成立劳动关系。

（资料来源:360DOC个人图书馆,网址:http://www.360doc.com/content/18/1202/09/943329_798702793.shtml,2018年12月2日。）

（四）其他侵权违法行为

随着互联网信息时代的高速发展,高频率的信息交换已成为大学生日常学习生活不缺少的一部分。学习生活的多样性使其与社会之间的接触面越来越大,信息交流的形式和内容也越来越多变和丰富。线上求职平台其信息丰富、传播效率高、成本低等优势成为连接企业与求职者的重要载体。然而,刚踏入社会的大学生防范意识较为薄弱,警惕性低,社会经验不足,又迫切地寻求理想职业;一些不法分子通过新媒体网络平台的弊端获取他人信息后谋取私利或进行网络诈骗等违法行为,严重侵犯了大学生的个人隐私权。

有些企业怕学生签订协议后反悔,收取抵押金或扣留学生有效证件的行为属于不合法行为。企业签订合同的形式应该规范,不仅要企业法定代表人签字,而且要加盖企业公章,缺一不可,有些合同带有附件,学生同样要先弄清附件条款后再签字。

除了对特殊群体的歧视,社会上就业问题矛盾的加剧,让大学生在毕业和就业阶段会感到迷茫,有些不法分子利用这种机会,给大学生设置圈套。比如,以高薪水、高待遇的条件诱惑大学生,让大学生前来应聘。这种招聘信息,大部分是非法分子想要获取大学生的个人信息进行非法活动,或者欺骗大学生参加工作,在录用后不予兑现。此外还有中介陷阱、试用期陷阱、合同陷阱,这些企业或者个人,用不正常的手段,吸引大学生,严重侵害了大学生的人身权益。而因为国家缺少关于相关法律法规的制定,大学生的法律意识较为缺乏,也给了不法分子和黑心企业有机可乘。

【案例阅读】

（一）

毕业生小王接受某销售公司的职位,但在签约时,公司表示,入职需要先进行一个月的入职销售能力培训,以帮助他了解公司产品、胜任销售工作,但为防止小王无故辞职浪费公司的培训投入,需要其先交纳一定金额的保证金。

本案中小王遇到的情况,是现实就职中常见的侵权现象。用人单位招收新人,需要在新人熟悉公司情况、了解公司产品之后才能适应工作的要求,为防止公司投入花费后劳动者另谋职业导致公司投入打水漂,不少公司要求毕业生存放身份证或毕业证,或收取一定费用作为担保或培训费,约定劳动者工作满一定期限后返还。甚或,也有部分不法企业,以此为手段骗取求职者交纳费用后侵吞,此种情况已涉嫌违法犯罪,触犯了法律的底线,可以寻求公权力的保护。

(二)

小张是某高校应届毕业生,2019 年 3 月与甲公司签订了《普通高等学校毕业生就业协议书》。协议约定,小张违反协议约定或毕业后未到单位报到的,应当向单位支付违约金 3 万元。2019 年 5 月,小张因被乙公司录用,于是向甲公司提出解除三方就业协议。甲公司根据协议约定要求小张支付违约金 3 万元。但小张认为,单位在三方就业协议中约定违约金是违法的,因此拒绝支付。那么,三方就业协议可否约定违约金? 约定的数额最高为多少? 毁约时应该如何处理?

根据《民法总则》第 136 条:"民事法律行为自成立时生效,但是法律另有规定或者当事人另有约定的除外。行为人非依法律规定或者未经对方同意,不得擅自变更或者解除民事法律行为。"第 186 条规定:"因当事人一方的违约行为,损害对方人身权益、财产权益的,受损害方有权选择请求其承担违约责任或者侵权责任。"《合同法》第 114 条也规定:"当事人可以约定一方违约时应当根据违约情况向对方支付一定数额的违约金,也可以约定因违约产生的损失赔偿额的计算方法。"

因此,三方就业协议是一般性民事合同,可以约定违约金的,用人单位和毕业生任何一方违反"三方协议"的相关条款,均需承担违约责任。但是,违约金的数额要符合公平原则、违约金与损失相当原则,即根据《合同法》第 113 条规定:"当事人一方不履行合同义务或者履行合同义务不符合约定,给对方造成损失的,损失赔偿额应当相当于因违约所造成的损失,包括合同履行后可以获得的利益,但不得超过违反合同一方订立合同时预见到或者应当预见到的因违反合同可能造成的损失。"该法第 114 条进一步规定:"约定的违约金低于造成的损失的,当事人可以请求人民法院或者仲裁机构予以增加;约定的违约金过分高于造成的损失的,当事人可以请求人民法院或者仲裁机构予以适当减少。"根据上述规定,违约金的标准要根据一方违约给对方造成的损失来确定,如果太高或太低,引发争议后都可以作出调整。

(资料来源:百家号,网址:https://baijiahao.baidu.com/s? id =1673511979713704764&wfr=spider&for=pc,2020 年 7 月 29 日。)

二、大学毕业生就业权益被侵害的常见原因

人才是发展的第一资源,大学生作为国家建设发展的栋梁之材,是推进社会各界求生存、谋发展、立创新的重要力量。大学生怀着梦想迈出校门、踏入社会,本应该受到社会各界力量的扶持与帮助,但是在充满挑战及竞争激烈的职场上,大学生的就业权益屡受各种侵犯。为了更好地引起重视和解决这一问题,我们应结合实际情况、深入了解,系统地分析大学生就业权益受侵害的主要问题。

(一)职能机构管理乏力,政策法规不完善

每个毕业季都有巨量的大学毕业生涌入人才市场,极其严重的人才供需比例不均衡加上行业规范的不完善,使得大学生就业市场产生了很多乱象。例如,部分用人单位以内定人选的各项条件来设定具体招聘要求;某些用人单位在员工的试岗阶段和实习阶段上做手脚,任用毕业生进行短期工作而拒绝长期录用;个别的用人单位拖欠乃至扣留毕业生应得的底薪或加班费;某些无良单位在进行员工招聘时以测验报名费等名义向应聘毕业生收取额外费用。这些不良的市场风气严重阻碍了大学毕业生求职活动的正常开展。

当前,大学生就业市场乱象依旧存在,监管力度不够,还需努力。虽然立法部门制定的相关就业政策法规和地方性的人才管理法规等规定了保护劳动者权益的原则,但在具体实施过程中,救济配套条件不完善,缺乏操作性和人性化服务,致使学生个人的正当权益无法得到及时和充分的保障。同时,各级地方人社部门很少为当地大学生开通维权服务的法律援助窗口,再加上大学生法律知识薄弱,维权意识低,烦琐的诉讼程序使大学生不得不放弃维权行动。

(二)用人单位追求利益最大化,缺乏社会责任感

随着高等教育的普及,每年毕业生人数都在大幅增长。近年来,受国际经济贸易的影响,社会整体经济效益有所下滑,使得企业在人员招聘方面大有收紧,使就业市场呈现出供过于求的买方市场特点,用人单位根据公司的业务发展需求,严格挑选适合公司发展的人才。在招聘过程中,我们也会发现许多用人单位不断地提高应聘条件,以严格甚至苛刻的要求来挑选毕业生,忽视了对毕业生合法权益的尊重和维护。有一些不法企业为了节约成本开支,追求自身利益最大化,不但没有提高应届生的福利待遇,反而利用大学生涉世未深的弱点和急于上岗的心理,敲诈、欺骗、廉价雇佣毕业生,严重侵犯了劳动者权益,也降低了企业诚信,损害了企业形象。

(三)大学生自身法律意识较为单薄

在学习过程中,法律知识无处不在,但许多学生关注度和学习积极性不高,往往为了应试而学,只追求课程的分数,未能把所学的知识与实际案例加深认识与理解,课程结束考完试后便不再过多关注,对法律意识和法制观念的培养起不到实质性的作用。许多大学生由于对法律的认知度低,法律维权意识薄弱,再加上社会经验不足,求职心切,往往忽视了对自身合法权益的保护,当个人权益受侵害遇到不公平时不知所措,只能默默接受,导致这类问题时有发生。

部分大学生在毕业后的择业就业过程中,不具备应有的法定就业权益保卫意识,对保护自身就业权益的相关法规政策缺乏足够的了解和认识,也没有充分了解用人单位的基本状况,却在龙蛇混杂的就业市场中急躁冒进,当遭遇法定就业权益受到不良公司侵害的情况时,往往难以采取合理有效的应对措施,甚至会因一时激愤造成严重后果。

（四）就业指导部门引导缺位

目前各地区高等教育教学水平、招生规模等差别很大，很多高等院校就业指导工作人员的实际社会经验严重不足，不能为大学毕业生提供科学合理的择业就业指导，使得毕业生应当获得的详细就业指导完全变成"学生自学课程"，全靠毕业生自己一点点摸索。很多大学毕业生缺乏对就业权益保障领域的相关法律法规和方针政策的理解认识，对在择业就业过程中遭遇的各类侵权现象缺乏充分的心理准备和应对能力，造成自身的法定就业权益受到不同程度上的侵害。

法制教育作为高校思想政治教育的基础性教育，对提高大学生综合素质和内在的发展有着重要意义，也是我国现阶段培养大学生成为社会主义建设事业合格人才、践行社会主义核心价值观、全面落实依法治国的一项重要任务。目前，各高校在开展大学生法制教育的实践过程中较为单一、缺乏科学性、系统性与实践性，教育路径较为笼统和抽象，导致大学生的就业权益意识弱，法律素养不高。各高校对大学生法制教育重视度有待加强。

各高校虽普遍开设"思想道德修养与法律基础""就业指导与职业规划"等课程，但关于法律知识内容涉及面较小，加上传统方式的理论知识传授，学习效果不尽如人意。很多老师缺少法律专业素养，在上课时简要略过，学生学习关注度不高，影响了法制教育的效果。高校应在专业设置与人才培养模式设计中紧跟社会的发展需求，课程内容设置应涵盖大学生相关法律知识，通过多元化的教学模式，加深对法律知识的理解与认识，从而提高大学生法律素质。

三、大学生就业维权的困境

（一）相关法律法规不尽完善

目前，我国已经出台有关就业权益和劳动关系维护的法律法规，但是缺少专门针对大学生就业问题的相关法规，并且现阶段已有的保护就业权益的相关法规存在以下问题：第一，立法内容过于形式化，操作性不强。例如，《劳动法》中的内容大部分是抽象性的、原则性较强的条款，没有关于大学生就业权利的明确规定，并且对用人单位的法律责任要求也不够明确。第二，大学生的主体资格不明确。由于大学生刚毕业时，身份是劳动者还是学生没有明确的界定，无法找到对应的法律法规进行大学生就业权益的维护，导致出现大学生就业期间工资拖欠等现象。

（二）执法主体模糊

执行主体模糊主要体现在以下几个方面：第一，就业市场的执行主体散乱。目前，有关大学生就业市场的监管执行部门存在主体不明、职责不清的问题，导致监督效果较差。第二，执法不统一。由于法律法规的不明确，导致同一侵权事件，其处理结果可能是不相同的。第三，高校在大学生就业期间发生的侵权行为无法介入。如果大学生在没有签订合同的前提下发生纠纷,将导致学生的就业权益受到侵犯,但是高校以及一些执法部门在这个过程中没有执法权。

(三)用人单位责任意识缺失

随着市场规模的不断扩大,大多数企业将经济效益作为企业发展目标,将降低劳动力投入作为主要的营业手段。一些用人单位在招聘大学生后,通常利用不合理的企业规定来扣除员工工资等,长此以往,导致用人单位的法律意识和责任意识在逐渐丧失。这一现象产生的原因同样与相关法律法规不规范以及对违法行为惩处太轻有关,导致就业市场的违法现象频繁发生。

(四)大学生法律意识淡薄

大学生在学校期间,主要学习有关就业信息的课程有大学生就业指导等,对大学生的就业过程有一定指导作用,但是缺少对学生法律意识的培养。大学生具备的法律知识不足,尤其是对《劳动法》等内容了解得太少,有关就业权益方面的法律知识掌握的更少,导致大学生在求职过程中出现权利意识确实的弊端。对有关维权的后果不清楚,在维权的过程中缺少信心,并且维权能力不足。由于大学生法律意识的欠缺,导致学生在就业过程中,即使遇到侵权现象,在大多数情况下,他们会选择不了了之,或者在就业压力过大的情况下选择试用期零工资,而对于工作中出现的加班或者拖欠工资行为,也不能根据相关的法律法规间进行反抗。从以上阐述可以看出,大学生维权意识以及能力的缺乏,同样是导致大学生就业权益受到损害的关键因素。

四、就业权益保护的途径与方法

(一)增加就业知识储备,构筑权益的防护墙

在就业之前,可以在学校提前了解有关就业方面的知识。知识的来源可以是课堂上或者线上多媒体的资源,学习以后就业过程中需要注意的地方,以及当自身遇到侵害时应如何维护等知识,例如前文讲到的就业协议书和劳动合同的知识内容。同时,知识储备中有关就业的法律知识尤为关键,是维护自身权益的必要知识储备,是构筑权益防护墙的主体。在学习的过程中就要抓紧时间学习相关的法律政策,在就业过程中一旦自身的合法权益受到侵犯时,就会心中有数,能够在第一时间内判断出应该采取那种途径与方法进行自我救助。

法律知识主要包含实体与程序内容。实体内容上,根据我国《劳动法》《劳动合同法》等规定,劳动者在我国的法律规定中具有一些基本权利,包括劳动报酬权、劳动保护权、劳动保原权、职业培训权、社会保险和福利权。程序内容上,劳动争议发生后,当事人可以寻求单位内工会组织的帮助,也可以向本单位劳动争议调解委员会申请调解;调解未达成协议的,劳动者可以申请仲裁,提出仲裁要求的一方应当自劳动争议之日起 60 日之内向劳

动争议仲裁委员会提出书面申请;劳动争议当事人对仲裁裁决不服的,可以自收到仲裁裁决书之日起 15 日内向人民法院起诉。其次,劳动者解除合同应当提前 30 日以书面形式通知用人单位;在试用期内提前三日通知用人单位,可以解除劳动合同。以上法定程序,除非不可抗力,必须在法定的期限内主张权利。

(二)谨慎签订就业,防范就业陷阱

现在社会的就业环境整体尚可,但是就业竞争较大,以及用人单位的经济状况等原因,不排除有部分单位故意设置陷阱,以达到压榨廉价的劳动力等非合法合理的目的。因此,大学生初生牛犊,更应该在签订就业过程中谨言慎行,学会规避风险。例如,在签订劳动合同的时候,应该注意认真查看合同的内容,确认合同双方主体是否适合、协议条款是否确切合法、是否具有服务期、劳动报酬等必备条款、法律责任的界定是否清晰明确。

此外,订立劳动合同不得违反法律行政法规。除主体合法、合同的内容合法外,当事人协商达成的劳动合同不得违反国家禁止性规定,不得损害国家、社会、集体和他人的合法利益,有关劳动报酬、劳动保护、保险、职业培训、工作时间、民主管理等方面的规定不得与国家的法律行政法规相抵触。

(三)诉以法律途径,维护就业权益

毕业生就业主管部门可通过制定相应的规范来确定毕业生的权益,并对侵犯毕业生权益的行为以抵制或处理。国家要明确毕业生就业市场主体的权利和义务,规定纠纷的解决机制。只有加强对侵犯大学毕业生就业权益非法行为的治理,才能从根本上减少就业侵权事件的发生。

如果在就业过程中用人单位的单方面规定与国家政策、法律法规相抵触,侵犯了自己的权益,应依法维护自己的合法权益。当自身权益受到侵害时,求职者有权向用人单位上级主管部门申诉,也可提交给当地的劳动争议仲裁机构进行调解和仲裁,或直接向人民法院提起诉讼。简言之,当发生权益被侵害时,能够通过法定的途径与方法来维护,赋予了劳动者强有力的保障。特别是 2008 年 5 月 1 日起施行的《劳动争议调解仲裁法》在周期、减少环节、提高成效、降低成本等方面作出了许多新的规定,建立了快捷、有效的劳动争议处理制度。

(四)遵循就业规范,加强自我保护

毕业生权益保护的一个重要方面就是毕业生自我保护,毕业生自我保护体现在以下三方面。

(1)毕业生应了解目前国家关于毕业生就业的有关方针、政策和规范以及它们之间的关系,熟悉毕业生在就业过程中的权利和义务,这是毕业生权益自我保护的前提。如果在就业过程中因为所谓的公司规定或部门规定与国家政策法规有抵触,侵犯了自己的权益,则可以依据法规办事,维护自己的合法权益。

(2)毕业生应自觉遵循有关就业规范,接受其制约,保证自己的就业行为不违反就业

规范,不侵犯其他毕业生的合法权益。

(3)毕业生应学会运用法律手段维护自身的合法权益。针对侵犯自身就业权益的行为,毕业生有权向用人单位上级主管部门和学校进行申诉并听取他们的处理意见,同时也可提交给当地的劳动争议仲裁机构进行调解和仲裁,也可以直接向人民法院提起诉讼。

就业过程通常划分为就业前期、就业中期、就业后期三个阶段,大学生可根据自身所处的阶段,予以不同的应对途径与方法。在就业前期,大学生应加强就业知识的储备,构建防护墙。在就业中期,即在签订就业协议时,大学生需要谨慎、认真地查对就业协议,从而躲避就业陷阱。最后,若大学生等劳动者的就业权益受到侵害时,则可以诉以法律途径,进行调解或者仲裁、诉讼,获得赔偿等救济。整体而言,就业权益的保护兼顾自我救济以及公力救济的途径与方法。

(五)多管齐下,共同防治,完善社会保障机制

强化对用人单位招聘行为的监督。在大学生就业过程中,用人单位的违规行为是导致大学生就业权益遭到侵害的重要原因之一,为此,强化对用人单位的监督与指导,推动用人单位招聘理念、招聘流程的规范化发展,对于维护大学生就业权益而言具有重要意义。在此过程中,一方面,政府部门需要发挥出自身的监督指导作用。如政府部门可以主动查阅各大招聘平台中的招聘信息,详细了解各大招聘平台中的招聘条件,从而考察企业是否在人才招聘过程中存在歧视、违规收取押金以及泄露大学生信息等情况。与此同时,政府部门需要重视依托互联网、新媒体等平台与大学生群体开展广泛互动,从而收集与整理大学生群体所提供的反馈信息,进而为相关法律法规的执行提供依据。另一方面,高校与新闻媒体也有必要强化对用人单位招聘行为的监督。如新闻媒体需要强化自身社会责任感,对大学生就业权益维护工作给予高度关注,并对大学生就业权益被侵害的现象进行报道,通过挖掘具有代表性的大学生就业权益被侵害案例,对当前大学生就业权益维护现状作出深度报道,从而引起社会大众关注以及用人单位反思。

积极构建政府、学校、社会三级联动的就业保障体系,维护大学生就业合法权益,创造良好的公平和谐就业环境。

首先,根据政策法规,政府主管部门会同高校制定一些有针对性的、切合当前实际的规范性文件和相关服务管理机制,强化监管力度;专设咨询服务窗口,便民利民,突显人性化服务理念,提升服务水平。

其次,相关执法部门严格按照政策法规,加大对就业市场的监管力度,建立更有效的准入机制和审核机制,以新媒体线上线下积极宣传和引导,提升用人单位诚信原则。不断规范就业市场,遏制不法用人单位违规行为,相关执法部门积极督促不法用人单位遵守法律法规,严厉打击违法单位,为大学生创造良好的求职环境。

最后,各高校应积极了解大学生的就业和权益保护的现状,结合政策法律法规要求,构建较为人性化的服务机制,提供维权咨询和帮扶平台,真正发挥权益服务的作用。同时,也应积极构建维权网络系统工程,加强网络平台规范管理,合理引导正确使用,提高警惕,保护个人隐私。

五、大学生毕业就业权益的法律保障措施

(一)完善立法保护体系，适应就业新情况

要纠正目前大学生就业市场的不正之风，仅靠舆论引导和用人单位的自我监督是无法做到的，还要采用法律手段才能达到目的。首先，应当完善已有的就业权益保障法律体系，细化相关行政管理准则，制定保障大学生法定就业权益的细密条款，针对侵害大学生合法就业权益的具体行为制定明确的处罚标准。其次，颁行周密详细的法律法规，为大学毕业生、社会用人单位和负责毕业生就业指导的高校机构的工作提供充分的法律指导。最后，应当加强侵权行为的处罚力度。相比用人单位而言，大学毕业生处于弱势地位，作为单独的个体，难以实现对自身合法择业就业权益的有效保护。故而，适当加强对用人单位侵害毕业生就业权益行为的处罚力度，能够起到很好的威慑吓阻效果，在某种程度上可减少用人单位侵权行为的发生。

就业是最大的民生。大学生是国家发展建设的重要后备军，解决好就业问题，关乎社会稳定，关乎国家的发展与未来。当前，面对制度保障和救济条件的不健全，市场监督管理乏力，毕业生就业权益保障力度有限等问题，国家应加大相关就业政策对大学生就业的指导力度，规范就业市场管理行为，积极推动相关政策的落地与实施，完善大学生就业法律保障体系，努力为大学生营造公正平等竞争的就业环境。

健全的就业法律体系是促进大学生就业的长效保障机制。相关就业政策法律法规自制定以来长期未予修订，现实就业情况发生的变化，对就业问题的适应性和规范性明显降低。相关立法部门应以现有的法律法规为依托，结合当前的就业环境，进一步完善《中华人民共和国劳动法》《中华人民共和国劳动合同法》《中华人民共和国劳动争议调解冲裁法》和《中华人民共和国就业促进法》等相关政策法规，出台更具有可行性、操作性及人性化的服务机制，使大学生在就业过程中享受应有的权利与义务。大学生就业权益受到侵害时，可以通过正当的维权方式及时、充分地维权，获得法律保护。

第一，我国有必要针对大学生就业特点出台《反就业歧视法》与《大学生就业法》，从而将大学生就业权益维护工作纳入法律范畴，在明确大学生就业过程中各方主体全责的基础上，指导高校、用人单位共建公平公正的就业环境，进而为大学生就业权益的维护提供充足的法律依据。第二，我国有必要对《劳动合同法》进行更好的贯彻。这要求执法部门能够对高校、用人单位等进行全面、严格的监督，确保高校、用人单位能够按照《劳动合同法》规定提升大学生招聘工作的公平性与透明度，避免出现使用就业协议替代劳动合同、违规向大学生收取押金等行为。另外，《劳动合同法》的贯彻，也要求大学生群体能够充分了解《劳动合同法》内容以及对自身就业权益维护所具有的价值，并依据《劳动合同法》对自身就业权益进行维护，从而确保《劳动合同法》能够在大学生就业权益维护中展现出应有的价值。第三，我国政府部门有必要对劳动争议解决机制进行构建与完善。在此方面，工会组织需要发挥出应有的作用，通过监督用人单位行为、开展争议调解等，确保大学生

就业权益得到良好的保障。另外,维权周期过长影响着大学生利用法律法规以及争议解决机制维护自身就业权益的积极性,因此,精简劳动争议解决机制程序、提升劳动争议解决机制效率,也是构建与完善劳动争议解决机制中重要的发展方向之一。

(二)重视大学生法制教育,增强维权意识

在社会主义市场经济法制化的背景下,大学生应加强提升自身的法律意识和法制观念,增强专业知识素养,进一步提升自身的综合素质,以更好地适应新时代社会发展。在日常的学习生活中,大学生应当积极主动学习法律、遵守法律、善用法律,提高自己的法律修养;特别是在就业择业期更应该加强对我国就业相关政策法规的学习和认识,多了解有关自身权益保护方面的政策法规,明确自身的权利与义务,当自身权益受到侵犯时,应勇于面对,不妥协退让,主动争取,并采取有效手段维护自身的合法权益。

大学毕业生必须主动学习、研究国家法律与政策中与保障毕业生法定就业权益有关的内容,当毕业生发现自身合法权益遭受侵害时,能够采取直接有效的维权途径保卫自身基本权益。毕业生维权的具体方法有:向毕业学校申请帮助并让学校进行调解,向工商业监管机构举报,向民事纠纷仲裁机构申请公平仲裁,或者直接向我国各级人民法院提出法律控告等。同时,毕业生在求职就业过程中必须要有留存法律证据的意识,如用人单位发放的招聘宣传单,与用人单位进行交流的电子邮件、书面文件等。此外,毕业生应当提高对就业协议的重视程度,就业协议能够充分保护就业者的合法权益,拥有很强的法律效力,必须时刻遵守、主动履约,若无缘故主动毁约、违约将遭受国家法律制裁。大学毕业生在签订就业协议之前应当主动探查用人单位各方面的状况,看明协议内的条款细则,充分确定协议条款合理合法后再签订。

(三)加强就业指导工作,促进就业法律素质的培育

高等院校的毕业生就业指导机构应充分联系国内就业市场的实际状况开展国家就业政策讲解、行业发展方向分析、应聘技巧训练,并对有心理障碍的大学生主动进行科学有效的心理疏导。毕业生就业指导课程应结合真实案例的经验教训,生动形象地开展就业指导工作,使得毕业生充分理解国家就业政策、了解现今就业市场发展形势、积极调整自身就业心态。要持续提升高校负责就业指导的工作人员的专业素养,尽早实现就业指导工作的专业化、系统化和标准化;要保证高校就业指导机构的高素质专业人才储备,为相关工作提供优质人力资源。

法制教育作为高校思想政治教育不可或缺的一部分,是提高大学生法律素质的根本。各高校应该加大对大学生法律素质培育的重视,充分认识到法律意识培养与法律素质教育对大学生的重要性;结合课程的设置将有关的政策及法律法规纳入学校的人才管理培养方案,对学生加以引导,树立法制观念,做好法律知识的宣传普及工作。

大学生就业法律教育的培养离不开一支高素质、专业水平强的教师队伍,学校可通过培训、进修等方式提升授课老师的专业素养,更好地适应教学的需要,从而进一步完善现有课程的知识体系架构,增强课程实效性。在教学方式上积极拓宽学生学习途径,开展课

外实践活动辅助传统的课堂教学模式。例如,组织学生进行法律知识竞答赛、辩论赛,法律知识讲座、热点案例分享会等,以丰富多彩的课外法制教育实践活动调动学生学习积极性,通过实践活动促进学生加深对法制理论知识的理解与运用,分析实际问题的能力,提高大学生的法律知识水平与遵法守法意识。

各高校就业主管部门可结合就业工作实际,通过调查、采访、研究分析,与各级院系携手合作,成立二级大学生就业权益维护服务站,邀请校内外教授、专家坐镇指导,开展一对一、一对多的咨询帮扶服务,突出以人为本,精准帮扶的人性化服务理念,助力学生们在职场上顺利扬帆,找到自己心仪的工作。

(四)推动大学生就业维权法制化

1. 完善大学生就业权益保护法律法规

完善大学生就业权益相关的保护法律法规是维护大学生就业权益的执法标准以及法律依据,对推动大学生就业法制化有重要作用。主要可以从以下方面着手:第一,修订和完善我国已有的相关法律法规,在现有《劳动法》《就业促进法》等法律法规的基础上,进一步明确保护劳动者的范围,尤其是注重大学生劳动群体的劳动者主体地位,这种做法是大学生就业权益维护的基础前提。第二,借鉴我国已经出台的针对特殊群体的权益保护法,如《未成年人保护法》等,设置对应的《大学生权益保护法》,针对大学生的就业资格、就业过程、实习等过程建立一套系统性的法律法规,对相关的法律责任进行规范,同时应该明确相关的大学生就业服务机构的职能,确保责任能落实到个人。在不断改进以及完善大学生就业权益相关法律法规的基础上,还应该加强对侵害大学生就业权益行为的惩处力度,对于侵犯大学生的就业权益,导致严重后果的行为,应该运用相关的法律法规对用人单位或者个人进行法律责任的追究,包括民事责任以及刑事责任等。第三,针对就业市场完善相关的法律法规,营造良好的就业环境。例如,目前随着网络技术的发展,大多数大学生就业网络平台逐渐兴起,如58同城以及智联招聘等,这些平台能有效提供有关招聘企业的信息,大学生可以在这些网络平台上,发布自己的简历,并与企业沟通进一步面试等。但是就业平台在提供大学生就业便利的同时,同样存在着一定的问题。大部分公司在网站上注册时,不需要经过严格的审查环节,这为一些诈骗公司提供了机会,他们可以在网站上发布虚假信息,骗取大学生就业来获取利益。以上这种现象严重侵犯了大学生的就业权利,因此,应该针对这种现象建立相关的法律法规,规范大学生就业网站、中介机构等的行为,建立大学生就业服务中心等。第四,建立大学生就业保障制度。就是针对大学生失业、待就业等相关的保障制度,可以通过政府的资金支持和高校的保险制度有效结合,建议大学生缴纳失业保障基金,并由相关部门将这项内容纳入大学生失业保障管理制度中。通过这项措施的实行,能保证大学生在失业后,享受一定数额的经济补贴。同时,应该加大对大学生的就业培训力度,保证大学生具有就业能力。

2. 拓展大学生就业维权救济渠道

大学生就业维权工作的顺利开展主要在于有关大学生就业权益法律法规的有效落实和执行。主要可从以下几个方面实现大学生就业维权就业渠道的拓展:第一,坚持严格执法,不断加强对就业市场的管理力度。对发布就业信息的有用人单位应该仔细考察,确保用人信息的可靠性,同时对相关就业网站中介机构规范管理,加大惩处力度,营造良好的就业市场环境。第二,拓展大学生就业救济渠道。目前,大学生权益维护存在的不足是救济渠道过于单一,现有的大学生救济渠道主要包括协商、调解等,缺少刚性要求,不能通过明确的法律法规对大学生就业权益进行保护。因此,应该扩展大学生就业权益维护的受理范围,完善相关的制度保障,实现劳动仲裁以及司法救济的有效结合,促使大学生就业权益维护最大化。第三,加强劳动部门与教育部门合作,共同发挥作用,针对大学生就业问题,建立独立的行政机构,并由教育部门、高校成员和劳动部门组成。该部门建立的主要目的是处理学生与用人单位之间的相关事宜。第四,提升高校就业服务中心的作用,充分发挥就业指导中心的服务以及监督职能。大学生就业服务中心是高校保证学生顺利就业的一项重要措施,能作为就业信息平台,为学生提供用人单位的资源,并对用人单位信息进行筛选,在大学生签订就业协议过程中,发挥监管和提供服务的职能。另外,服务中心可以邀请高校的法律顾问和专业教师等,为学生提供相关的法律咨询服务,培养学生的维权意识,有利于保证大学生的就业权益。

3. 强化用人单位法律意识和责任意识

用人单位是大学生顺利就业的重要一方,有必要加强用人单位的法律意识以及责任意识。第一,应该针对大学生就业过程中,用人单位出现的不规范现象采取相关措施,可通过加强对用人单位的教育培训等来实现其法律法规意识的增强,尤其是应该促进用人单位对《劳动法》等政策的学习,不断增强他们的法律意识和责任意识,自觉履行相关的法律规范。第二,应该规范用人单位的人力资源管理工作,在大学生选择用人单位就业时,必须按照规范流程签订合同,促使大学生就业权益维护在法律法规的保障下得以实现。

4. 培养大学生就业维权意识

大学生社会经验较少,导致大学生资历、能力等方面受到限制,在就业过程中处于弱势地位,需要政府以及高校的支持和保护。但是,政府和高校的保护作用通常是在大学生权益受到损害后才得以发挥,对于大学生就业权益维护来说,保护的效果有限。因此,应该加强对大学生自身维权意识的培养,促使大学生树立正确的维权观。一方面,需要加强高校的有关大学生就业权益维权教育;另一方面,学校可以聘请专业律师等,根据实际案例讲解大学生就业权利维护的实际措施,从而提高学生的维权能力。

大学生就业问题与社会经济发展有紧密联系,同时关系到学生的自身利益和教育事业的良好发展。维护大学生就业权益是高校、政府以及相关部门的主要职责。目前,大学生就业权益侵权现象时有发生,严重影响了优秀人才在社会发展中发挥作用,因此,应该针对目前大学生就业权益维护的主要问题,加强对解决措施的研究,从而促进和谐劳动关系的构建,为社会良好发展创造条件。

思考题:

1. 你印象中就业权益有哪些?

2. 结合自身实际,你在就业过程中亲身经历或者遇见的就业侵害行为是什么?你将如何维护就业权益?

3. 你认为在签订三方协议书要注意哪些地方? 规定违约金是否合理?

第六章

就业心理调适

> 加强社会心理服务体系建设，培育自尊自信、理性平和、积极向上的社会心态。
>
> ——习近平

第一节　就业心理概述

就业心理主要是指在面临职业选择及就业过程中所产生的各种心理现象。面对就业择业，大学生的心理是复杂而多变的，一方面为自己即将走向社会，实现自己的人生价值而由衷高兴；另一方面，面对日益严峻的就业形势，也常常担忧自己的前途，担心将来工作不满意，或者找不到工作，心理表现为患得患失。

就业作为我们认识和适应社会的过程，在择业、就业过程中面临就业压力，遇到心理冲突和困惑从而产生一些不良情绪都是正常的，但是我们需要学会基本的心理调适方法，正确认识就业的各种心理，调整好择业心态，做好充分的心理准备，克服就业障碍，迎接各种挑战。

一、大学生就业心理特点

(一)就业选择的主体性

大学生敢于通过个人能力的发挥，获得事业的成功和自我价值的实现，他们大都具有实现个人抱负的愿望和积极向上的精神。同时，当代大学生在择业时对公司的企业文化、环境氛围及其能提供的软福利也更为关注，比如带薪年假、单位旅游、学习培训等，看重个人未来的发展前景和企业环境氛围。相当一部分学生在择业时所学专业已不再是其考虑的首要条件，学以致用的专业意识日渐淡化，但同时他们的就业观念也容易受他人影响。

(二)就业心理素质的稳定性

大学生在经过四年的大学学习,心理素质也趋稳定,能够对自己的个性特点、兴趣爱好和能力发挥等有一个全面而正确的认识。对待就业,大多数大学生有积极的态度,在没有找到合适工作岗位的时候,会找点临时工作,先就业,再择业。

(三)就业心理倾向的波动性

大学生主要处于青年中期,从生理发展来看已经成熟,心理素质也趋于稳定。大学生就业的主体意识开始觉醒,能积极主动地去适应就业环境的变化,不断提高自身竞争力,而不是静观其变。

(四)就业心理的矛盾

每个毕业生都希望毕业后能找到一个理想的职业,但是从我国的实际情况来看,由于生产力发展水平还比较低,各地的经济发展也不平衡,地区之间、城乡之间在生活方式、工作环境、劳动报酬等方面都存在着较大的差异。毕业生个人的愿望不可能都得到满足,如理想与现实的心理矛盾、就业与择业的心理矛盾、享乐与创业的心理矛盾、观望与竞争的心理矛盾、自恃与自卑的心理矛盾等都是大学毕业生常见的心理矛盾。

二、大学生就业的心理准备

(一)角色转变的意识

当处于不同的年龄阶段,从事不同的社会职业时,每个人都需扮演不同的社会角色。大学生角色是作为受教育者,接受经济供给和资助,逐步掌握本领,完善自己工作技能的过程;职业角色是用自己已经掌握的本领,通过工作为社会作贡献,以自己的行为承担社会责任的过程。毕业生在离别母校、踏上社会之前,最重要的就业心理准备就是要转变角色,主要是指由一个学生转变为一个现实的社会求职者。对于这个时期,正确的做法是抛开浪漫、抛开幻想,正视自己所面临的角色改变和"严酷"的社会现实,实事求是地面对就业这一现实问题。以自身的实力积极主动地去适应社会需要,在选择社会职业的同时,也接受社会的选择,正确地迈出人生这关键的一步。

(二)积极参与竞争的意识

即将毕业寻找工作的大学生必须增强竞争意识,破除"等、靠、要"心理,积极主动地参与到求职竞争中。竞争已经成为当今社会运作的一种方式,每个人都要主动或者被动地参与到竞争中去,在竞争环境中,为赢得竞争优势,必须要有主动竞争的意识。学校的竞争更多地表现为被动竞争学生自身的竞争意识并没有得到真正的强化,有的大学生面对竞争挑战显得手足无措。而现实对大学生强化竞争意识提出了迫切要求,也提供了客观环境。迎接新的挑战并强化竞争意识是大学生在择业前应具备的最基本的心理准备。

(三)正确认识困难意识

大学生的生理与心理发展存在不同步性。大学生毕业时一般在 22 周岁左右，虽然生理发育已经成熟，但一部分学生心理发育还不成熟、不稳定，生理与心理发展具有明显的不同步性。再加上他们的知识结构不完善，每个人的生活体验又有差别等因素，因而其个性心理特征有较大差异，在求职择业中就会表现出心理活动的复杂性和矛盾性，毕业生要正确认识自己当前的心理状态。

(四)"先就业后择业"的心理准备

人才流动的机会将越来越多，首次择业未成功或未能如愿，还可以有第二次、第三次甚至更多的择业机会。越来越开放的人事流动制度将为毕业生提供更为广阔的就业平台因此，少数学生寄希望于一次找到满意工作的想法需要调整，有这样的机遇固然好，但同时也要做好"先就业后择业"的心理准备。

(五)尊重个人选择和社会需要

大学生在择业时既要根据自己的职业兴趣、专业特长、实际能力、性格气质、家庭情况等去确定职业选择，同时，也要认真了解社会对所学专业的需求情况，要以自己所长择社会所需，以实现职业理想。对自己的择业要求做调整，可以按自己对职业位置期望的主次分成不同的层次，首先满足主要需求，然后根据实际情况依次进行必要的调整，直到个人意愿与社会需求相吻合。

在求职择业时，那种"一厢情愿"的心态是要不得的，有些人在衡量了自己各方面的情况后以为完全符合用人单位的条件，满怀信心，期待被录用，结果相反时，心里非常难受，甚至产生种种想法。其实，你应该尊重单位的选择，之所以没有选你而选了他人，原因是多方面的，你并不清楚其中原委，所以还要以一颗平常心对待，争取抓住下一次机会。

(六)重锻炼的心理准备

刚离开校门的毕业生应该十分珍惜锻炼的机会，只有在工作实践中你的能力才能得到提升，有了能力你才有择业和发展的机会，单位对你来说是一个发展的舞台，因此，如果你想实现自己更大的价值，应该把这个舞台是否有利于你发展作为就业择业考量的重要标准，至于待遇、工作条件等都是次要的，从是否有利于个人发展来说，一些新办企业或者规模还不是很大的企业可能更有利于你的发展。

三、大学常见就业心理问题

(一)焦虑心理

就业焦虑是当毕业生个体面对就业时,感知到危险及威胁,对未来就业缺乏安全感,自己内在主观意识与外在客观现实存在差距,对于就业压力、就业竞争不知该如何准备、应对而产生的紧张、哀愁、担忧、烦躁等负性情绪的综合反应。一个人适度的紧张、焦虑情绪是有益于个体成长的,能促使个体提高和完善自我,从而顺利地应对就业挑战。但过度的焦虑情绪会使个体身心造成损害,比如失眠、头痛等,严重者易形成心理障碍甚至诱发心理疾病。面对严峻的就业形势,毕业生在巨大的压力下出现畏惧、焦虑等心理问题在所难免。

(二)从众心理

从众心理主要表现为:随大流,人云亦云,缺乏个人主见。在就业过程中,部分大学生容易忽视自身所学专业和特长而盲目从众,在择业单位上,盲目追求物质享受,千方百计拥向外资高薪企业和行政事业单位及高校科研单位。在从众心理的驱使下,共挤独木桥,毕业生从心理上限制了自己,择业面变窄,直接导致求职失败和困难。正是因为存在盲目从众的心理误区,所以大学生在就业岗位上也更容易出现问题,如不满意工作内容、频繁更换职业等,使部分大学生失去了更多良好的就业机会,影响后续职业发展。

(三)攀比心理

大学生自尊心和好胜心都强,所以在求职过程中很容易出现攀比心理。不考虑工作是否适合自己,只想找一份比别人更体面、工资待遇更好的工作。这种心理的存在导致很多毕业生即使有十分适合自身发展的单位也一直不愿意签约,一山望着一山高,总觉得后面还能找到更好的工作,在眼高手低的同时也错过了良好的就业机会。或者看到其他同学找到一份条件更优越的工作,就开始后悔自己当初的选择,从而感到失落或不满。实际上,由于每个人的性格、能力、兴趣爱好、生活背景和所遇到的机遇不同,在职业选择上就不具有可比性,一味地攀比只会让毕业生在择业时屡屡碰壁,也影响职业稳定性。因此大学生在择业时关键要从实际出发,对自身进行客观分析,以找到能让自己最大限度发挥所长的合适的工作。

(四)自负心理

大学生择业时的自负是指对客观条件的估量不够准确,不能正确评价自己的素质和条件,过高估计自己的知识和能力水平,眼高手低,反而给用人单位留下浮躁、不踏实的印象,造成择业困难。大学生求职时不能没有自信,但是自信过了头,就成了自负。自负的人不能客观看待自己的优势,夸大了自己的优势,设定目标通常会高于实际能力,因此当心目中的高目标达不到时，便会产生失望、挫折的心理。在就业市场上一方面用人单位找不到人，一方面大量的毕业生无处去的"错位"现象普遍存在，这是因为大学生的就业期望普遍较高的缘故。

（五）自卑心理

和自负心理正好相反，这也是大学生在求职中常见的一种心理现象。大学生求职时对自己的弱项有自知之明是明智的，这有助于避开自己不擅长的工作。但是过度自卑则是对自己的潜能优势缺乏了解，缺乏自信心。一些大学生过低地评估自己，总是自惭形秽，觉得自己不如别人，这种自卑的心理导致他们缺乏自信和竞争勇气。还有的毕业生在择业过程中自己拿不定主意，犹豫、退缩、信心不足，遇到几次求职挫折后，更是萎靡不振，自我封闭。而他们一旦求职受挫时容易产生强烈的自卑感，怀疑自己的能力，进而对自己全盘否定，最后可能发展到害怕求职，不敢面对招聘者，这样反而增加了就业的难度。

（六）依赖心理

就业过程中，大学生的依赖心理表现在缺乏主动参与的意识，独立性不强，信心和勇气不足，在社会为其提供的就业机会面前心存依赖，不主动参与就业市场的竞争，不敢向用人单位展示和推销自己、依靠自身的努力去赢得竞争、赢得用人单位青睐，而是一味地依赖学校、朋友、社会关系给自己找门路，或依靠家长代替自己去奔波。这种消极被动的求职方式与当今激烈竞争的社会现实很不合拍，毕业生最终可能错失良机。依赖他人的帮助，毕业生有可能会找到一份好工作，但是从长远来说，依赖的心理对毕业生的社会适应却是有害的，因为依赖的习惯会使人逐渐丧失自信、失去自我，不相信通过自己的努力会达到自己想要的目标。

（七）期望值过高

有些大学生在就业过程中期望过高，对自身情况又缺乏正确认识和分析，大众化教育背景下没有形成大众化就业理念，仍然抱有"学而优则仕"的思想，对薪资待遇、工作环境、离家距离等都有较高期待，对工作有不切实际的追求，关注企业对自己的培养却忽视了自己对企业发展的作用，过于自信使得择业目标与现实之间存在着巨大的反差，把双向选择变成了单向选择，最终期望越大失望越大。比如毕业生一味追求大城市的工作，看不起乡镇或者中小企业的工作，但是他们看到大城市工作薪酬水平高、待遇好的同时却忽略了大城市的消费水平、职业要求等。

（八）求闲怕苦的心理

存在求闲心理的大学生在择业时认为自己是接受过高等教育的知识分子，是大学毕业生，有一种天生的优越感，总是幻想得到一份清闲但是收入不错的安逸工作。由于缺乏艰苦奋斗的精神，他们宁可改行待业也不愿意到生产一线从事技术性岗位，到人才紧缺的基层单位、中西部地区及艰苦行业去就业，不希望工作岗位的工作强度过大，存在不愿意吃苦的心理。但是管理岗位所要求的素质和能力自身又达不到,在岗位选择中不断徘徊、等待,有的毕业后仍需靠父母供养。

第二节 就业心理调适

一、就业心理调适的内涵及意义

大学生就业心理调适是指个体运用心理学的原理和方法,根据自身发展和环境需要对心理进行控制调节,让自己的身心能够更好地适应现实社会的就业需求和就业局面,最大限度地发挥个人潜能,维持心理平衡,消除心理障碍的过程。高校毕业生是否具有健康的心理素质,不仅对求职就业有直接影响,而且对职业发展、人生发展都有着不容忽视的影响。

(一)就业心理影响求职择业

在健康的就业心理状态下,毕业生能够客观地分析个人现实和职业现实,树立科学的人生观和价值观,形成合理的就业观和职业观,更能够经受困难和挫折,在市场竞争中始终勇往直前、积累经验教训,赢得就业机会、获得就业岗位;相反,在不良的就业心理状态下,毕业生或盲目就业、或犹豫不定、或这山望着那山高、或消极等待机遇出现。最终导致错过很多就业机会、后悔莫及。

(二)就业心理影响职业发展

拥有健康的就业心理,是毕业生科学规划职业生涯、获得良好职业发展的基础。在进行职业规划阶段,良好的心理状态是完成设计、实施训练的保障,影响到职业规划的实施能否具有主动性、积极性、针对性和科学性。不良的就业心理不仅会影响到大学生毕业求职时的状态和行为,更会在今后的职业岗位上不断产生负面干扰,从而影响个体整个职业发展。

(三)就业心理影响成长成才

就业心理素质是毕业生心理素质的有机成分之一,从而成为其综合素质在就业过程中的表现途径和表现形式之一。通过这个途径,检验了毕业生是否具备良好的心理素质,是否能够拥有良好的工作状态,是否能够胜任职业角色、是否能够为社会创造价值。只有拥有健康的就业心理素质,才能真正地在社会发展与个人发展的有机结合中成长成才,为今后的继续发展奠定良好的基础。

大学生需要充分认识心理调适的积极作用,掌握正确的方法,提高自我调适的自觉性,增强受挫能力和化解心理冲突的能力,从而使自己在就业过程中能够保持一种稳定和积极的心态,顺利实现就业。

二、客观认识真实的自我

(一)正确评价自我

心理问题的产生主要是源于大学生自我认识不够,定位不清晰,从而在就业过程中出现盲目攀比、就业期望值过高等就业心理误区。客观认识、评价自己也是作出正确职业选择的第一步。如果大学生在求职过程中,对自己的主观评价高于社会对自己的客观评价,会对自身能力估计过高,就容易对就业产生不切实际的高期望,阻碍就业。但是如果对自己的主观评价低于社会他人对自己的客观评价,又容易产生自卑心理,导致在求职时容易胆怯、畏惧,自我否定感增强,不敢面对竞争和挑战。因此在就业前,大学生应实事求是地评价自己,正确认识自己的优点和长处,缺点和短处,自己的性格、兴趣、特长,要明确自己想做什么,用发展的观点来看待自己,要知道自身存在某些缺点并不可怕,可以先就业,然后在工作岗位上不断克服缺点,发展和完善自己。

(二)学会接纳自我

"尺有所短,寸有所长",知道自己的长处与不足,但不苛求自己,改变过分追求完美主义的习惯。大学生要理性地对待求职择业过程中遇到的挫折和失败,学会接纳、欣赏真实的自我,对自己持肯定的态度,不因为个别的错误和失败就全盘否定自己,永远对自己有信心、给自己机会,在积极的心态中汲取经验教训,将自己的潜能发挥到最大。比如自负者可以通过自我批评,减少不切实际的想法和优越感,自卑的同学通过正向的心理暗示,鼓励自己,发现自己身上的闪光点,增强自信心。一位先哲说过:"人不是因为美丽可爱,而是因为可爱才美丽。"正视自己,坦然接受真实不完美的自己。

(三)努力完善自我

个体在认识自我、接纳自我的基础上,自觉规划行为目标,主动调节自身行为,积极改造自己的个性,使个性全面发展以适应社会发展的需求。当走上工作岗位,面对全新的社会环境,大学生首先要做的就是学会和过去告别,撕掉旧有的标签,重塑自我,重新出发。不要仍旧沉湎于自己在学生时代有多么优秀,做过哪些学生干部又或者获得过哪些奖项,也不要因为自己在学校时表现不突出就觉得自卑,进入职场后人们只关注你当下的表现是否优秀,这意味着一切都要从零开始。因此大学生面对新的工作和环境时应当保持谦虚的学习态度,充分发挥自身的主观能动性和创造性,增强责任意识和团队合作意识,能够根据新的环境要求来及时调整自己的行为方式,并通过不断学习来完善自我,提高自身综合素质以适应新环境的要求,顺利实现角色转换。

三、设置合理就业目标

就业目标的确定跟自己所学专业及自己的性格特点、兴趣爱好有很大的关系。就业目标的确立是就业前最重要的准备环节,这关系到自己就业的方向问题,所以制定合理的就业目标就显得特别重要。

(一)制定的目标要适中

制定目标要适度,只有适度的目标才会对我们的行为产生激励作用,不切实际的目标只会适得其反,造成巨大的心理压力。适度的目标是完成任务的保证,也只有适度的目标才能引导出实现目标的合理措施。如果目标出现了偏差,相应的,人们的行为也会随之出现失误。在现实生活中,由于大学生缺少对真实职业环境的体验,对行业、市场信息又没有进行充分的了解,使得设置的就业目标定位过高,过于理想化。近几年,不少大学生在职业选择中一直强调大单位、大城市、高收入,甚至为此不惜放弃个人的专业特长,不顾个人的性格和职业兴趣。当所设定的目标与理想脱离实际,主客观差距过大造成求职失败时容易产生自责、自卑的心理,影响职业发展。因此,大学生应当根据自己的情况和外部环境因素来综合确定目标。

(二)目标设定要留有余地

留有余地也就是让自己制定的目标具有弹性与可修正性。当大学生确立就业目标后,传统的观念常常告诉我们要坚持到底,锲而不舍,就是遇到挫折也没关系。实际上规划应该是开放的,可修正的,需要结合客观环境和自身条件变化进行适时调整。但是有许多同学在目标确定过程中缺少反馈修正环节,没有评估自己的计划执行情况便直接进入下一步骤。一旦原计划未能如愿实行,就立即从事别的工作,而没有说明为什么选择该职业作为自己的第二选择。比如法学专业的同学,给自己定的一个目标是当法官,律师是备选方向。这两份职业一个是上班族,一个是自由职业者,表面上看没有什么不合适,但实际上这两份职业的前提条件都是要先通过严格的考试,很有可能考试都无法通过,就不能起到反馈修正的作用,一旦考试未通过两个目标就都无法实现。

(三)理想不等同于目标

理想是人生的奋斗目标,是人们对有可能实现的未来的想象。在设置就业目标时,有的人直接把理想理解为目标,照着这个目标去行动。但其实理想应该是职业规划中的最高目标,按照马斯洛的需要层次理论,实现理想是人们最高的精神需求,是我们追求的一个结果的最终表现。所以理想的实现往往需要先完成各阶段的目标。比如你想成为人力资源总监,要先做好人力专员、人事主管等职位。一步一个脚印,为自己设置每个阶段的短期目标和前进方向,把自己宏大的职业理想转化为无数可实现的阶段性目标,避免把目标一下子定得过高,由于理想与现实的巨大差距,让自己屡遭失败,从而使心理受挫。同时要厘清喜欢和适合的区别，如果目前自身的条件不能够同时满足两者，不能只去做自己喜欢的工作而放弃了自己不喜欢的工作，这是不太理智的行为，也是对自我认知不准确的体现。确立正确的就业目标有助于理性选择职业，但是最重要的还是要把目标落实到实际行动中去，否则一切就都只是空谈。

四、掌握情绪调节的方法

大学生在就业过程中难免会遇到挫折和失败从而产生不良的情绪，如果消极的情绪没有得到及时妥当的处理不仅不利于身心健康，也妨碍大学生顺利就业。人的情绪是可控的，我们需要了解情绪，掌握情绪调节的方法，提高自己管控情绪的能力，这有助于缓解心理压力，避免一味地被负面情绪牵着鼻子走，成为我们求职追梦路上的绊脚石。情绪不可能被完全消灭，但可以进行有效疏导、有效管理、适度控制。情绪管理并非消灭情绪，而是疏导情绪、并合理化之后的信念与行为。

(一)情绪管理的步骤

第一、体察自己的情绪。也就是，时时提醒自己注意：我现在的情绪是什么。例如：当你因为朋友约会迟到而对他冷言冷语，问问自己：我为什么这么做？我现在有什么感觉？如果你察觉你已对朋友三番两次的迟到感到生气，你就可以对自己的生气做更好的处理。有许多人认为：人不应该有情绪，所以不肯承认自己有负面的情绪，要知道，人一定会有情绪的，压抑情绪反而会带来更不好的结果，学着体察自己的情绪，是情绪管理的第一步。

第二、适当表达自己的情绪。再以朋友约会迟到的例子来看，你之所以生气可能是因为他让你担心，在这种情况下，你可以婉转地告诉他：你过了约定的时间还没到，我好担心你在路上发生意外。试着把我好担心的感觉传达给他，让他了解他的迟到会带给你什么感受。什么是不适当的表达呢？例如你指责他：每次约会都迟到，你为什么都不考虑我的感觉？当你指责对方时，也会引起他负面的情绪，他会变成一只刺猬，忙着防御外来的攻击，没有办法站在你的立场为你着想，他的反应可能是：路上塞车嘛！有什么办法，你以为我不想准时吗？如此一来，两人开始吵架，别提什么愉快的约会了。如何适当表达情绪，是一门艺术，需要用心体会、揣摩，更重要的是，要确实用在生活中。

第三、以合宜的方式纾解情绪。纾解情绪的方法很多，有些人会痛哭一场，有些人找三五好友诉苦一番，另有些人会逛街、听音乐、散步或逼自己做别的事情以免老想起不愉快，比较糟糕的方式是喝酒、飙车。要提醒各位的是，纾解情绪的目的在于给自己一个厘清想法的机会，让自己好过一点，也让自己更有能量去面对未来。如果纾解情绪的方式只是暂时逃避痛苦，尔后需承受更多的痛苦，这便不是一个合宜的方式。有了不舒服的感觉，要勇敢地面对，仔细想想，为什么这么难过、生气？我可以怎么做，将来才不会再重蹈覆辙？怎么做可以降低我的不愉快？这么做会不会带来更大的伤害？根据这几个角度去选择适合自己且能有效纾解情绪的方式，你就能够控制情绪，而不是让情绪来控制你！

(二)情绪调节方法

1. 转移注意力

当产生某些消极情绪时,要避免把注意力一直集中于引起不良情绪的事物中无法自拔。情绪会影响人的认知,当人在悲观时往往把事情都想得很糟糕,烦躁时看什么都觉得讨厌,所以为了避免将自我过于倾注在这种负面情绪当中,个体应当有意识地将自己的注意力从引起消极情绪反应的刺激情境中转移到其他事物或从事一些其他感兴趣的活动。例如当情绪不佳时可以看看电影、听听音乐、去户外打球散步、享受美食或者外出旅游等,在专心投入做这些事情的过程中使自己焦虑、压抑的情绪得到放松,防止了不良情绪的泛化。

2. 积极的自我暗示

心理暗示是个体通过语言、形象、想象等方式对自身施加影响的一种心理过程。自我暗示包括积极的自我暗示和消极的自我暗示。积极的自我暗示有利于帮助个体缓解紧张情绪,保持乐观向上的状态,增强信心、激发斗志,进而带来积极的行为反应。言语的积极暗示比如可以在紧张时告诉自己"要镇定,放松心态";自卑时告诉自己"我能行,我是最棒的";遇到挫折时告诉自己"困难只是暂时的,我一定有办法克服它"。或者也可以在心中设计自己理想的未来形象,我们都希望将来的自己是成熟、自信、有能力处理各方事务的,当我们用理想中"我"的那双智慧的眼睛评价目前的困境时,就会产生克服阻碍的信心,这类似换个角度看问题。比如地上有块石头,这在蚂蚁看来它就是庞然大物,但是对我们来说,只需要一脚把它踢开,轻而易举。除此之外,通过控制表情,经常给自己一个微笑也能给我们带来积极、愉快的心理暗示。

个体在求职过程中不一定都会一帆风顺,难免会遇到情绪困扰,这些都是正常的现象,学会运用积极的心理暗示方法,用乐观的心态去思考,用励志的语言去鼓励自己,引导自己走出心理误区。相反,如果遇到困难反复暗示自己"我不行""我一定比不过别人""没有解决的办法了",这只会强化我们个性中的弱点,唤醒个体的自卑、怯弱、嫉妒等,让自己的心情雪上加霜,导致消极的行为反应。

3. 理性情绪疗法

理性情绪的基本观点认为,情绪不是由某一诱发事件本身直接引起的,而是由经历这一事件的个体对该事件的认知和评价引起的,也称作 ABC 理论。A 代表诱发事件,B 代表个体对事件所持有的信念、认知和解释,C 代表个体的情绪反应和行为结果。也就是事件本身 A 并不是引起情绪和行为反应 C 的直接原因,在 A 和 C 之间还有一个关键因素 B,即人们对事件的看法和解释在起作用,这才是引起 C 的更直接的原因。因此才会出现,对于同一刺激事件,由于不同的个体看待事件的想法、信念不同,导致最终的结果大相径庭。

理性情绪疗法认为,人有理性与非理性两种观念,这些观念指导下的认知会左右人的情绪。人的不良情绪的产生根源来自人的非理性观念,反之亦然。要消除人的不良情绪,就要设法将人的非理性观念转化为理性观念。例如:如果毕业没有找到工作,那我一辈子就完蛋了；这么简单的工作都做不好，我简直是一无是处；我必须把这件事做好，不然老板就会不喜欢我；我学历低，一定做不了这个工作。各种非理性的想法直接影响了我们的情绪，常见非理性信念的特征主要有绝对化的要求、过分概括和糟糕至极等。

因此，理性情绪疗法关键是要找出自己观念中的不合理信念，并对其进行驳斥，将不合理信念转化为理性信念，从而消除不良情绪。例如：一位毕业生去应聘了几家单位都没有被录用，从而就觉得自己很没用，随之产生焦虑、自卑等情绪。其中由于面试失败就否定自己的价值这就是不合理信念。合理的解释应该是就业过程中很少人是能一步到位，第一次求职就能顺利找到自己满意的工作，现在暂时没有找到适合我的岗位并不能就此证明我比别人差，只是几场面试没通过而已，就当积累经验了，暂时不成功不代表我永远不会成功。

4. 宣泄法

大学生在求职择业过程中遇到挫折产生不良情绪时要学会适度地宣泄，把不良情绪释放出来，不能一味地控制和压抑。就像一颗气球，它所能容纳的气体量是有限的，当气球里面的气体越充越多到达极值时就容易发生爆炸。因此情绪的宣泄是平衡心理、促进身心健康的有效方法。比如可以通过和自己的好朋友交谈，把自己的委屈、愤怒、焦虑、担心等内心的感受倾吐出来，一旦发泄完毕，情绪也能得到缓解。也可以面对空旷的山林或者广阔的大海大声喊出一直憋在心里的话，尽情发泄自己心中的怨气。或者可以通过打球、跑步等较为激烈的体育运动来释放心中的压力。学校的心理宣泄室一般也常常会配备有沙袋，就是为了能够帮助同学们宣泄出自己心中压抑的情绪。当然值得注意的是，我们在进行情绪宣泄时一定要选择正确的方式、适当的场合和对象，不能为了发泄自己的不满而给他人带来不便或者产生伤害，避免引起意想不到的不良后果。

5. 自我安慰法

在择业过程中遇到阻碍，但自己已经尽了最大努力仍无法改变结果时，为避免造成精神上的痛苦不安，不妨说服自己作出适当让步，不必过分苛求，找一个可以接受的理由以冲淡内心的痛苦，让自己接受既定的现实，保持内心安宁，避免陷入悲观绝望中无法自拔从而导致精神崩溃。比如对于失恋者来说，想到现在分手总比结婚后再离婚好，就能减轻由失恋带来的痛苦。这类似于"阿Q精神"，因此当遇到情绪困扰时，人们常用"塞翁失马焉知非福"等词语来进行自我安慰，摆脱烦恼，消除焦虑和失望，帮助自己重拾信心，越挫越勇。

6. 情绪升华法

升华法就是将自身一些不被社会规范和要求所接受的欲望、动机，通过使用一种被社会所接受的方式来得到释放和满足。这是一种较高水平的宣泄方式，能够将消极情绪激起的能量引导到对自己、对他人、对社会有利的活动方面去。比如历史上的许多名人司马迁、海伦·凯勒、霍金等，他们在遭受挫折时没有沉浸于痛苦情绪中，自怨自艾，一蹶不振，而是选择了化悲愤为力量，最终战胜了困难，证明了自己的实力并为后世留下不朽的作品。因此采用升华法不但能够将情绪宣泄出去，还能够使情绪得到积极利用，将压力转化为动力，把消极心理转化为积极心理。

7. 角色扮演法

角色扮演是一种情景模拟活动,作为心理学领域广泛运用的一种方法,角色扮演通过互换角色,实现自己和自己对话,自己和他人对话,以一种换位思考的方式来增进对他人社会角色和自己原有社会角色的理解。大学生在就业过程中遇到挫折时,可以尝试在老师的指导下,扮演一些在逆境中成功克服过困难的知名人士,通过体验这些人在求职过程中遇到的挫折,帮助自己更好地了解他人在面对不利处境时所采取的积极态度和应对方式,感受他们的情绪情感在挫折情境中是如何转换的,从而让自己在活动体验中不知不觉地习得抵抗挫折的技能,增强自身抗压性。

8. 放松法

在出现紧张、焦虑等情绪时,可以通过有针对性的练习,让身心获得放松,达到舒缓压力的效果。放松训练的方式有很多,包括呼吸放松法、想象放松法、肌肉放松法、音乐放松法和冥想等。其中呼吸放松是比较简单易学,也非常有效的一种方法。具体步骤是:选择一个舒适的位置坐好,腰背伸直,将右手掌心轻置于肚脐上,五指并拢,然后进行缓慢地深呼吸,吸气时腹胀,保持三秒左右,再将气体缓缓呼出,越慢越好,此时感觉放在腹部的手也会跟着下降,并想象所有的紧张情绪也随之释放出来。

心理调节的方法还有很多,如自我重塑法,环境调节法,阅读疗法、音乐疗法、幽默疗法等。毕业生在面对巨大的就业压力时,要学会运用一些简单的心理调节方法让自己的心灵得到放松。值得注意的是,如果在就业求职过程中遇到无法自我调适的心理问题时,应当寻求心理医生等专业人士的帮助,让心理冲突和情绪困扰能够得到及时化解。

【拓展阅读】

去靠近一个给你正能量的人

1

不知你身边,是否也有这样的朋友? 特别"玻璃心",你随便一句话,对方就觉得你伤害了他,让你怀疑自己是不是说话太刻薄,不敢再轻易发表观点;很喜欢抱怨,面对工作,首先想到的不是解决问题,张口闭口就是"太难了、做不了";每天愁容满面,本来你的心情很好,看到对方耷拉着一张脸,你也感觉生活黯淡了不少。

我曾经就遇到过这样一个同事,小苏。我、小苏、大梁,是同一个部门的同事。我跟小苏的关系密切一些,偶尔还会一起出去吃饭,可小苏很爱抱怨,经常在我面前吐槽,说大梁"没情商、说话直、爱表现自己"。受小苏的影响,渐渐的,我看大梁时也会戴上有色眼镜,觉得这位同事不太靠谱,与大梁合作的时候也会不自觉地产生抵触心理。后来接触多了才发现,其实大梁人很好。她说话挺直接,但提的意见都很中肯,对工作的推进很有帮助;她也不是爱表现自己,而是当其他人推脱工作时,她自然会多做些,这就显得爱"表现"了而已。而小苏身上的负能量,不仅影响到她自己,也让我的性格逐渐变得不那么晴朗。

负能量有时就像一场漩涡,趁你不注意的时候,一把将你卷入。你身上的正能量会慢慢被消耗,你会被同化,也开始变得喜欢抱怨,看不见生活的光。

2

负能量的人会消耗你,而正能量的人会鼓舞你。之前看过一档节目,有人问一位排球运动员:"是不是在赛场上都不紧张?"她笑了笑说:"你们看的人紧张,我们打的人反而不紧张。我们在比赛中会控制自己的情绪,传递给队友的一定都是正面信息。"所以,平时看排球比赛的人会发现,每次一个球落地后,不管自己的队伍有没有得分,球队的成员们都会互相拥抱、击掌、鼓劲。赢了一个球,继续保持,戒骄戒躁,努力拿下下一个球;输了一个球,别灰心,情绪稳定,争取拿下下一个球。就像有位教练常说的那样:"当你的一个表情或者一个动作很消极的话,你会影响身边的人,队伍之间相互影响,整体气势就会降下来。但是如果你给出更多正能量或者积极的因素,那么整支队伍会变得更好。"

不仅是球场,人生这个赛场也是一样。如果你身边的人都是满满的正能量,总是给你积极的暗示,相信你一定能做到,那么你也会对要做的事情、对你自己有更多信心。

3

有人说,一个人越过越好有三个步骤。第一个是远离负能量的人;第二个是靠近正能量的人;那么,第三个,也是最重要的步骤,就是自己去做那个正能量的人。抱怨非常可怕,因为它会传染,不仅让你自己的心态、情绪时常处于崩溃的边缘,还会让你周围变得很低气压,让你的朋友同事渐渐远离你。抱怨解决不了问题。遇事多想解决办法,生活才会越来越好。

生命来来往往,我们会遇见无数的人。与什么样的人相交,会影响我们成为什么样的人。跟着苍蝇走,只能到达肮脏的沟渠;跟随蝴蝶走,才能嗅到鲜花的芬芳。

接下来的时光里,愿你能选择适合的朋友,端正自己的心态,做好自己的事情,远离消耗你的人,靠近鼓舞你的人。做自己的太阳,温暖自己,也照耀别人。

(资料来源:人民日报微信公众号,2020年8月19日,记者:梅也。)

思考题:

1. 结合自身实际,你认为自己最大的心理压力是什么? 你将如何做好心理调适?
2. 就业过程中容易出现哪些心理问题? 心理问题产生的原因有哪些?

第七章

职业适应与发展

第一节　适应工作新角色

　　小王毕业后，来到一家中型企业工作，在同学中，算是出来较早的一个。刚来那几天，充满着好奇，充满着骄傲。可是没几天，开始不喜欢这个企业了，觉得与自己理想中的企业相差太远，好多事情都与自己设想的不一样。说管理正规吧，自己看还有好多漏洞，说不正规吧，劳动纪律抓得又太严，自己觉得很不舒服。

　　于是，小王心态变差，经常感到不愉快。小王与一个同来的伙伴常发牢骚，说这个企业怎么浑身是毛病，干的真没意思。这话不知怎么传到上司耳朵里，还没等小王对这个企业真正有所认识，她就被炒了鱿鱼。开始小王还满不在乎，觉得反正自己也没看好他们，走了无所谓。可是，当她再次在求职大军中奔波了三个月，还没找到好于这样"浑身是毛病"的企业的时候，她心中才感到有些后悔，心想如果下次再有类似那个公司的企业接纳自己，一定接受教训，好好干。

　　与学生角色相比，职业角色就复杂得多，也更加具有个人色彩。所谓职业人就是参与社会分工，自身具备较强的专业知识、技能和素质等，并能够通过为社会创造物质财富和精神财富，而获得其合理报酬，在满足自我精神需求和物质需求的同时，实现自我价值最大化的群体。处于职业适应期的大学生由于受到客观环境和自身主观因素的影响，在进入新角色时往往没有做好充分的心理准备，并且在角色转换过程中还存在种种心理误区，常见的有以下几种。

一、角色适应

　　从大学毕业生到职业人，完成转换的时间虽然不长，但是角色性质的变化非常大，甚至可以说是个人生涯的转折。

（一）社会责任不同

社会责任是以特定的身份去履行自己的职责，依靠自己的本领或技能去为社会和他人服务，完成某项工作，通过对工作对象的服务情况来体现自己的职业角色。作为职业人必须适应社会，服从领导和管理，适应上级的管理风格，在工作中犯了错误，必须有承担风险的责任意识，并承担相应的社会责任。职业责任履行得如何，不仅影响到个人的声誉，还会影响到单位和行业的声誉。

（二）社会规范不同

对职业角色的规范因职业的不同而不同，但肯定比对学生角色的要求更严格，违背了就要承担一定的责任。

（三）社会权利不同

依法行使职权，开展工作，运用自己的知识和能力，向外界提供自己的劳动，即输出和运用、应用与创造性地发挥自己的知识和才能，向外界提供专业的服务。要求结合实际创造性地发挥自身能力，并在履行义务的同时取得报酬。

（四）面对的环境不同

面临的社会环境是快速的生活节奏、紧张的工作和频繁的加班，在单位里，规定上下班时间，不能迟到早退，经常加班，节假日很少，工作任务又急又重；老板通常对讨论不感兴趣，多数老板比较独断，对待职工不一定很公平；一切以经济利益为导向；要完成上司或老板交给的一件件具体的实在的工作任务。

（五）对独立性与自我管理的要求不同

单位只在工作时间对员工提出要求，其他时间主要由员工自行支配，没有统一严格的方式来管理约束。经济开始独立，家庭和社会期望毕业生不仅在经济上独立，而且在心理及其他方面也能独立。因此，职业角色对毕业生的独立性与自我管理能力提出了更高的要求。

（六）人际关系不同

成为职业人后，竞争是不可避免的，竞争的胜败直接关系到利益的分配，由此决定了职业人间的关系是相对复杂的。

二、角色转换过程中易出现的问题

新旧角色的转换过程必然伴随着不同角色之间的相互冲突，这种角色冲突是普遍存在的。

（一）依赖和恋旧心理

很多毕业生在角色转换过程中依恋学生角色，难以从一个学生状态中完全摆脱出来。因为习惯了十多年的学生角色，容易使个体在学习、生活和思维方式上都养成一种相对固定的模式。在职业生涯开始，许多人常常会自觉或者不自觉地置身于学生角色之中，以学生角色的社会义务和社会规范来要求自己、对待工作，以学生角色的习惯方式来待人接物，来观察和分析事物。

（二）自负或自傲心理

一些毕业生则是对自我的认知存在偏差，认为自己接受了多年高等教育有学历有文凭，应该在各方面都具有很多良好的条件，因而盲目的过于自信。这种心态很容易使毕业生进入职场后出现纸上谈兵、眼高手低的尴尬。因为觉得自己的条件优于周围的工作人员，往往不屑与他人合作，更不会虚心接受别人的指导和意见，甚至对领导和前辈也表现出轻视。

（三）浮躁心理

有些刚参加工作的毕业生往往弄不清楚自己在工作中真正想要什么、能做什么。国家劳动和社会保障部劳动科学研究所曾经与北森测评网、新浪网联合对当代大学生第一份工作现状进行调查。这项调查的结果发现在找到第一份工作后，有 50% 的大学生选择在一年内更换工作。而两年内大学生的流失率接近 75%，比例之高令人震惊。这一数据恰恰反映了毕业生在角色转换初期的浮躁，对工作的兴趣总是不能持久，并且习惯把这一问题推脱为他人的责任，而认识不到自己的问题所在。

（四）自卑或畏缩心理

很多毕业生在初进职场的阶段，因为不知如何适应新的工作环境，会表现得怯懦、自卑。无论是做工作还是待人处事，总是担心自己的表现不够完美。要么就是过度封闭自己，不与人往来，或是盲目地听从他人的指使，不敢于表达自己的想法，独立性很差。

在两种角色的过渡阶段，毕业生一定要谨慎对待，同时采取必要的方法帮助自己平稳转换角色。

三、角色转换的途径与方法

角色转换具有周期长、过程艰难的特点，需要边学习、边适应、边调整，需要坚持不懈地努力，自觉加快角色转换的进程。无论是即将毕业时的准备过程，还是刚刚进入职场的预备阶段都非常重要，这两个阶段的努力是角色顺利转换的必然途径。

（一）强化职业角色意识

特定的身份去履行自己的职责，运用自己所掌握的知识、本领、技能去为社会服务，完成某项工作；社会赋予职业角色的规范，提供的行为模式，因职业的不同而不同，从业者除了应遵守一般社会规范之外，还必须遵守角色职业道德规范；社会赋予职业角色的权利则是依法行使职权，积极工作，并在履行义务的同时取得相应的报酬。

（二）爱岗敬业是职业角色转换的基础

大学毕业生在走上工作岗位之后，应当尽快地从学生学习生活的模式中跳出来，不仅要认识学生角色与职业角色的差异，更重要的是应该遵守职业角色规范，正确行使职业角色的权利，忠实履行职业角色的义务，使自己的言行与职业角色的内在要求相适应，全身心地投入工作岗位中去。如果患得患失、心不在焉，经过几个月的适应还不能完成角色转换，将会直接影响到职业兴趣和工作业绩。只有"甘于吃苦"，才能实事求是地分析和对待角色转换中遇到的种种困难；只有"甘于吃亏"，才能积累丰富的社会经验和营造和谐的人际关系，促进职业层次的发展。

（三）提高职业素质

职业角色规范是社会赋予职业角色的行为模式，也是社会评价职业角色的尺度和标准。走上工作岗位以后，其工作或服务的质量、效率、贡献等，不再被简单地看作个人的事，而是从其承担的社会责任来加以评判。走上工作岗位以后，必须时刻意识到自己所从事的工作与社会发展的关系，明确自己对社会所承担的责任，按照职业角色规范的要求，不断提高自身的职业素质，加强自身的职业道德建设，努力履行自己应尽的社会义务。

（四）增强独立自主意识

大学毕业生成为职业工作人员之后，要把自己学习掌握的知识和能力，通过提供劳动或服务的方式回报社会，需要提高自己的自主意识和创造能力。同时，大学毕业生从学生生活转入职业生涯以后，通过劳动获得了职业收入，经济上也具有自立的能力。从业后，社会竞争的压力、支撑家庭的压力、个人生存与发展的压力向其提出增强自主意识和自立能力的要求。增强自主意识，提高自立能力、独立工作能力和创业能力，乃是大学毕业生实现角色转换的客观要求和重要条件。进入职业角色，只有善于观察问题，才能发现问题；只有运用自身掌握的知识去努力解决问题，才能掌握大量的第一手资料；只有分析研究职业对象的内部规律，才能培养自己的独立见解，逐步具备独立开展工作的能力，更好地承担角色责任。

一些人在角色转换的过程中受社会不良风气的影响，表现出不踏实的浮躁作风、不稳定的情绪情感和盲目的攀比心理，缺乏对工作性质、职责任务和工作技艺的深刻认识和理解；或缺乏韧劲和毅力，对交给的本职工作不能坚持和深入；或不安心本职，见异思迁，这山望着那山高等。一些人在很短时间内就离职或就职很长时间后还不能稳定情绪，一味埋怨单位不给自己提供充分发展空间或优厚待遇,不讲奉献只讲索取,事实上,如果不能静下心来脚踏实地学习,适应工作,不管什么样的单位都不适合。

第二节　适应工作新环境

　　一天,韩教授的心理咨询室里来了一位刚刚毕业参加工作的女大学生小美。小美大学毕业后好不容易应聘到了一个小公司做文秘工作,虽然工作辛苦,待遇一般,但小美还是勉强接受了,同时也成了城市中的一名"蚁族"。由于刚刚毕业,小美在很多方面都欠缺经验,比如不知怎样婉转地与客户沟通、安排会议时总会丢三落四,因而常常受到同事们的冷眼相待,或是老板的冷嘲热讽。小美越来越难以承受工作的压力,想辞职又怕再次沦为无业游民,继续忍耐又难以平衡心理。时间一长,小美开始变得非常焦虑、抑郁甚至精神恍惚,几乎每天晚上回到租屋中都难以入睡,白天却又要强打精神。在万般无奈的情况下,小美只得求助于心理咨询,希望能缓解自己的心理问题。

　　毕业生转变角色的同时,意味着要适应工作这一崭新的环境。很多毕业生都会在此刻踌躇甚至慌张,事实上工作环境并非很多同学都担心的那样处处是陷阱、凡事皆棘手。只要做好最为基础而又最重要的几个方面,自然能够顺利地适应新环境,新职业人一样可以成为工作岗位上的佼佼者。

一、良好个人形象的树立

　　没有人会否认人的良好印象在社会中的重要性,良好的个人形象是人生交往的重要资本。个人形象的范围广泛,包括外貌仪表、言行举止,通俗来说就是一个人看起来如何,说话怎样,以及在待人接事方面的表现怎样。毕业生在初到工作岗位上时,一定要先学会看看镜子中的自己,就是事先了解应该如何获取良好的形象。这其中要注意至少两个方面,一是注意自己的外表和体态语言,二是了解自己的优点与劣势,懂得从哪些方面塑造自己的形象。

　　外表和体态语言虽然较为表面与主观,但是却在第一印象中占有几乎最为重要的分量。作为职业新人,毕业生一定要注意自己的着装打扮,关键是符合自己的职业身份和个性特点。无论从事的是哪种职业类型,只要工作性质允许,还是应当适当地进行颜面修饰,适度的淡妆反而比素面更能使人显得精神焕发。衣着也是如此,尽可能地学会摆脱学生时代的稚嫩装扮,选择一件合适的职业装,能给你的个人形象加分不少。总体上,做到成熟、稳重和大方是使得自己的外表装扮最为适合职业环境的不变原则。同时，在注意外表的同时还要注意自己的体态语言。例如，经常性的保持微笑，并且是发自内心的笑容。不要总是一脸严肃，这会让他人觉得难以接近而和你疏远，这些小的细节都会直接影响他人对你的第一感受。

在保持自我形象中，正确了解自己的优缺点是决定因素。外表和举止是外在方面，并不代表个人形象的全部内容，个性因素则是个体形象中非常关键的内在方面。虽然一个人的个性特点很难在短时间内有明显的改变，但是可以通过了解自己的优势与劣势，尽可能地展现自己的优点，同时用优点补足自我缺陷，从而在与他人的交往中表现出最优的自我形象。

二、和谐人际关系的建立

作为一个社会人，个体都不是完全独立封闭的，无时无刻不在找机会与他人接触、相处，大学生走出校园踏入到职业社会中更是如此。许多刚刚参加工作的甚至是已经入职多年的职业人都发现，在职场这个大集体中，往往并不是简单的做好自己就足够，学会与周围的人相互沟通与交流，甚至比自己盲目埋头苦干更有帮助。

有相当一部分初入职场的毕业生都会对如何处理好职场中的人际关系感到困惑和苦恼。例如，当面对领导时应当如何表现、如何反应，当与同事言语行为接触时又有哪些禁忌和法则。事实上，人与人之间的关系虽然复杂，当把握一定的为人处世原则时，人际关系也可以变得很简单。美国著名的人际关系学大师卡耐基曾提出有关人际交往的五个重要法则，这五点分别是："互惠互利"是人际交往的根基；记住他人的名字；学会真诚的赞美别人；做一名好听众；微笑具有神奇的力量。

（1）所谓互惠互利，并不是指人与人相处都是带有功利性、有目的的，而是提示我们在与人相处时要时刻带有感激之情，懂得对他人表示友好在先。只有抱着这样的心态和为人之道，才会同时获取对方的尊重与友好。

（2）记住他人的名字是非常实用有效的方法之一。事实上，能否记住名字或面孔本身就是对他人是否尊重和重视的检验。有时候不是你的记性不好，而是没有用心对待。进入工作环境后，毕业生要能够尽快地记住身旁同事领导的名字与面孔，这样既能避免见面时不知如何应对的尴尬，又能让他人感受到你的平易近人，为建立和谐的人际关系打下良好基础。

（3）如果想在人际圈中得到别人的好感，就要学会在恰当的时机用恰当的方式赞美他人。所谓恰当，就意味着一定要真诚，发自内心。毕业生在初进单位时更多时候容易出现的情况是羞于大胆的夸奖他人，担心别人质疑自己的动机，又或是因为难以发现他人的优点而不愿做表面工作。事实上并不需要有太多顾虑和担忧，只要懂得和人相处时保持低姿态，就会很容易发现别人的长处，从而不得不发自内心地给予称赞。

（4）当一名好听众也是在人际交往中获取好感的重要砝码。与人相处不但要懂得会说话更要懂得倾听，因为每个人都希望别人能够分享自己的想法与情感，并且获取他人的理解与支持。作为职场新人,更要学会听别人讲话,尤其是在跟领导、同事和自己沟通时。

(5)微笑的力量我们每个人都深深理解和认识的,虽然看似简单易行,然而真正在日常交际中坚持下来却十分难得。有的毕业生可能会认为自己是个内向谨慎、沉默寡言的人,本身就不擅长在陌生环境中表现的轻松愉悦。其实发自内心的笑容并不难求,正如对别人的赞美一样,只要真诚就能获取他人的好感。

总之,刚刚进入职业新环境的大学生,要尽可能主动地与他人沟通交流,切忌独来独往、沉默寡言,这样既不能帮助自己尽快地适应新环境,也会阻碍领导和同事对你的了解。

第三节　提升职业适应力

> 2007年,一部网络长篇职场小说《沉浮》轰动一时。小说的作者是一位学中文的江南才女,此外她还曾经有国企和知名外企的从业经历,而现在更是一家高科技企业的执行总裁。这位跨界奇才就是许多人都熟知的崔曼莉。一边是文学中人,一边却又是商界强人,这对于许多初入职场的大学生来说,既不可思议,更不敢想象。那么,崔曼莉又是如何做到的呢?崔曼莉曾说,自己在职场上的最大感悟就是"专业与能力是有区别的"。崔曼莉毕业于南京大学中文系,她没学过广告却做过策划人;没学过播音主持却做过电视节目主持人;没学过编程却做了高科技公司的首席运营官(CEO)。此外,为人处世的方式也很关键。因为任何一个企业都不是个人能力的体现,而是一个团队共同携手的发展。崔曼莉还提到,如果你在职场上还是一个小卒,那么请做好手上的事,"低头拉车"的时候不要忘了"抬头看路",培养自己做事情的能力。

崔曼莉的成功,或许并非每一个毕业生都能复制。但是,大家多少能从她的经历与成功当中学习到一些她所拥有的特质和能力,而正是这些特质与能力能够帮助很多人提升自我的职业适应力。

一、影响职业适应力的因素

事实上,造成当前大学生就业困惑的原因不是单方面的,这里既有社会性的原因,也有毕业生自身的问题。社会因素需要全社会的共同努力来改善,而自身问题则需要毕业生们自己去发现并解决。所以,要改善就业状况,对于毕业生来说首先要明白自身哪些因素导致了职业适应上出现了问题并予以积极克服。大致来说,毕业生在职业适应能力方面的问题主要定位问题、心态问题以及经验问题这三个方面。

1. 定位问题

2004年中国就业市场爆出两条特别引人注目的新闻：南方某高校毕业生号召成立"薪资联盟"，抵制用人单位压低薪资标准，拒签低于一月2500元就业协议；与此同时，东北某高校毕业生为了挤进自己向往的单位，主动提出"零工资就业"，即在见习期不要钱，经过考验认可后再建立劳资关系。这是两个截然相反的现象，却同时反映了现今大学毕业生就业择业时在工作定位上的问题。前者体现了一些大学生不切实际的一厢情愿，对社会现实缺乏基本的判断力，没能根据现实情况的变化及时调整自己的心理定位；因此即使之后进入了职场，也会因为期望值过高、优势心理作祟而影响其职业适应力。另一方面，所谓零工资就业则显得过于被动消极，同样是对自己职业定位的偏差，并不代表无底线的低姿态就能换来工作上的好结果。

2. 心态问题

据一项对1万多名学生的调查显示，其中50%左右的学生认为，35岁前将达到自己职业生涯的顶峰。事实上，对于很多在职场上打拼多年的人士来说，这样的想法实在不切实际。但是由于大多数大学生从未经历过社会的磨砺，心态容易浮躁。一方面总是考虑自己能从社会从工作中得到什么，而很少思考自己为他人和集体所作的贡献。另一方面，很多大学生在就业时抱着"骑驴找马"的心态，总是想着先随便找到一个工作，随时都考虑是否能够跳槽或有更佳的选择，因此在工作的过程中不免会受到这种不安定心态的影响，不能脚踏实地地工作。这些心态上的偏差都会影响单位对大学毕业生的评价，从而致使毕业生的就业形势愈发不乐观。

3. 经验问题

从许多单位招聘启事中不难看出，"具有相关工作经验"是单位非常看中的一个条件。某省高校曾经对即将毕业的近千名大学生作了问卷调查，结果发现，68.09%的大学生认为在择业中最缺乏的是实践工作经验，这也是在参加招聘中最令人尴尬的"短处"之一。调查还发现，约有27%的人力资源主管认为应聘者的工作经验越实用越容易被录用，超过七成的跨国企业会根据具体职位的要求选择应聘者。对于没有任何经验的学生群体来说，单位需要花费很多人力物力财力进行培养，同时还会担心培养后人才的流失问题。有时候培养的资本远远高于短时间内毕业生能够为单位所提供的价值。正是因为这些考虑因素，单位在人才招聘上的要求和大学生本身普遍缺乏工作经验之间出现矛盾，这也是导致大学生就业问题出现的一个根本问题。

总的来说，大学毕业生在当前的职业社会情境下已经失去了以往的光环。社会原因和大学生个人的原因双方面的因素引发了毕业生出现各种职业适应性不良的现象。大学生若想从根本上解决这一问题，顺利圆满地完成职业角色的转换，就必须要从自身查找原因，并且积极克服，以提升个人的职业适应力。

二、提升职业适应力的方法

我们都知道，职业适应力并非与生俱来，它既需要个人自身天赋，更需要经过磨炼和学习获取来的经验。如何才能让自己尽快地适应工作是每个大学毕业生在踏入职场社会中所必须要面对的首要问题,提高职场适应力能够帮助职场新人在自己的职位上站稳脚跟、快速发展。相反,一旦在职业适应上出现问题,那么影响的将不仅仅是工作,甚至是个人的人生道路。因此,大学毕业生要有心理准备和行动表现,从大学学习生活期间就开始有目的地培养和提高自我的职业适应力,从而为今后的职业发展奠定良好的基础。

(一)增强自我调适能力,保持良好心态

大学毕业生在职业初期面对环境、人际关系、职业能力、生活方式等方面的适应问题时,难免在心理上会出现波动,这些都是正常的,重要的是要保持心理平衡,不能被消极情绪所左右,要始终以积极乐观的心态去迎接各种挑战和新的变化,增强自我调适能力,减少适应期的压力感和焦虑感。

大学毕业生可以从认知、情绪和行为三个方面进行自我调适。认知层面,大学生应该在心理上做好迎接新挑战和适应新环境的准备,对进入工作岗位后可能会遇到的困难和挫折做到"心中有数",提前做好准备工作,对自己和自身能力有一个客观正确的评估,了解所从事职业对知识、技能的要求。情绪层面,始终保持积极乐观的心态,以饱满的热情投入到工作中去。对于职场新人来说职业初期可能会遇到较多困难,难免产生消极情绪,但我们要学会做情绪的主人,不能一遇到困难就抱怨,陷入沮丧、焦虑、悲观的情绪中无法自拔,对这些负性情绪要及时进行合理的宣泄和疏导,给自己积极的心理暗示。情绪管理也是一项需要学习的重要能力,拥有稳定的情绪能够帮助我们在面对棘手问题时也能以平和的心态解决问题,并且一个拥有积极情绪的人对他的人际关系也有正向影响,因为多数人还是愿意和快乐的人打交道的。行为层面,面对职业或者人际交往等方面的问题,我们不能消极逃避,应该采取积极的应对方式,冷静思考,找到问题的根源,有针对性地搜集有效信息并及时寻找解决问题的方法且加以实施。学会把每一次的磨炼都当作锻炼自己的机会,在过程中不断挖掘自身的潜能,不断学习、不断成长,增强信心,提高自我效能感。

(二)把握角色要求,完成职业角色转换

要尽快地从大学生身份中"跳出来",进入社会成为职业人意味着需要开始承担相应的社会责任,在工作中要学会独当一面,增强独立意识。作为职业岗位的新手,大学毕业生要尽快熟悉自己的工作环境和生活环境的情况,充分认清自己的角色位置,深入了解自己在工作环境中所承担的角色以及该角色的性质、工作内容、职责范围,清楚自己所承担的权利和义务,知道该如何开展新工作,做什么,怎么做,如何做好等等,对新工作进行较为全面的理解和把握,树立角色意识。同时根据职业角色要求,不断提高自己的综合素质,在工作之余,主动和单位的领导、同事交往,善于请教,虚心向他们学习,并敢于实践,在实际工作中将理论知识运用起来,增强自己的沟通能力、协作能力和责任心,让自己具备良好的学习素质和完善的知识结构体系,尽快完成职业化,获得职业认同感和团队归属感。另外要注意把握岗前培训这个重要环节,这对刚刚走上工作岗位的大学生来说是非常重要和必要的,不仅是新员工了解工作单位基本情况的重要机会,也是毕业生充实自

己、表现自己和提升自己的机会。

根据现实环境适当调整自己的期望值和目标，端正心态，服从工作安排。而且要做好吃苦耐劳的准备，角色转变带来的种种新变化要求大学毕业生需要付出更多的时间和精力，特别是在困难较大的工作初始阶段，更需要发挥吃苦肯干的精神，以优秀员工为榜样主动向他们学习，尽快缩短与其他员工的差距，尽早适应角色，才能更快适应新的工作环境。

(三)做好职业规划，提高职业生涯管理能力

大学生在入职前就要选择好自己将要从事的职业，明确自己的职业理想，合理择业，学会处理好理想中的现实和现实中的理想、短期利益与长远目标、脚踏实地与仰望星空、机遇与挑战等关系，树立正确的就业观、人生观、价值观。在自我认知和了解社会的基础上，明确自己的职业目标和定位，对自己的职业生涯进行设计、规划和评估。通过职业规划，了解自己适合的工作领域，进而去了解该领域的相关职业及工作要求，并以此为目标进行学习和实践，最后结合对自身的客观定位和对外界条件的仔细分析来确定实现目标的基层职位，这样在入职时就已经对自己的职业有了基本了解，为就业做好充分的准备，实现人职匹配，缩短职业适应期。处于就业初期的大学毕业生入职后仍要继续做好职业生涯规划，进一步明确职业目标和定位，尽快熟悉工作业务特点，提高工作能力，增强职业认同感。

(四)积极参加社会实践，积累就业经验

在现实中，很多公司企业招聘都很看重学生的工作经验，有的在招聘简章中会附加上"有工作经验者优先"的条件。实践经验已经成为一项准入门槛，但是很多大学生在毕业之前可能没有任何的社会工作经验，这在招聘时无疑会影响招聘企业对毕业生的评价。因此大学生在校学习期间，应该要提早有意识地多参加一些社会实践活动，主动寻找见习的机会，越多尝试越多经验。在选择实践活动时尽量选择与自己的专业或者未来职业目标相关的活动。社会实践活动不仅能够帮助我们更好地了解社会，了解国情，也能更深入了解到社会所需要的人才类型，同时也能让我们在实践中更全面地了解自己，通过总结、反思自己的实习经历，更加客观地认识、分析、评价自己，意识到自己身上还存在哪些不足之处需要弥补，从而通过不断学习提高自己的综合素质和能力。

另外大学期间的实习也是帮助大学生了解社会和职业的重要渠道，为毕业生顺利走向社会奠定良好基础。大学期间的实习作为大学生走向工作岗位的第一步，一定要认真对待，在实习过程中把握机会多向身边有经验的同事学习，锻炼自己的应变能力，注意经验的积累，提高自我的职业适应能力，有助于进入职场后尽快在自己的职位上站稳脚跟。

(五)提高人际交往能力，增强协作意识

良好的人际关系有利于实现角色转换，帮助职场新人尽快适应新的环境，消除陌生感，增进团结，提高工作效率，对个人未来的发展也起着重要的影响作用。

处理职场人际关系时要注意以下几点：第一要做到平等待人，真诚待人。不管是对领

导还是同事,不应该根据对方的职位高低、权力大小来决定对待他人的态度,应当要以平等的态度对待每一个人,不能厚此薄彼。初入职场的大学毕业生特别注意不要卷入到一些是非矛盾中,不要拉帮结派,应当尽力与所有同事建立起互助友好的人际交往关系。第二,要尊重他人,帮助他人。尊重他人才能赢得他人的尊重,要尊重每个人的劳动成果、人格和情感。以帮助与相互帮助开端的人际关系,不仅有助于建立良好的第一印象,也有利于迅速缩短人与人之间的心理距离。对同事的困难给予及时的帮助,不要袖手旁观,更不能落井下石。第三,学会正确对待他人的评价。大学生在职场中面对他人评价时,不能只接受正面的评价,排斥不中听的中肯评价。在工作初期,出于对新人的宽容,一般只提出善意的建议,鼓励多于批评,这时不能沾沾自喜。也有可能对新人有较高的期望,提出了高标准严要求,此时也不要产生不满情绪,拒绝接受他人的意见,正确做法应该是认真反省、虚心请教,积极调整,善于从他人评价中认识自己。最后,要学会真诚合作和适当竞争。当今社会是充满竞争的社会,更是相互合作的社会。竞争和合作并非水火不容,互相拆台,我们要学会在竞争中合作,在合作中竞争,孤军奋战是很难取得成功的。竞争越是激烈,越要加强合作。遇到矛盾冲突要加强沟通,学会倾听和换位思考,多一分宽容和谅解。

(六)提高职场情商,打造和谐人际关系

情商也称作情绪智力,职场中我们所说的情商主要是指个体对自己和他人情绪的识别能力以及运用这一能力达成自己目标的能力。情商是可以通过后天学习来提高的,主要把握以下四点。

(1)清楚认识并正确运用情绪去帮助自己。要学会识别自己的情绪,了解自己的想法和情感,能够敏锐地知觉到情绪情感的出现和变化。可以通过情绪记录法,连续两三天或者一周有意识地记录下自己情绪的变化过程,以情绪的种类、人物、事件发生的时间、地点、经过、环境以及原因等项目为自己列一个情绪记录表,察觉情绪的变化过程。而当出现负面情绪时也可以利用情绪记录表来反思自己的情绪,比如在一段情绪过去之后,反思自己当时的情绪反应是否得当,以及当下为何会产生这样的情绪反应,是否产生什么消极影响以及今后该如何避免此类情绪的发生和控制类似不良情绪的蔓延。

(2)提高情绪管控能力。要善于控制自己的情绪,及时调节疏导和适度抒发自己的情绪,保持情感的平衡,避免情绪的大幅度波动和极端化。自我情绪管理包括在对别人作出生气反应前要设法控制住自己的情绪和当别人向你发怒、发难时,你自己要准备好恰当的应对措施。为了灵活地管理自己的情绪,我们应该善用情绪管理技巧,不能过分压抑自己的情绪。比如在求职择业过程中屡次碰壁或者工作压力大时可以寻找合适的宣泄途径,适度释放压力,也可以借助别人的疏导,通过倾诉来摆脱心中的苦闷。

(3)学会自我激励。将情绪专注于某项目标上,为达目标而调动、发挥自己的潜能,包括学会延迟满足、控制冲动、总揽全局。

(4)提升识别他人情绪的能力。能够敏感地感受到他人的需求,了解和分享别人的感受和想法,学会换位思考,设身处地为他人着想,积极地参与他人的思想感情,用同理心

去了解和分享别人的观点和情绪感受。

【拓展阅读】

人际交注黄金定津

和谐的人际关系是生活幸福、事业成功的保证。只有与人为善，社会才对你敞开。

首因效应　45秒产生第一印象

美国社会心理学家洛钦斯在1957年做了这样一个实验：他杜撰了两段故事，描写了同一个人的生活片段。故事一把这个人写成一个热情、外向的人，故事二则把他写成一个冷淡、内向的人。随后，他请两组参与者分别阅读这两个故事，并评价这个人的性格。结果参与者的评价截然不同。他从而提出了"首因效应"这一定律。

心理学研究发现，初次会面，45秒钟就能产生第一印象，主要包括容貌、衣着、姿势和面部表情等。第一印象会在后续交往中占据主导地位。首因效应提示我们，初次见面应给人留下好印象。人们都愿意与衣着整齐、落落大方的人交往。注意言谈举止，最好能言辞幽默、侃侃而谈、不卑不亢、举止优雅。有了良好的开始也就成功了一半。

诚信定律　不要轻易给承诺

秦末大将季布一向说话算数，信誉很高，很多人都与他结下了深厚的友情。当时流传着这样的谚语："得黄金百斤，不如得季布一诺。"后来，他被汉高祖刘邦悬赏捉拿，他旧日的朋友不被重金所惑，冒着灭九族的危险来保护他，使他免遭厄运。

"人无信不立"，诚信是人际交往的基础，是做人的根本。一个人不讲信用，说话不算数，容易让人反感，长此以往交不到朋友；一个企业没有信誉也很难在市场上立足。

已经作出承诺，就要尽心尽力去做。自己力不能及的事情，从一开始就不要应承。正如华盛顿所说："一定要信守诺言，一定不要去做力所不及的承诺。"

面子定律　凡事为人留情面

"人要脸，树要皮"，中国人尤其好面子，做什么事都会考虑自己的面子。面子的本质是尊严，用美国心理学家马斯洛的需要层次理论来讲，就是受人尊重、得到认可的需求。谁都希望自己在别人面前有尊严。

与人交往，即使你再优秀，也别忘了给他人留点尊严。给别人留面子就是给自己留退路，在家庭关系中尤为重要。很多家庭的破裂都源于妻子在外人面前太不给丈夫留面子，伤害了对方的自尊心。家庭不是一比高下的战场，而是举案齐眉、互相尊重的港湾。

赞美定律　学会夸人心更近

善赞美能博得人心。人人都渴望得到由衷的赞美，这会使人感到自身价值得到肯定，感到愉悦和鼓舞，并对赞美者产生亲近感，彼此的心理距离因赞美而缩短、靠近。虚假的赞美容易引起反感，甚至留下拍马屁的坏印象。真诚的赞美要注意两点：赞美事实而不是人。要把赞美的焦点放在对方所做的事情上，比如说"你的书写得真好"要比说"你真棒"

更容易让人接受。

赞美要具体。针对某件事赞美会更有力量。比如"你的领带跟西服很配"要比"你今天穿得很好看"更能说到对方的心里去。每一次真诚地赞美别人,不但对方快乐,同时也会让自己获得满足。

谎言定律　心怀善意给希望

美国著名作家欧亨利在小说《最后一片叶子》里讲述了患肺炎的穷学生琼西的经历:她看着窗外的常春藤叶不断被风吹落,感叹说,最后一片叶子代表她,它的飘落代表自己的死亡。一个画家听说了琼西的事,在一个下着暴雨的夜里,画出一片"永不凋落"的常春藤叶。琼西看到历经暴雨仍未凋落的"叶子",绽放出笑容,重燃对生命的希望。

一个善意的谎言有时或许就能这样改变他人生命的轨道。适当的时候,说一些这样的谎言,往往可以让我们的人际关系更为和谐。比如,同事穿上刚买的新衣服兴冲冲地给你看的时候,可能你并不觉得物有所值,或有多好看,但几句善意的夸奖,却可能让对方拥有一天的好心情,朋友关系也会更加和睦。

互惠定律　帮人就是帮自己

西方有这样一个寓言:天神带一个垂死的人参观天堂和地狱。正值午餐时刻,地狱和天堂吃饭用的勺子都很长,地狱里的人无论如何都很难将食物吃进去,甚至撒到地上,天堂里的人互相喂给对面的人,吃得津津有味。天堂和地狱的区别只在于是否互帮互助。

赠人玫瑰,手有余香。互相帮助、理解就是心理学上的互惠定律。美国文学家爱默生说过:"人生最美丽的补偿之一,就是人们真诚地帮助别人之后,同时也帮助了自己。"伸出你的手去帮助别人,而不是伸脚去绊他们。人际交往就像一种回声,你对我友善,我对你也友善。

英国哲学家培根说:"你希望别人如何对待你,就先如何去对待别人。"对于团队而言,真诚地帮助员工,员工才能竭诚尽心地帮助团队成长。对于个人而言,真诚地帮助别人,人际交往中会有意想不到的收获。

异性效应　男女搭配效率高

俗话说,男女搭配,干活不累。心理学研究也证实,有男女两性共同参加的活动,较之只有同性参加的活动,参与者会更愉快,更有干劲,表现更出色,这就是"异性效应"。心理学家还发现,在一个只有男性或女性的工作环境里,即便条件再优越,自动化程度再高,员工都容易疲劳,并且工作效率不高。

"异性效应"还存在一个最低比例。研究发现,在一个集体中,异性人数的比例不能少于20%,否则就会降低效率。另外,成员的年龄最好相差不大。利用"异性效应",管理者可以合理搭配员工性别比例,既满足员工的心理需求,又提高了团队的工作效率。

忍让定律　宽容不当滥好人

"忍一时风平浪静,退一步海阔天空。"和谐的人际关系需要忍让。世界上没有完全相同的两个人,与我们相处的人,年龄有大有小,经历不同,性格各异,为人处世的风格也不一样,因此总会存在分歧和矛盾。

遇事多忍让,做到明他人之长,知他人之短,容他人之过,才能和睦相处。吃不得亏,受不了气,一件小事就耿耿于怀,不但会让周围的人敬而远之,也不利于自己的身心健康。

有人把忍让看成"窝囊"。忍让并不是不讲原则,也不是提倡当"滥好人",而是在不触犯原则的情况下，以忍让为主，得饶人处且饶人，以宽广的心胸去面对别人，与人为善。

（资料来源：心理学网微信公众号，2018 年 11 月 25 日。）

第四节　职业发展

> 　　老师您好，我想问一点关于工作上的问题。我做了 MBTI 职业性格测试，测试结果为 ESFP，并且个人觉得测试结果比较准确，我现在的工作是互联网销售专员，本来觉得挺喜欢销售岗位，但工作形式主要是电话销售，每天拨打 200 多个电话，让我觉得很枯燥，而且工作压力大，感觉压抑，下班时间不确定，晚上 7 点或 8 点都有可能，我比较接受不了这一点，因为时间总是由上级经理决定，自己不能安排自己的时间，工作时间延长，而且晚上还要为第二天工作做准备。我本来以为自己挺喜欢这份工作，但现在觉得好累，而且接受不了这样的时间安排。我觉得是因为我工作目标感差，缺少动力面对现在这样的工作，您看是这样的问题吗？我现在该怎么做？如果我换工作，会改善现在的情况吗？

　　职业不是一成不变的，个体职业生涯都是一个循序渐进的发展过程，是个体在职业领域中不断学习与进步的过程。在职业发展的过程中，个体要想进步，就要不断学习，为实现职业顺利发展创造条件；要加强自我职业生涯规划管理，保持职业发展有一个良好的方向。

一、做好终身学习的准备

　　教育学家康内尔曾说："现代社会，非学不可，非善学不可，非终身学习不可。"如果一个人一年不学习，你所拥有的知识就会折旧 80%。一个人比另一个人水平高、能力强，在很大程度上，是他拥有更多的信息，能够站在更高层次上用不同的视角看待问题、拥有更多解决问题的途径。而这些能力的根源，都来自丰富广阔的知识学习。

　　对于大学毕业生来说，从小读书一直到大学毕业，很多人会持有这样一个看似自然的想法，读完大学书就算读到头了，参加工作则意味着学习生涯的终结。事实上，这样的观点既片面，也狭隘。正如"读到老，学到老"，虽然这句话非常的通俗浅显，但却是不争的真理，对于个人的职业发展来说也是如此。社会在不断发展变化，职业的结构、内容和用人要求也在不断地变化，而个人的职业意识、职业素质以及知识能力必须通过学习才能提高。大学教育固然重要，但毕竟只是短暂的一个阶段，大学毕业之后的延伸学习和重新学习，对于选择及重新选择职业岗位和取得职业成就，无疑具有更重要的意义。尤其是在当前的知识经济时代,获取知识、运用知识和创新知识的能力是一个人成功的重要因素。善于学习、有较强的学习能力和思维能力的创新型人才,才是知识经济时代的强者。

要把终身学习的观念落实到实际行动中来,要合理进行有关终身学习的计划安排,要培养终身学习的好习惯。一份成功的学习计划应包括以下几个原则。

第一,要有清晰的人生蓝图。如果一个人连自己想要什么、想成为什么都毫无感觉,那么必然也搞不清自己应当学什么,怎么学。

第二,要有激励。终身学习不同于短时间的学习,更多的是需要一个人的意志力和持久性,因此制定一些能够自我激励的方法不失为督促终身学习的好办法。

第三,要明白自己的弱势。终身学习的内容已不单单是知识的学习,更多是要学习如何更好地在职业和社会中求发展,所以必须明确自己在工作中的各种劣势,从而有目的有方向地进行学习,逐渐将自己的劣势发展为优势,发挥自己的最大能力。

最后,要重视阅历和观摩。与学生时代的学习不同,终身学习更多伴随的是阅历的增加,视野的拓宽,要注意实践历练。同时,在终身学习中一定要学会广结良缘、寻找榜样。"独学而无友,则孤陋而寡闻",学习不是一个人孤芳自赏,更多的是与身边的人沟通、交流,向有经验的前辈观摩、请教,如此才能较快地学到真本事。

联合国教科文组织曾在《教育:财富蕴藏其中》报告书中指出,终身学习包括有四大支柱,分别是:学会与人相处、学会追求知识、学会做事、学会发展。这四个方面无疑都是职业发展中必须要面对、必须要学习的。在制定自己的终身学习计划时,一定要同时思考这些方面,缺一不可。

二、强化职业生涯规划管理

在前面的章节中我们已多出介绍了关于职业生涯规划的内容,大家也了解了尽早制定职业生涯规划的重要性。但制定职业生涯规划只是成功的职业发展的一个必要条件,仅此还不够,还要善于对职业生涯规划进行管理,才能保证成功的职业生涯发展有充分的条件。在职场上,就一个组织而言都会对自己的员工进行职业生涯管理,通过对员工职业生涯的主客观因素进行分析、测定和总结,使得员工的职业生涯目标和组织发展的战略目标相一致。而对于个体来说,要尽可能了解自己所在组织的职业生涯管理模式,要根据自己的兴趣、能力和个人发展目标有效的管理自己的职业生涯规划,使自己和组织目标协调一致、共同发展。

(一)适时进行自我评价

适时进行自我评价是职业生涯规划管理的一个重要内容。生活中我们常常发现,很多大学生在毕业前已拟定了非常具体详细的职业生涯规划,但是在以后的职业生涯发展过程中却一味地跟着感觉走,结果会慢慢地会偏离自己当初的职业生涯规划,使职业生涯发展又变成了盲目的发展。所以,在职业生涯发展的过程中应适时地将自己的职业发展状况与职业生涯规划进行评价,及时调整行为,或更改规划目标,使自己的职业生涯发展有规划而非盲目。

美国惠普公司员工需要从多个角度对自我的职业生涯规划与管理进行评价，这些自我评价和管理的方法可以为我们提供一些参考。①撰写自传。通过写自传的方式了解和反思自己在生活中发生的事情、工作的转化以及未来的计划等。②通过问卷量表的形式，了解自己所愿意从事的职业、喜欢的课程，以及在理论、经济、审美、社会、政治甚至是宗教信仰方面的价值观，思考自己的职业生涯规划是否与当下的价值观和个人意愿相匹配。③24 小时日记的方式，记录一个工作日和一个非工作日的活动，全方位地对自我进行检查。④与两个重要人物面谈。可以与自己的朋友、配偶、同事或亲戚谈谈自己的想法。⑤生活方式描写。以言语或者图画的形式将自己当下的生活状况转达给他人或是自己。

（二）时间管理

时间管理是职业生涯规划管理中最为关键的一个项目。一位世界知名的企业家曾经在《财富双周刊》上提道："对我们大部分而言，我们必须下达的最重要决策就是如何去使用自己的时间。对我来说，我就不会将自己的时间花在需要很多生产劳力而成果却平凡无奇的事情上面。而且，只要我能找人去做的事情，我绝不会自己去做。"对时间的管理实际上就是对资源和对自我行为的管理，因为只有管理好自己的工作生活时间，才能更好地提高效率，将有限的生命发挥到最大潜能。

要想管理好我自己的时间，一定要讲求一些策略。首要的就是设定时间使用标准，计划好做每件事情的时间，对每天的时间安排进行管理。其次就是要找出最重要的事情来。有研究者曾经提出，真正重要的有意义的事情只占所有使用时间中的 20%，而剩余的 80% 的时间往往都使用在了一些次要的琐事上。所以，要想有效利用和管理好自己的时间，一定要区分出哪些事情重要需要尽快解决，而哪些事情只是次要的可以不予理会的。最后，在区分主次之后就要找出正确地做事顺序，其顺序依次应该是重要而紧急的、重要但不紧急的、紧急但不重要的、不紧急且不重要的。

（三）职业规划调整

人生道路没有一成不变的，职业发展也是如此。成功的职业发展路程不仅仅是实现自己最初的职业生涯理想，更应当是能够顺应社会和职业的发展要求，灵活变动以求最优的结果。在职业发展过程中，很多因素会导致职业生涯的改变甚至是重新选择，包括个体的主客观因素以及社会和职业的原因。例如，当兴趣志向发生了转变，或教育深造所产生的变动，家庭环境的变化，工作环境的改变等等。在这种时候，就需要我们对先前的职业生涯规划进行适时调整和修改。这种调整可以是对职业的重新选择，也可以是对职业生涯路线的改变，或是阶段目标的一些修正，或是变更实施措施等。

对于职业生涯规划调整，要根据个人意向和环境需要而决定。而且，调整要遵循一定的法则，第一反应应当是修正计划而不是目标；当修正计划无法达成目标时才应考虑修正目标达成的时间；当延长时间和降低要求都不能实现目标时则要考虑放弃目标而重新设定新的目标。但是无论怎样调整,通过不断的评估和修正,最终的职业生涯规划应该是更成功的、更加适合自己职业发展的。

总而言之,每个人都有属于自己的职业发展道路,道路的崎岖蜿蜒或是平坦宽广并不是决定一个人人生发展的根本因素。只要能够在心中坚守自己最初的梦想,并且沿着这条梦想道路不断学习、不断进步,才会真正成为人生的最大赢家。

【拓展阅读】

没有一份工作是不委屈的

01

深夜十点,接到表妹打来的电话,说想要辞职。聊起这份工作,表妹的语气中充满了委屈。原来,就在前几天,领导临时通知她要准备一份招商方案。但因为临近月末,她既要跟进手上已有的项目,又要做月度复盘,只好利用晚上休息的时间来写方案。然而,等到方案好不容易完成了,领导又突然提出了新思路,简单几句话,便将她之前的想法全部否决。无奈之下,表妹只能耐着性子重写。把周末时间都用来加班加点,希望能交出一份让领导满意的答卷。可没想到,让她更郁闷的事情还在后头。

昨天,当她再次提交完方案后,领导不仅没有一句认可,反而还批评了她,认为这份方案完全没有领会到自己的意图和所想要的效果。"辛苦付出与所得根本不成正比,这样的工作,实在是越干越没意思啊。"在电话那头,表妹越说越郁闷,简直恨不得立马就去向领导递出辞呈。

同为职场中人,我当然理解她现在的心情。可是职场这条取经路,谁不是得闯过九九八十一难,才能修得正果呢?或者说,这天底下,又有哪一份工作是不委屈,不辛苦的呢?如果仅仅被批评了几次,受了一点委屈,就想辞职的话,那可能永远也难以找到一份让自己称心如意的工作。所以,在耐心听完表妹的诉说以后,我给出的建议是,你可以有辞职的权利,但需要认清一个现实:职场如战场,没有"轻松"二字可言。要想赢得主动权,让自己得到成长和突破,就得装盔披甲,去拼去坚持。这是必经之路,除此之外,别无捷径。

02

我曾面试过一位文案策划,他工作经验丰富,操盘过多个大项目,并且在交谈中展现了良好的应对能力,各方面都表现得非常出色。但当我看到他在上一份工作中的低薪资时,却感到颇为吃惊。可以说,那份收入与他的资历相比,是很不匹配的。他后来顺利通过了面试,成为公司的一员,通过几个月的共事,他的优秀表现也愈发让我们有目共睹。

有一次聊天,我忍不住好奇,问他,原公司的工资那么低,怎么还能坚持做了两年之久?同事告诉我,那家公司不仅工资不高,工作压力还很大。对此,他曾经也备感委屈,但冷静下来想想,就算辞职了,凭自己当时的条件,也未必就能找到更好的工作。想通了这个道理,他就不再抱怨,而把工作中的压力都当成了积累经验的机会。他先是从自身找不足,要求自己多向身边的前辈学习,尽可能把每项任务都做到最好。除此之外,还报名参加了广告策划学习班,坚持不断提升自己的专业理论。

三四月做的事,七八月自有答案。随着时间的推移,渐渐地,他在公司得到了更多锻炼的机会,也成了专业技能最过硬的那个人。后来会选择辞职,是因为知道,凭自己的能力,已经足以谋求到更好的发展。"其实职场上所有的经历都是资本,无所谓公不公平,只要懂得把合理的安排当历练,不合理的安排当磨炼,就自会有收获。"确实如此。说到底,在工作中遇到了委屈,会有一些不满情绪,本属人之常情。但你不能只选择抱怨或逃避,因为这样无法解决任何问题。越是聪明的人越会明白,世上没有无缘无故的成功。

任何成就的获得,都是需要经历长时间的考验和努力。工作也从来不是为了享受,它真正的意义,是你安身立命的资本,是你实现自我价值的平台。咽得下工作中的委屈,你才能为自己积攒足够的实力。

03

经常看到网上有人讨论,说某个行业更赚钱,某个行业更轻松。这其实是属于典型的外行看热闹。很多时候,我们总是习惯于把别的工作想象得很好,然后转头再看自己眼前的工作,就会觉得哪哪都不好。殊不知,隔行如隔山。每个行业都有每个行业的风光,但同样也有各自的难处。可能你在羡慕别人的同时,别人也在羡慕着你。生活如鱼饮水,工作亦是如此,谁也不会比谁过得更容易。

那些能在竞争中脱颖而出的人,无非都是因为他们比其他同行都更敢咬牙坚持,更愿意吃苦。所以,与其临渊羡鱼,不如退而结网。

既然我们无法拒绝工作带来的委屈,那就从现在起调整好心态,多给予自己正向的能量,多寻找积极的方式,去努力提升自己的专业和价值。没有哪份工作是不辛苦的,但当我们在职场中站上更高位置时,再回头看,就会发现,曾经受过的小委屈,根本就不是什么事。一步一个脚印走下去,一点一滴化解压力,所有吃过的苦,终会化成生活馈赠的惊喜,让你在来日岁月里,成为底气十足的自己。工作不易,唯有努力。请相信,只有最好的你,方能成就最好的工作。

(资料来源:人民日报微信公众号,2020 年 8 月 27 日,作者:灰灰。)

思考题:
1. 你眼中的"好工作"是什么样的?
2. 你认为在大学期间可以为今后的择业做哪些准备?

参考文献

[1]顾旭娥.高校大学生职业规划与就业实践引导[M].北京:中国水利水电出版社, 2019.

[2]秦辉,陈婧,余群.职业生涯规划与就业指导[M].长春:吉林大学出版社,2017.

[3]赵恒伯,刘国胜.大学生就业指导与创业教育[M].南昌:江西高校出版社,2010.

[4]曲振国,李华.大学生就业指导与职业生涯规划[M].北京:清华大学出版社,2008.

[5]吴秀娟,钟盈,郑栋之.新编大学生就业指导[M].上海:上海交通大学出版社, 2018.

[6]金德禄.大学生职业生涯规划与就业指导[M].南京:东南大学出版社,2020.

[7]苏文平.大学生职业生涯规划与就业创业指导[M].北京:中国人民大学出版社, 2020.

[8]赵麟斌.大学生职业生涯规划与就业指导[M].北京:北京大学出版社,2011.

[9]李君霞,谢小明,王义友.新编大学生职业规划与就业指导[M].上海:上海交通大学出版社,2017.

[10]陆雄文.管理学大辞典[M].上海:上海辞书出版社,2013.

[11]张玉波,楼稚明.大学生职业规划与就业创业指导[M].上海:上海交通大学出版社,2017.

[12]周莉.大学生职业生涯规划与就业指导[M].北京:中国人民大学出版社,2020.

[13]罗莹.大学生职业发展与就业指导[M].福州:福建人民出版社,2014.

[14]张兵仿.大学生就业指导教程[M].北京:时事出版社,2016.

[15]田爱民.新的就业压力下大学生就业心理分析与自我调控[J].沈阳农业大学学报(社会科学版),2007(09).

[16]陈文福.当前我国大学生就业心理问题的调适及化解[J].佳木斯职业学院学报, 2017(012).

[17]段辉艳.论大学生职业生涯规划中的"目标设定"[J].继续教育研究,2012(07).

[18]王树青,武秀娟.大学毕业生就业初期社会适应的现状、影响因素与提升策略[J].山东省团校学报(青少年研究),2015(001).

[19]阮立华.高校针对毕业生职业适应问题的教育策略[J].河北职业教育,2012(012)

[20]李慧鹏,杜以昌,赵晴.大学生就业权益保护论析[J].求实,2012,6(1).

[21]李桂鑫.试论我国大学生就业权益的保护[J].学校党建与思想教育,2011,6(18).

[22]蒋梅.大学生就业权益及其法律保护[J].高等教育研究,2006(10).

[23]高飞.大学生职业生涯初期就业不稳定性影响因素及预警研究[D].天津:天津大学博士学位论文,2013.

[24]郭欣.中国当代大学生就业能力培养研究[D].长春:吉林大学硕士学位论文,2017.

[25]林建浩.高校毕业生就业协议的法律问题研究[D].兰州:兰州大学硕士学位论文,2017.

附录　参考范表

附录一　简历范例

个人简历				
姓　　名	＊＊＊	性　　别	男	
年　　龄	＊＊＊＊	出生日期	＊＊＊＊＊＊＊＊	
政治面貌	预备党员	籍　　贯	＊＊＊＊＊＊＊	
学　　历	＊＊＊	民　　族	汉	
户口所在地	福建福州	身份证	＊＊＊＊＊＊＊＊＊＊＊	
毕业学校	＊＊＊＊＊＊＊	身高	175	
专　　业	＊＊＊＊＊＊＊	健康状况	健康	
主修课程	《＊＊＊＊＊＊》《＊＊＊＊＊》等			
通信地址	＊＊＊＊市＊＊＊区＊＊＊＊号			
兴趣爱好	读书、打羽毛球、看电影			
联系方式	手　　机	＊＊＊＊＊＊＊		
	联系地址	＊＊＊＊＊＊＊＊		
	电子邮箱	＊＊＊＊＊＊＊@qq.com		
	QQ号码	＊＊＊＊＊＊＊		
职业技能	国家英语四级　普通话二级甲等　计算机一级　导游证			
担任职务	2019年09月—2020年11月任班级团支书			
个人荣誉	2018—2019学年度第一学期获**院三等奖学金**、2018—2019学年度第二学期获**院一等等奖学金** 2019—2020学年度第一学期获**国家励志奖学金**、2019—2020学年度第一学期获**院一等奖学金** 2019—2020学年度第二学期获**院二等奖学金**、2019—2020学年度第一学期度获**"优秀团员"** 2020—2021学年度第一学期获**院"三好学生"**、2020—2021学年度获**"福建省三好学生"** 2010—2021学年度第二学期**院"优秀团干部"**、福建省首届创意杯总决赛**团体二等奖**			
自我评价	1. 品行端正、吃苦耐劳,具备良好的团队沟通协作能力,能及时完成规定的目标任务; 2. 做事认真,乐观自信,抗压能力好,专业基础扎实,具备从事船舶设计方面的基本知识,喜欢阅读搜集专业资料; 3. 为人正直,自学能力强,担任班级团支书,具有一定的组织协调能力。			

附录二　就业推荐表、福建省普通高校毕业生就业推荐表模板

××大学××届毕业生就业推荐表

学院：　　　　　　　　　　　　　　　　　　　　　　　　　　　学号：

姓名		性别		政治面貌	中共党员/中共预备党员/共青团员/群众	生源地	指入大学前户口所在地：×省×市×区/县（县级市）	一寸彩照
学历	本科/专科	学制	本科写：四年,专升本写：二年	培养方式	统招	外语水平	全国大学英语四级、六级,托福,雅思及其他小语种等级	
专业		与毕业证书一致,要写全称		第二专业/学位		写全称,需与相关毕业证书一致,辅修专业不能写		
计算机水平		如国家二级、福建省二级等		联系电话			电子邮箱	
联系地址						邮编		
在校从事社会工作情况及个人特长		请填写在校期间担任学生干部情况,参与校外实习实践情况,个人的特长,例如： 2018—2019 学年　担任班长； 2019.9—2020.8 月　担任院办公室主任等。						
在校奖惩情况		请根据在校期间获得的荣誉情况填写,例如： 2019 年 11 月,荣获国家奖学金； 2020 年 10 月,荣获校一等奖学金等。						
综合素质评价		学院辅导员审核就业推荐表,审核填报综合素质评价。必须是第三人称填写,如"某某某同学在校期间,思想上积极进取,行动上积极向党组织靠拢……"。 　　　　　　　　　　　　　　学院盖章：　　　年　　月　　日						
学校推荐意见		 　　　　　　　　　　　　　　学校盖章：　　　年　　月　　日						

注：1. 推荐表的任何栏目不得留空,若确无该项内容应注明"无"。

　　2. 照片可以直接贴一寸彩色证件照,也可以插入到表格中,打印时选择彩色打印。

	注明:按照如下格式进行书写,按顺序排列好。 如:2019 年 11 月于福建商学院发表《＊＊＊》作品,获一等奖; 本人没有则写"无"。
在校发表 论文、作 品,取得 科研成果 情况	
备注	我院实行学分制管理,学生须完成规定的学分取得毕业资格后,才能予以派遣、就业。

填表说明

　　1. 本表按福建省人事厅要求印制,学生基本情况、推荐意见由院毕业生就业指导中心审核盖章,每位毕业生一式一份。

　　2. 培养类别指:统招、定向、委培、自筹。

　　3. 学生成绩一览表由学院教务部门制作、审核、盖章。

福建省普通高校毕业生

就 业 推 荐 表

姓　　名：　　　　　某某某（居中）

学　　校：　　　　　福建商学院

专　　业：　　　　市场营销（写明专业全称）

学　　历：　　　　　　本科

毕业时间：　　　　2021 年 7 月

姓名	某某某	性别	男/女	学号	173737423	毕业时间	2021 年 7 月	必须贴,1 寸彩色证件照（电子档无须贴）照片
学校	福建商学院	政治面貌	预备党员/共青团员/群众			培养类别	统招	
专业	市场营销(写明全称)		学制	四年		学历	本科	
第二(学位)专业						学历		
外语水平	四级/六级		计算机水平	省二级/一级		身高	175 cm	

学校地址	福建省福州市连江县西江滨大道 2 号福建商学院	邮编	350003	联系电话	135×××××3221(写本人)
				电子邮箱	45×××××658@qq.com(写本人)
家庭地址	要具体写到门牌号	邮编	350000	家庭电话	0591-22×××××89/移动联通电话

家庭主要成员情况	写清楚直系家属。（格式靠左） 父亲:名字　什么单位工作　政治面貌(党员/群众) 母亲:同上 弟弟:同上
在校奖惩情况	按照学年度来写,如果奖项太多,选取含金量最多的 1—5 项来写。（格式靠左） 如:2017—2018 学年第一学期　获福建商学院三等奖学金;
在校从事社会工作情况	按照大学期间所担任的干部经历,依次按时间顺序书写。（格式靠左） 如:2017—2018 学年　任班级班长;
求职意向	(写明求职意向,不能模糊语言,格式靠左)如:办公室文员/市场调研员
系推荐意见	(由辅导员根据学生情况,从在校期间的综合表现进行评价与推荐,不可直接写"同意推荐"四个字。)本人无须填写 系盖章　　年　　月　　日
学院推荐意见	打印出来,收集各自专业,到就业办进行盖章。本人无须填写 学院就业工作办公室(盖章) 年　　月　　日

系联系人（电话）	某某某 0591-8×××××280	学院就业工作办公室电话	0591-8×××××130

附录三   就业协议书

学号:

普通高等学校毕业生就业协议书

用人单位(甲方):＿＿＿＿＿＿＿＿＿＿＿＿＿＿＿＿＿

毕 业 生(乙方):＿＿＿＿＿＿＿＿＿＿＿＿＿＿＿＿＿

学　　　　　　校:＿＿＿＿＿＿＿＿＿＿＿＿＿＿＿＿＿

教育部高校学生司制表

填 写 说 明

　　1. 本协议书是普通高等学校毕业生和用人单位在正式确立劳动人事关系前,经双向选择,在规定期限内就确立就业关系、明确双方权利和义务而达成的书面协议;是用人单位确认毕业生相关信息真实可靠以及接收毕业生的重要凭据;是政府毕业生就业主管部门和各高校进行毕业生就业管理、编制就业方案以及毕业生办理就业落户手续等有关事项的重要依据。用人单位、毕业生应逐项准确填写,学校应认真审核毕业生有关信息,政府毕业生就业主管部门依据本协议书,办理毕业生就业登记审核和报到证签发等工作。

　　2. 本协议书由用人单位法定代表人(或者其委托代理人)和毕业生双方当事人亲自签订,代签无效。

　　3. 本协议书中的空栏,由双方协商确定后填写,不得违反国家有关法律、法规和规定;本协议书的未尽事宜,可另行签订补充协议,作为本协议书的附件,与本协议书一并履行。

　　4. 本协议书内的年、月、日一律使用公历,除落款日期外,均用阿拉伯数字填写,工资报酬等金额一律使用大写。

　　5. 填写本协议书一律用蓝、黑色墨水书写,字迹清晰、工整,涂改处必须(签名)或加盖校对章,否则无效。

　　6. 毕业生离校后签订本协议书的,学校可不签注意见。

<table>
<tr><td rowspan="10">甲方（用人单位）</td><td>单位名称</td><td colspan="3"></td><td>组织机构代码</td><td></td></tr>
<tr><td>单位隶属</td><td colspan="3">□中属　□省属　□设区市属　□县（市、区）属　□县以下（含乡镇、村、居委会等）</td><td>联系人</td><td></td></tr>
<tr><td>单位地址</td><td colspan="3"></td><td>联系电话</td><td></td></tr>
<tr><td>单位类别</td><td colspan="5">□机关　□科研设计单位　□高等教育单位　□中、初等教育单位　□医疗卫生单位　□艰苦事业单位　□其他事业单位　□国有企业　□非公有制企业　□艰苦行业企业　□其他企业　□部队　□农村建制村　□城镇社区　□社会团体　□民办非企业　□其他</td></tr>
<tr><td>单位行业</td><td colspan="5">□农、林、牧、渔业　□采矿业　□制造业　□电力、燃气及水的生产和供应业　□建筑业　□交通运输、仓储和邮政业　□信息传输、计算机服务和软件业　□批发和零售业　□住宿和餐饮业　□金融业　□房地产业　□租赁和商务服务业　□科学研究、技术服务和地质勘查业　□水利、环境和公共设施管理业　□居民服务和其他服务业　□教育　□卫生、社会保障和社会福利业　□文化、体育和娱乐业　□公共管理与社会组织　□国际组织　□其他</td></tr>
<tr><td>档案接收单位</td><td colspan="5"></td></tr>
<tr><td>档案接收地址</td><td colspan="3"></td><td>邮政编码</td><td></td></tr>
<tr><td>户口迁移地址</td><td colspan="5"></td></tr>
</table>

<table>
<tr><td rowspan="8">乙方（毕业生）</td><td>姓　　名</td><td></td><td>性别</td><td></td><td>出生年月</td><td></td><td>毕业时间</td><td></td></tr>
<tr><td>入学前户口所在地</td><td></td><td>民族</td><td></td><td>政治面貌</td><td></td><td>健康状况</td><td></td></tr>
<tr><td>专业</td><td></td><td colspan="2">学　　制</td><td></td><td colspan="2">学　　历</td><td></td></tr>
<tr><td>身份证号码</td><td></td><td colspan="2">学　　位</td><td></td><td colspan="2">联系电话</td><td></td></tr>
<tr><td>培养类别</td><td colspan="7">□非定向　□定向　□委培　□师范</td></tr>
<tr><td>家庭地址</td><td colspan="4"></td><td colspan="2">邮政编码</td><td></td></tr>
</table>

<table>
<tr><td>用人单位意见：

签　章
年　　月　　日</td><td>用人单位主管部门或人事代理机构意见：

签　章
年　　月　　日</td></tr>
<tr><td>学校院（系）意见：
签　章
年　　月　　日</td><td>学校毕业生就业工作部门意见：
签　章
年　　月　　日</td></tr>
</table>

<table>
<tr><td>学校名称</td><td></td><td>邮政编码</td><td></td><td>联系电话</td><td></td></tr>
<tr><td>学校地址</td><td colspan="3"></td><td>联系人</td><td></td></tr>
</table>

甲乙双方按照国家和省毕业生就业政策及相关规定,遵守诚实、信用的原则,在平等自愿、协商一致的基础上,依法达成如下协议:

一、甲方同意录(聘)用乙方。

二、乙方同意毕业后到甲方工作。

三、甲方录(聘)用乙方工作期限为＿＿＿年,工作地点为＿＿＿＿＿＿,工作岗位为＿＿＿＿＿＿＿＿＿＿。

四、甲方录(聘)用乙方工作期间,乙方月实际工资收入不低于＿＿＿＿＿＿＿元(该项收入不得低于当地政府规定的最低工资标准)。

五、甲方录(聘)用乙方工作期间,甲方按国家和本省法律、法规、政策规定为乙方缴纳社会保险(包括养老、医疗、失业、工伤、生育等保险),提供相关的福利待遇,以及符合国家规定的劳动安全卫生条件和劳动防护用品。

六、甲方可根据工作需要,在签订本协议前组织体检,否则以学校毕业时体检为准。

七、甲方在招聘时所提供的带有承诺内容的宣传材料作为本协议的附件,乙方在应聘时所提供的自荐材料亦作为本协议的附件。

八、甲方所介绍的情况严重失实,乙方可单方解除本协议并免责;乙方所提供的自荐材料内容严重失实,甲方可单方解除本协议并免责。

九、符合下列情形之一,经书面告知对方,本协议解除:

1. 甲方被撤销或依法宣告破产的;

2. 乙方考入普通高等院校、依法服兵役、被录用为公务员,或经选拔参加选调生、选聘生、西部计划、欠发达计划、三支一扶、服务社区计划等国家和地方基层就业项目的;

3. 乙方报到时未取得毕业资格的;

4. 乙方被依法追究刑事责任的;

5. 法律、法规、政策规定的其他情形。

十、本协议生效后,甲乙双方应全面履行。一方违约,另一方可依法追究其违约责任,并要求赔偿相关损失。

十一、甲乙双方协商一致,可以变更协议中双方约定的条款或解除协议,变更或解除协议应当采用书面形式。

十二、甲乙双方因履行本协议发生争议,由甲、乙双方协商解决,或提请有关部门协调解决,也可直接向人民法院提起诉讼。

十三、本协议一式四份,甲方、乙方、学校毕业生就业工作部门、甲方所在地政府毕业生就业主管部门各执一份。

十四、甲乙双方签订就业协议后,由甲方在10个工作日内将本协议交一份报甲方主管部门(或人事代理机构)所属政府毕业生就业主管部门审核备案;由乙方在10个工作日内将本协议交一份报乙方所在学校毕业生就业工作部门审核登记,并由学校毕业生就业工作部门列入毕业生就业方案,报毕业生就业主管部门签发就业报到证。

十五、经甲乙双方协商,乙方于＿＿＿＿＿＿年＿＿＿月＿＿＿日前到甲方报到。甲方应当在乙方报到后1个月内为乙方办理录用手续,或签订劳动(聘用)合同,乙方应当积极配合。本协议中关于工作期限、岗位、地点、薪酬等主要条款应写入劳动(聘用)合同。

十六、本协议自甲乙双方签字之日起生效,甲乙双方签订劳动合同或甲方为乙方办理录(聘)用手续后,本协议终止。

甲方(公章): 乙方(签名):

年 月 日 年 月 日

后　记

上大学时不知道什么专业适合自己,四方打听后稀里糊涂选了一个专业报读;谈恋爱时愿意"跟心走",一见钟情却无法避免分道扬镳。找工作也是如此,轻松的工作待遇不高,待遇还不错的又太累,不累、薪资也还可以的却不是自己感兴趣的,是否真的有满意的工作呢? 做了这份工作,是不是一辈子就干这个了呢? 面对就业时的迷茫与焦虑,新时代的你该何去何从?

习近平说:"大学生就业,今年面临一些困难,疫情的影响。但是党和政府还是全力以赴,把它作为今年经济工作的重中之重,解决民生问题的重中之重,争取使我们的大学生都能找到工作。我们大学生的择业观也要摆正。找到自己的定位,投入到踏踏实实的工作中,实现自己的人生理想。"就业指导课程作为学校公共必修课,其宗旨是帮助大学生树立正确的人生观、价值感、道德观,并提高大学生在求职、择业过程中,增强社会适应的能力,同时,帮助大学生树立正确的择业目标,掌握正确的求职技巧,解决求职过程中出现的问题,帮助我们的学生自信地步入社会。

在本书地编写的过程中,得到了学校相关领导和部门的支持与鼓励,也收到了很多一线教师的宝贵建议,教研室各位老师在总结了多年来就业指导课程教学经验的基础上,根据掌握的学生多种信息及学生的个体差异性,结合学校办学实际,编写了本应用型本科教材。通过本书希望能够给我校就业指导相关老师在开展就业指导工作过程中提供一定的指导性作用,做到有的放矢,事半功倍;希望同学们能够充分认识当前的就业形势,结合自身需求与特点,作出正确的职业决策,从而找到自己的职业位置,开启精彩的职场人生。